山东省社科规划项目研究成果（项目批准号：22CFXJ03）

元宇宙下区块链保护商业秘密整体性风险问题研究

宋世勇　孙　硕　赵华峰　著

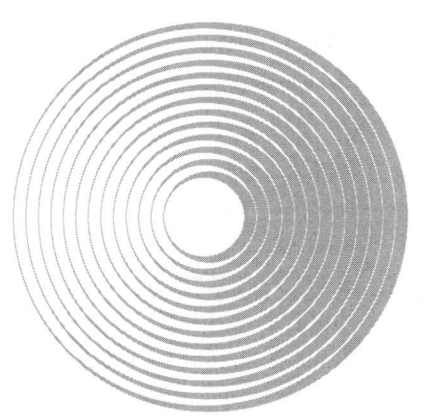

图书在版编目（CIP）数据

元宇宙下区块链保护商业秘密整体性风险问题研究/宋世勇，孙硕，赵华峰著．—北京：知识产权出版社，2024.5
ISBN 978-7-5130-9083-4

Ⅰ．①元… Ⅱ．①宋… ②孙… ③赵… Ⅲ．①区块链技术—应用—商业秘密—保护—指南 Ⅳ．①F713.51-62

中国国家版本馆 CIP 数据核字（2023）第 240412 号

责任编辑：罗 慧　　　　　　　责任校对：谷 洋
封面设计：乾达文化　　　　　　责任印制：刘译文

元宇宙下区块链保护商业秘密整体性风险问题研究

宋世勇　孙　硕　赵华峰　著

出版发行：	知识产权出版社有限责任公司	网　址：	http：//www.ipph.cn
社　址：	北京市海淀区气象路 50 号院	邮　编：	100081
责编电话：	010-82000860 转 8343	责编邮箱：	lhy734@126.com
发行电话：	010-82000860 转 8101/8102	发行传真：	010-82000893/82005070/82000270
印　刷：	三河市国英印务有限公司	经　销：	新华书店、各大网上书店及相关专业书店
开　本：	720mm×1000mm　1/16	印　张：	15
版　次：	2024 年 5 月第 1 版	印　次：	2024 年 5 月第 1 次印刷
字　数：	230 千字	定　价：	78.00 元
ISBN 978-7-5130-9083-4			

出版权专有　侵权必究
如有印装质量问题，本社负责调换。

序

　　自 2021 年被视为元宇宙元年以来，区块链模式就已被认定为元宇宙发展成熟阶段的稳定支撑模式。但是，区块链发展目前尚处于初级阶段。2021 年爆发的元宇宙社会现象只能说是对未来信息社会的一个有益探索，还不宜将其作为一项独立的法律规范对象予以规制，尤其是 ChatGPT 出现以后，很多人认为元宇宙现象已经结束。但是，2023 年 8 月山东广播电视台元宇宙与人工智能实验室推出的全国首发超写实男性数字主播"岱青"正式亮相，说明了元宇宙并非一时的现象，还需我们深入跟进。

　　商业秘密保护一直是知识产权领域最大的难点，主要体现在传统的理论研究与司法实务中，以客户信息为代表的秘密点及保密措施的认定、商业价值的鉴定标准等很多问题在理论研究层面一直未形成权威共识，在公安侦查机关及下游的人民检察院、人民法院间的侦查方法、举证责任分配、法律适用标准等方面依然处于适用多元化阶段。因此，针对现实中严重的商业秘密泄密与被侵害现象，侦查难、批捕难、起诉难、审理难、诉讼举证难、追责及定罪更难成为司法业务的普遍痛点。

　　随着大数据、开源软件、算法与人工智能的迅速发展，以区块链为应用场景形式保护商业秘密体现出全程可追溯性、闭环证据链等天然优势，似乎是应对上述难题的完美方案，但是它们在实务中也面临上链泄密、数字内容（交易）被篡改、密钥被非法窃取、智能合约易纵容犯罪等典型风险，强化办案干警系统化培训以深入了解区块链技术基本知识、协同人民法院推广"标准共识＋兼容共识"插件、依法强化规制智能合约及完善区块链证据审查机制、加强区块链技术保护商业秘密的社会法治宣传工作、鼓励推广前置性商业秘密鉴定业务等成为区块链场景应用中商业秘密保护检察业务的必要选择。

总体而言，结合区块链技术场景，探索元宇宙发展过程中的商业秘密保护所面临的整体性风险（整体性风险指贯穿保护过程的、前后有机衔接的关键风险组合）及其法律规制，是当前可以探索的方向。对于探索元宇宙区块链模式商用化推广，推动区块链保护商业秘密商业化、法治化与可持续发展具有重要意义。其中对元宇宙下区块链模式商业秘密权属界定问题、商业秘密评估与鉴定的研究属于基础问题，应值得重视。

元宇宙是继 Web 3.0 区块链阶段后，融合算法、大数据、人工智能、区块链和物联网而形成的新业态，当前已被全国 29 个省、区、市列入"十四五"规划。元宇宙因其用户无国界、资本操纵算法等缺陷衍生出各类新型网络安全风险，传统的商业秘密权利主体界定、鉴定与评估难题在元宇宙情境下依然突出。

本书首先在探讨元宇宙情境下商业秘密权属主体界定标准、商业秘密鉴定与评估难点解决路径方面作了学理分析，并结合国内及上合组织国家间的商业秘密法律的系统梳理及重点分析，从商业秘密 100 个最新案例中凝练出 8 个客户信息与技术信息的典型案例并逐一分析，之后选取司法程序中担任监督角色的人民检察院的商业秘密检察业务中面临的风险及完善措施予以深化，最后提出前置性商业秘密鉴定规范的基本框架。

作者
2024 年 5 月

目　录
CONTENTS

第一部分　概　　述 …………………………………………………… 001

　　一、元宇宙的现实性及法律规制难题 ………………………… 005

　　二、元宇宙中的商业秘密保护数据化应用与合规治理问题 …… 006

　　三、本书的学术价值和应用价值 ……………………………… 009

　　四、本书重点研究对象 ………………………………………… 011

　　五、研究重点和难点 …………………………………………… 015

第二部分　元宇宙区块链模式中商业秘密权属认定问题 …………… 017

　　一、开源（Open Source）问题 ………………………………… 020

　　二、人工智能问题 ……………………………………………… 025

第三部分　商业秘密鉴定评估及其元宇宙情景应用问题 …………… 031

　　一、基本社会背景 ……………………………………………… 033

　　二、法理基础：厘清商业秘密鉴定评估相关概念 …………… 035

　　三、元宇宙情景：数据化信息共享与商业秘密保护的现实冲突 … 039

　　四、现实需求：加强元宇宙下区块链模式保护商业秘密
　　　　鉴定评估意义重大 …………………………………………… 042

　　五、现实困境：商业秘密鉴定评估缺乏统一标准致权威性不足 … 046

　　六、路径选择：推动商业秘密鉴定评估标准化制度建设 ……… 057

第四部分　商业秘密法律风险防控国内主要法律分析 …… 071

一、互联网信息服务算法推荐管理规定（2021） …… 073

二、最高人民法院、最高人民检察院关于办理侵犯知识产权刑事案件具体应用法律若干问题的解释（二）（2007） …… 074

三、最高人民法院、最高人民检察院、公安部关于办理侵犯知识产权刑事案件适用法律若干问题的意见（2011） …… 074

四、最高人民法院、最高人民检察院关于办理侵犯知识产权刑事案件具体应用法律若干问题的解释（三）（2020） …… 076

五、中华人民共和国民法典（2021） …… 078

六、中华人民共和国行政处罚法（2021） …… 079

七、中华人民共和国民事诉讼法（2024） …… 079

八、中华人民共和国个人信息保护法（2021） …… 080

九、中华人民共和国数据安全法（2021） …… 084

十、中华人民共和国网络安全法（2017） …… 085

十一、中华人民共和国反不正当竞争法（2019） …… 086

十二、最高人民法院关于审理侵犯商业秘密民事案件适用法律若干问题的规定（2020） …… 088

十三、最高人民法院关于审理侵害知识产权民事案件适用惩罚性赔偿的解释（2021） …… 98

十四、最高人民检察院、国家知识产权局关于强化知识产权协同保护的意见（2022） …… 101

十五、最高人民法院关于知识产权民事诉讼证据的若干规定（2020） …… 102

十六、中华人民共和国刑法（2020） …… 104

十七、中华人民共和国刑事诉讼法（2018） …… 105

十八、最高人民法院关于适用《中华人民共和国刑事诉讼法》的解释（2021） …… 107

第五部分　上合组织国家商业秘密风险防控法律分析 …………… 111

一、俄罗斯 …………………………………………………… 113
二、吉尔吉斯共和国 ………………………………………… 121
三、塔吉克斯坦共和国 ……………………………………… 123
四、其他国家 ………………………………………………… 126
五、上合组织国家商业秘密风险防控举措 ………………… 127

第六部分　经营信息与技术信息类商业秘密案例分析 ………… 131

一、客户信息被员工掌握并借用第三方资质侵权 ………… 133
二、客户信息应内容具体、保密措施明确，否则有败诉风险 …… 138
三、客户信息诉求应包括深度信息并有侵权证据佐证 …… 142
四、劳动争议前置程序不是侵犯商业秘密案件必经程序 …… 148
五、投标报价、客户资源成为商业秘密须具备法定要件 …… 152
六、员工在职期间成立竞争性公司侵犯商业秘密 ………… 163
七、客户信息应有适当载体为依托 ………………………… 168
八、技术秘密纠纷应重视诉讼时效与重复起诉等程序问题 …… 174

第七部分　检察视角下区块链保护商业秘密典型问题与对策研究 ………… 183

一、学理基础：商业秘密以合法性为基础要件 …………… 189
二、实践基础：区块链技术保护商业秘密安全优势明显 …… 191
三、现实难题：区块链技术难以全链条保证商业秘密绝对安全 … 193
四、实践调研："区块链 + 知识产权"模式普及尚需一定时间 …… 201
五、解决思路：强化对区块链保护商业秘密理论的学习
　　与实践规制能力 ………………………………………… 203

附录　前置性商业秘密鉴定标准规范（建议稿） …………… 217

参考文献 ……………………………………………………… 227

后　　记 ……………………………………………………… 230

| 第一部分 |

概　　述

党的二十大报告指出，加快建设数字中国，加强知识产权法治保障，健全网络综合治理体系，提升社会治理法治化水平。承接国家政策、迎合国内国际形势现实需求，如何应对 Web 3.0 元宇宙时代的商业秘密保护新挑战并做好法治应对，成为一个很有意义的理论与实践研究问题。

《中华人民共和国民法典·总则编》第 123 条规定，商业秘密是知识产权客体之一。在区块链应用场景中，虽然元宇宙只是数据化过程的更高级阶段，但它依然要解决区块链技术面临的现有问题。上链的秘密信息可能是市场主体的商业秘密，也可能是自然人等非市场主体的技术秘密、其他个人秘密的数据信息。在传统法律应用场景中，商业秘密非公示性决定了权属界定的高难度，在区块链应用场景中，一旦秘密信息上链，全程透明、可追溯的特质可以很好地解决这一难题。但是，上链的秘密信息可能是市场主体上传，也可能是自然人等非市场主体上传，前者上传的可以界定为商业信息，符合商业秘密的特征；后者上传的可能是个人秘密数据，不符合商业秘密的特征。其中的关键点是秘密信息的类别以及相应的权利主体，它直接关系到商业秘密权是否存在，且其一旦被侵犯应如何适用法律进行追责维权。这需要对上传秘密信息的主体进行法律规制方面的研究，以确定该秘密信息是否属于商业秘密及其权利保护主体的法律适用。

元宇宙发展背景下，基于元宇宙平台的各类商用行为需要依法规制，以区块链模式保护商业秘密依然是这一大背景下商业秘密数据化保护的优先选择，具有天然的技术优势。当然这一模式也存在固有的技术缺陷，研究并解决元宇宙下区块链保护商业秘密的整体性风险问题，是实现商业秘密数据化保护目标的必然要求。

鉴于元宇宙下区块链保护商业秘密是知识产权数据化保护的前瞻性表现形式，系统梳理我国现行元宇宙商用化的实务案例与前沿理论研究的代表性观点，并将其置于我国现行法律中与区块链保护商业秘密相关的规定进行比较研究，结合区块链技术原理探讨商业秘密数据化保护的权利主体及其权利界定标准,成为本书研究的重点。

在 Web 3.0 背景下的元宇宙,"元"可以理解为"数据",即数据化的宇宙,这比较契合虚拟世界的本意。既然是数据宇宙,则意味着这个虚拟世界中的所有数据不是孤立的,而是多元互动共融的。

当前的元宇宙仍处于概念化的阶段,虽然国家出台了鼓励支持元宇宙发展的多个政策文件,但大多数还是从经济发展的视角进行规制。经过 2021 年、2022 年的"疯狂"之后,2023 年的元宇宙在 ChatGPT 的挤压下,似乎陷入了沉寂,如微软的万人大裁员中,元宇宙社交 AltSpaceVR 和 HoloLens 头显团队都遭到了重创,多个团队原地解散。2022 年 12 月入局的 ChatGPT 已经让大厂们纷纷侧目,匆忙改变布局,转换赛道。❶

ChatGPT 作为强人工智能的代表,是由美国人工智能实验室 OpenAI 开发的一款人工智能技术驱动的自然语言处理(NLP)工具,其中,GPT 是"Generative Pre-trained Transformer"(生成型预训练变换模型)的缩写,ChatGPT 可以理解为一个通用聊天机器人。ChatGPT 可以与用户进行自然、流畅、有趣的对话,回答各种问题,执行各种任务,甚至创造各种内容。❷ 在 ChatGPT 的加持下,区块链技术传统的风险,例如各类恶意攻击行为、欺诈行为等,似乎都有了应对之策。用户只需要运用语言或文字与其协同,可以让 ChatGPT 在提高区块链使用的便捷性、普及性、安全性与可信性以及区块链构建的专业性等方面发挥巨大作用。用户不需要具备区块链专业技术知识,只需要将其想要通过区块链实现的功能及目标,让 ChatGPT 代为设计及构建相应区块链,并在使用中依托 ChatGPT 作为区块链安全性的智能监督员。就本质而言,ChatGPT 只是一个自然语言处理工具,这款工具通过海量的数据"喂养",具备了一般人所不能具备的知识能量,因此在区块链构建及应用方面它可以发挥巨大作用。但不能由此认为元宇

---

❶ 新智元:微软元宇宙"大撤退",VR/AR 多个团队原地解散!全心押宝 ChatGPT,https://baijiahao.baidu.com/s?id=1755740846529866391&wfr=spider&for=pc,最后访问时间:2023 年 7 月 30 日。

❷ 小币猫区块链:以 ChatGPT 为代表的强人工智能给区块链带来哪些变革,https://baijiahao.baidu.com/s?id=1764937236536232627&wfr=spider&for=pc,最后访问时间:2023 年 7 月 30 日。

宙已经"凉凉",据统计,2022年全球工业元宇宙市场估值已达到约221亿美元;同时,从2023年到2031年,工业元宇宙市场复合年增长率或将达到17.5%;到2031年,该市场或增长935亿美元。❶ 同时因为元宇宙是虚拟世界的数据化表现,作为数据宇宙,ChatGPT只是其中一个数据处理工具,是元宇宙发展的一个阶段而已。虽然理论上ChatGPT可能会解决传统区块链技术的普及性差、运行速度受限大、数据安全不稳定等风险,但它也有一个严重的缺点:它可以轻易地提出令人信服的虚假信息,使它成为不可靠的事实信息来源和潜在的诽谤来源,❷ 并且已经有这样的案例发生。也就是说,撒谎是ChatGPT的"天性",这也打破了"机器人不能说谎"的固有认识。在这样的ChatGPT加持下的区块链是否还值得被信任已经无须讨论了。因此,互联网的风口可能多变,但是元宇宙作为虚拟世界的数据集成,已经走进了多国包括中国的政府规划,说明其代表了世界发展的主流趋势,研究元宇宙区块链模式保护商业秘密及其权利主体界定仍然现实可行且具有现实意义。

一、元宇宙的现实性及法律规制难题

元宇宙并非仅为虚拟式愿景,它在经济等领域已真实发生,对现实社会产生了实质性影响,这在国内外理论界基本达成一致,并且对于其应用产生的法律难题,学者们已都有深刻见解。

有学者主张元宇宙已然发生,各国尚未达成治理共识,我国应抓住关键窗口期,做国际规则制定者。代表性学者杨东(2022)认为,元宇宙作为数字经济发展的新场景,促进了数据价值的更大发挥,实现了人类社会从工业文明向数字文明的跃进,但数字资产作为元宇宙的血液,在各国法

---

❶ 新浪VR:到2031年,工业元宇宙的全球市场或可超900亿美元,https://baijiahao.baidu.com/s? id=1769200231410529189&wfr=spider&for=pc,最后访问时间:2023年8月1日。

❷ 巴比特资讯:ChatGPT扯谎的背后:了解AI聊天机器人的"幻觉"和"虚构",https://baijiahao.baidu.com/s? id=1762774481074457032&wfr=spider&for=pc,最后访问时间:2023年7月30日。

律地位并未得到一致承认。❶ 张平院士（2023）认为，元宇宙下主动掌握数据信息对国家发展至关重要。元宇宙下我国应该掌握数据应用"开关"，因为与试图确定谁"拥有"数据相比，更重要的是谁有权访问、控制和使用数据。我国需要主动开展元宇宙基础设施关键核心技术攻关，避免出现我国成为元宇宙全球最大数据生产国，而其他国家主导全球元宇宙技术标准和规则的局面。❷

有学者认为元宇宙虽然已来，但是现行法律应先保持相对稳定并伺机而动，因为元宇宙中数据确权、数据安全等问题目前形势不明朗。赛菲（Safari，2022）认为，元宇宙创造的世界虽然是虚拟的，但经济交易是真实的，对现实世界的影响也是有形的，元宇宙的市场资本和其他经济潜力巨大，截至2021年10月，元宇宙全球市值约为14.8万亿美元。在元宇宙中，法律呈现出新的难题：现实世界的法律如何在元宇宙适用，谁在元宇宙立法、颁布法律、执行法律，谁来保护元宇宙社会并维持其秩序。❸ 迈克尔（Michael，2022）提出，元宇宙的未来可能最终取决于监管洞察力的增强，技术创新以及智能合约的持续发展和作用。虽然美国加利福尼亚州允许在区块链上发放出生证明和结婚证，意大利博物馆正在尝试用智能合约监督文物的出借，并避免国家之间的法律纠纷，但是智能合约将如何解决元宇宙新颖的、固有而复杂的法律问题，还有待观察，涉及数据安全和隐私、知识产权和公司投资方面的问题，在很大程度上仍未得到解决。

二、元宇宙中的商业秘密保护数据化应用与合规治理问题

Web 3.0元宇宙阶段是区块链、大数据、人工智能、物联网等技术的融合升级，元宇宙中的数字用户及其产生的海量数据，无论是从公共监管还是从元宇宙数字用户自身角度看，都体现着社会文明发展所代表的公益

---

❶ 杨东、乐乐：《元宇宙数字资产的刑法保护》，《国家检察官学院学报》2022年第6期。
❷ 张平：《元宇宙将来，我们如何应对》，《光明日报》2023年2月2日第16版。
❸ KASIYANTO Safari，KILINC Mustafa R："The Legal Conundrums of the Metaverse"，*Journal of Central Banking Law and Institutions*，2022，1.2，pp. 299–322.

诉求与数字用户所代表的商业秘密保护需求之间的利益碰撞,如何有效平衡这种冲突,国内外学者见解不一。

有学者主张元宇宙下商业秘密保护应持审慎原则,防止权利滥用。代表性学者冯晓青认为,在当前信息网络和数字技术发展背景下,涉及数据、算法和平台规则中的权利滥用问题,要基于公共政策目标对此加以界定,在充分、有效保护知识产权与防止知识产权滥用之间实现平衡,实现知识产权立法宗旨。❶ 聂鑫认为,云计算环境下权利人将商业秘密信息"上云",意味着将管理权的一部分让渡给云服务提供商,云服务提供商对"云端"信息的管理方式(内容接触权的保留、保密责任的明示排除),形成了保密措施合理性认定的障碍,"上云"信息将难以满足保密措施的合理性要求,获得商业秘密保护的资格。❷ 阿苏阿(ASÚA,2021)认为,Meta 公司和传统的智慧城市案例已经证明:公民和数字用户的福祉不是元宇宙平台提供商的首要关注点,尽管他们声称与公共利益一致,元宇宙的到来会对数据保护和数字用户隐私权带来一系列新的挑战,可能涉及制定新的法律或修改现有的法律。❸ 巴胡姆(Bakhoum,2018)认为,对原始数据的合法垄断带来了过度保护的风险,原始数据由平台自动生成,并且由于功能原因无法对云提供商隐藏。因此,在缺乏对云提供商有约束力的、关于原始数据的保密条款的情况下,商业秘密保护只能授予经过处理的数据。❹

有学者认为应特别注意保护元宇宙下的数据信息安全,代表性学者刘

---

❶ 冯晓青:《知识产权的私权属性及其制度完善——民法典实施背景下我国知识产权制度的变革与发展》,《甘肃政法大学学报》2020 年第 5 期,第 147 - 156 页。
❷ 聂鑫:《回族传统食品产业商业秘密保护功能探析》,《中国穆斯林》2019 年第 1 期,第 61 - 64 页。
❸ DE ASÚA, Eduardo MANGADA REAL, OTTER Victoria, TSUKUDA Tatsuaki, VIVENOT Bastien: THE METAVERSE CHALLENGES AND REGULATORY ISSUES. 12 June 2022, https://www.sciencespo.fr/public/chaire - numerique/en/2022/06/12/student - paper - the - metavers/.
❹ Mor Bakhoum; Beatriz Conde Gallego; Mark - Oliver Mackenrodt; Gintarė Surblytė - Namavičienė. The Interface Between Data Protection and IP Law: The Case of Trade Secrets and the Database sui generis Right in Marketing Operations, and the Ownership of Raw Data in Big Data Analysis (2018). Personal Data in Competition, Consumer Protection and Intellectual Property Law, Springer.

宪权、王哲认为，元宇宙中非法获取元宇宙用户数据信息行为可构成非法侵入计算机信息系统罪、非法获取计算机信息系统数据罪、侵犯商业秘密罪、侵犯公民个人信息罪等数据犯罪。❶

  加强商业秘密立法保护是中共中央政治局第二十五次集体专题学习中习近平总书记强调的重要内容，也是《"十四五"国家知识产权保护和运用规划》的 1 号工程。元宇宙的开启，给予包括商业秘密在内的知识产权数字化发展及创新保护更大的机遇。数字中国经历了 Web 1.0 时代网站单项发布信息的用户阅读式互联网、Web 2.0 时代网站与用户共同发布并可互动的可写可读式互联网，当前已逐渐进入可基于区块链技术的去中心化特征、用户以一个数字身份在各网络平台通行的 Web 3.0 时代。尽管这个时代刚刚开始，元宇宙因其在网民劳动价值均衡分配方面的独特优势以迅猛之势取代区块链而开始引领 Web 3.0 时代，在世界各国掀起新一波科技改革浪潮。Web 3.0 是在包括区块链等一系列技术的推动下，形成更加去中心化、更加可信、更加安全的互联网。元宇宙是 Web 3.0 的具体展现形式，是人类进化的一个重要分水岭，其会催生现实世界与虚拟世界并存且融合的文明新形态，它已在游戏、社交、经济领域发挥了巨大影响力。虽然美国、欧盟对元宇宙持谨慎态度，在防范数据企业垄断市场份额的同时加强对与元宇宙相关的数据安全、区块链和加密货币的监管，但日本和韩国均已出台政策积极推动元宇宙行业的发展，政府对于通过元宇宙建立产业优势持有积极态度。我国也不例外，在上海率先将元宇宙纳入"十四五"规划后，目前已有多个省、区、市支持并发布了元宇宙发展的措施和行动计划。工业和信息化部首次提出 2023 年将发力元宇宙产业顶层设计并加快谋划布局元宇宙未来产业。Web 3.0 元宇宙阶段在中国已然来临。

  在此背景下，学者从多层面、多维度对元宇宙在经济领域的现实应用及其产生的保护法律困境等问题进行了全方位研究，并对元宇宙中以数字用户所产生的数据的权利归属所引发的社会文明发展与商业秘密保护之间

---

❶ 刘宪权、王哲：《元宇宙中的刑事风险及刑法应对》，《法治研究》2022 年第 2 期，第 3 - 14 页。

的冲突进行了一定探讨。然而，从现有研究成果来看，其存在如下不足：

（1）对元宇宙中的商业秘密保护问题研究还是基于 Web 3.0 区块链时代的去中心化技术、加密技术及智能合约等相对传统情景。元宇宙虽依赖区块链技术但二者有根本不同，元宇宙是在区块链技术基础上融合了物联网、人工智能、AR、VR、MR、XR 和 3D 技术的虚拟世界，从已有元宇宙在游戏、社交及经济领域的发展成就与影响力来看，元宇宙更强调与现实世界的实时对应的互操作性、实时性、行为合规性及高效能性。立足元宇宙场景合规发展需求而不是现实世界的需求去探求商业秘密保护新问题、新举措，值得进一步深入全面系统地研究。

（2）元宇宙目前已在各国实践但缺乏统一性认知及权威性规制。其根本原因是，当前元宇宙绝大多数都是以私有企业提供的资本为核心构建并运行的，资本属性、营销属性、逐利属性是其构建元宇宙的根本动因。相比中国、日本、韩国政府对元宇宙的热情拥抱及政策支持，美国和欧盟各国政府对元宇宙显现了较大的谨慎态度及严格的数据安全法治规范。需要我们在目前学者研究的基础上，更深入地研究元宇宙中以数据资源为代表的商业秘密权利该如何定性与合理保护、社会公共治理如何有效展开，以达到商业秘密权利保护与社会公共福祉协调统一、推动社会文明发展的目标。

三、本书的学术价值和应用价值

元宇宙和区块链同属 Web 3.0 时代，不同的是区块链强调的是去中心化及社区自治，技术因素更多一些；元宇宙作为一种新型的社会生态系统，比区块链更进一步，注重在去中心化、虚拟与现实自由实时交互的基础上加强社会公共治理与国家治理，政治属性更强。在元宇宙中，各平台提供商不仅要规范收集及合理使用数据，而且更要为自身的商业秘密设定合理的边界，不能"凡是数据皆我秘密"（当前各级政府数据平台被第三方公司控制应予以警惕及强化规制），须遵守元宇宙虚拟世界的现实法治要求。相对于已有研究，本书拟在以下三方面实现一定的学术价值及应用价值。

（1）学术价值：拓宽商业秘密权利、义务主体的边界，探索元宇宙数字用户法定身份确认的新理论。元宇宙用户在理论上应该是一个数字身份全网通用，但是目前来看元宇宙还属于资本平台各自为战阶段，难以实现这一目标。这种状态带来的问题是一个现实用户可能对应几个元宇宙数字用户身份，其唯一性、真实性以及法律责任承担与追究的可能性不好确认，相应带来的数据化商业秘密信息的权利主体与责任主体无法确定。本书拟在商业秘密主体与元宇宙数字用户身份主体的一致性、对应性等新问题方面积极探索。

（2）应用价值之一：探讨元宇宙下数据化商业秘密信息的法律属性确认与鉴定评估新标准，厘清商业秘密保护新内容。元宇宙数字信息的产生与流动的跨国性特征明显，当前主张元宇宙社区自治的呼声很高，带来的严重问题是对国家治理秩序和世界安全秩序的破坏可能性增大，因为社区自治的标准不统一，往往不同平台有不同的标准，智能合约带来的也只能是平台服务者的主观意愿在数字用户间的普遍认可，没有考虑社会公共利益、国家利益、其他用户个人利益。需要保密的数据信息的秘密性、已经被保密的信息被侵犯时的同一性对比、数据化商业秘密信息的商业价值性、被侵犯的数据化商业秘密信息的权利人损失数额确认及相关责任人追究等问题，在元宇宙中都可能因社区自治的不合规性与过高自由度、数据信息的跨国流动难以监管、世界各国缺乏对元宇宙合规运行的法律规制等原因而无法实现。笔者拟在元宇宙商业秘密数据信息跨国移植与流通的秘密性、同一性、商业价值性、损失数额认定等新问题方面展开研究。

（3）应用价值之二：探索元宇宙中数据化商业秘密信息的统一国际化保护新方案，构建商业秘密保护新框架。元宇宙虽然比单纯的区块链更强调去中心化基础上的政治治理标准，但是目前各国对元宇宙发展产生的经济效益与未来发展趋势所持态度不一，而且在2021年所谓元宇宙元年火爆形势之后，经历了2022年的发展，ChatGPT又被认为是元宇宙的下一个风口，同时元宇宙的明星企业如Meta、微软等，都在元宇宙项目实施及队伍建设方面大力裁减，元宇宙发展趋势又变得不明朗了。但是从理论层面来看，ChatGPT只是元宇宙领域一个节点技术，元宇宙企业的高潮低潮也只是企业发展的正常变化，元宇宙在经济领域的效益持续增长使其合规治理已不容置疑。国家治理、国际标准统一问题如何改变当前资本垄断元宇宙的现实状况成为元宇宙合规发展的重要议题。在商业秘密领域，元宇宙中的数据化商业秘密信息在数字用户身份确认、跨国流通数据的秘密性与商业价值性等的鉴定评估方面，需要国家立法与国际合作层面有机衔接并实现国际标准化治理。

笔者通过系统梳理国内外元宇宙各类现有的应用场景、政策法规及可能性应用场景与治理方向，立足元宇宙虚拟世界视角（非现实世界），挖掘出元宇宙中数据化商业秘密信息保护面临的新问题，提出以现有立法为基础对元宇宙数字生态的商业秘密依法合规治理新思路，具有一定的理论价值和实践应用价值。

四、本书重点研究对象

笔者主要研究以元宇宙数字用户法律身份的真实性、合法性、唯一性、可担责性作为数据化商业秘密信息权利义务主体，以元宇宙下透明、共享、无国界机制原则与数据化商业秘密信息的构成要件之间的冲突解决对策为核心，以世界各国对元宇宙下数据化商业秘密信息开展国际协同共享共治为合规治理目标，从元宇宙虚拟数字世界用户可能出现的法治风险点出发，深入分析元宇宙中商业秘密主体、内容和法治治理等方面可能面临的新问题，立足现有反不正当竞争法、数据安全立法、网络安全立法、个人信息保护立法等法治基础，探索对元宇宙下数据化商业秘密信息保护进行补充立法及依法合规治理的新思路。

1. 元宇宙用户身份确认与商业秘密主体认定法律问题研究

元宇宙的数字用户交互行为会产生涉及各方的权利和义务，这种权利、义务源自现实世界的社会、伦理和法律规范，因为元宇宙的用户实际上是真的人（或企业、其他组织），当前已有诸多元宇宙的用户报告了性骚扰、仇恨言论、强奸、商业秘密信息被盗取的案例。数字用户虽然模仿现实世界中的活动，但元宇宙中的数字用户化身并不能100%代表现实中的个体,尤其是在涉及法律权利和义务的时候。曾经有一项调查显示,75%的元宇宙男性化身实际上是女性,80%的女性化身实际上是男性。❶虚拟世界的每个用户/参与者都有自己的虚拟形象,通常情况下,头像可以定制,某些情况下,头像也可以是 NFT,但很难让人一眼辨明用户是谁。目前,各元宇宙平台提供商没有对此执行更完善的规制措施,而且由于元宇宙的无国界属性,即使有区块链底层技术保障,也因为链上各节点用户的匿名化,必然会导致用户主体身份的不确定性及法律权利、义务责任的不对应性。在商业秘密领域,元宇宙中的商业秘密的法定权利主体到底是谁,侵犯商业秘密的主体又是谁,这些主体如何与现实世界的主体形成法律对应关系是本书研究的首要内容。

当前各元宇宙平台提供商试行的及学者研究提出的"数字钱包+用户生物特征认证"法,是否能验证商业秘密用户主体的真实性、与现实世界主体的同一性?"一个用户,一个账户"是否可行?目前,一些虚拟现实平台允许创建多个账户,这表明目前并不是所有的平台都认可这一方式。当前用户生物特征认证法还存在哪些不足?类似神经元的生物特征认证法是否应纳入法律规制范围,以最大限度保证元宇宙虚拟世界与现实世界的商业秘密主体一致并符合法定性特征?上述内容将成为本书研究的重点。

2. 元宇宙用户权属界限与商业秘密保护内容问题研究

元宇宙用户的权属看似基于区块链技术可以独立享有,但当前元宇宙存在区块链去中心化特质与元宇宙平台提供商垄断权属的矛盾。元宇宙平台提供商都会宣称使用区块链技术存储数据,可以有效地防止财产被盗,但元宇宙的服务项目是完全集中于平台提供商,平台对哪些用户能够访问或使用他们购买的什么产品拥有最终控制权,从而对用户可以完成的活动拥有巨大的控制权。即使一个人合法拥有通过合法购买而获得的数字资产,也有可能被平台没收、删除。这种拥有数字资产的框架与现实世界中

---

❶ Botterbusch, Hope R, Rosemary S. Talab: "Ethical issues in second life", *TechTrends*, 2009, 53 (1): 9-13.

购买和拥有资产的情况有着本质不同，这种差异会带来严重的威胁。例如，Meta 公司的目标似乎是私有化、中央集权和垄断，一个至关重要的问题由此浮出水面：谁在统治元宇宙并最终受益？在鼓励创新的同时，为了减少对社会公共福祉的潜在伤害，有必要警惕和关注元宇宙可能对人类社会产生的不利影响，需要设计必要的社会公共权力监管，以避免平台最终被设计成垄断和不透明的、由一家或多家私人公司全面控制元宇宙，因为那会造成"商业模式吞噬法律"的恶果。社会公共权力如何适时介入以最大限度避免这一消极后果是本书重点研究的内容。

社会公共权力对元宇宙用户及平台提供商权利的合理、动态调控是数据化商业秘密信息保护的重要依托。现实世界中商业秘密是否像其他类型的知识产权一样是一种财产形式在当前各国规定各异，我国《民法典》第123 条明确将商业秘密列为知识产权客体，说明我国立法是认可商业秘密作为无形财产保护的；美国也在 1979 年发布的《统一商业秘密法》中明确了商业秘密的财产法保护方式；欧盟《商业秘密保护指令》拒绝了稳健的产权方法，而是采用了一种更加平衡的不公平竞争模式，并认为以财产法形式保护商业秘密有导致过度保护的风险，商业秘密制度的保护客体应当是信息的秘密性及基于此而产生的竞争优势，专门保护信息不被盗用。元宇宙实质上是代码世界，数据（原始数据、处理后的数据、移植数据等）中的秘密信息及其合规管理是商业秘密的唯一来源，它会随着社会公共权力的调控动态变化，而且还涉及跨境数据流相关问题。元宇宙提供商在多大程度上有义务遵守用户隐私和数据保护法，保护的是秘密信息本身还是这些秘密信息不被侵犯，如何和现实世界的商业秘密保护制度有机衔接，上述都有必要重点研究。

3. 元宇宙用户治理依据与商业秘密合规治理路径问题研究

在初始阶段的元宇宙情境中，适用于元宇宙的规则是由用户使用条款和平台提供商提供的社区标准或规范组成，没有任何民主可言，平台所有者扮演"独裁者""统治"它们的元宇宙，缺少的是能够发挥主导作用的整体监管治理，包括国家治理及国际合作条约监管。众多案例表明，这些平台提供商没有把社会福利放在首位，仅仅是因为它们有自己的生意和利益。因此，社会出现了对元宇宙进行标准化全球治理的呼声。虚拟现实平台是由私人行为者运营的，为了保护用户的安全，公共监管机构必须尽早介入并提出总体解决方案，重点是基于多个虚拟现实之间的互操作性如何做到要求每个平台的服务条款协调一致，确保每个平台的一系列授权和验证流程相统一，以确保一个用户一个账户的政策，并确保不遵守规定的用户将面临严重后果。政府应该创建好各种公共令牌，以支持元宇宙的有序运营，例如，制定"虚拟世界中的行为适用统一纳税义务"的标准和框架；明确界定加密货币、NFT的法律地位并为对接现实世界法定货币做好对接接口；做好代码、数据的权属界定及合规应用对策；做好元宇宙稀缺资源（人为产生）的价值锚定。

元宇宙的未来可能最终取决于监管洞察力的增强，同时也取决于技术创新以及智能合约等治理手段的持续发展和作用，这些为元宇宙中的商业秘密救济提供了很好的参考。元宇宙不是一项技术，而是代表了各项前沿数字技术的集合。个人数据在元宇宙中占比较大，将个人数据视为财产权、道德权利或个人身份的一部分，甚至是商业秘密，无疑赋予了个人数据很高的价值。元宇宙平台提供商应依法、合规做好哪些数据的保密工作，并不得使用未经授权的任何个人数据；如何确保数据主体的权利及其自身的商业利益；是否需要将商业秘密保护与自我监管问题纳入企业日常工作等值得探讨。针对元宇宙中的数据跨国流动问题，在向第三国传输数据的情况下，跨国企业（或一般企业）如何应对这一挑战？由于私营部门实体（大部分）承担了最高的数据泄露风险，在传输数据前需要界定哪些数据属于商业秘密范畴，因而在不增加数据传输者额外不必要工作量的前提下，避免商业秘密过度保护成为各国商业秘密保护及数据安全保护的法治规制重点。充分的保护水平是国际数据传输的一个关键因素，如何做好数据传输者在统一的国际标准范围内合规传输并进行基本的职业道德约束与自省，避免违反国际条约而受到处罚及损失，也需要进行分析。

五、研究重点和难点

1. 研究重点

"一个用户对应一个账户"是确定元宇宙用户法律人格的基础要求，当前元宇宙平台提供商允许一个用户注册多个账户，在一定程度上模糊甚至否定了元宇宙用户的法律人格，相应地给元宇宙中商业秘密主体身份的确定带来了实际困扰。深入分析如何准确界定元宇宙数字用户身份与商业秘密主体身份的法律人格、社会公共权力如何在元宇宙商业秘密保护过程中发挥其动态调控作用是本书的研究重点。

2. 研究难点

当前，元宇宙平台提供者绝大多数都是资本主导下的私人企业，政府主导的元宇宙平台主要发展目的是提高本地的对外影响力，以便更好地吸引投资、商业和关注，经济利益诉求大于社会公共福祉。既往案例表明，元宇宙平台提供商为城市服务提供了一些轻微改善的同时，收集了城市所有的数据信息，这些数据信息变为平台提供商的商业秘密来源信息，成为平台提供商整理后在其他领域赚钱的强大数据库。截至2023年2月，我国已有30个省、市将元宇宙列入政府工作重点任务中，如何避免公共权力被资本绑架，在数据共享前提下如何确保数据安全及保护数据化商业秘密信息，为跨国流动的数据化商业秘密信息准确确权并有效评估其商业价值，在被侵权时能做到有效同一性比对及可计算出损失赔偿额，做到商业利益与社会公共利益的动态平衡与依法治理，并促进社会文明良好生态，这是本书的研究难点。

| 第二部分 |

元宇宙区块链模式中商业秘密权属认定问题

商业秘密权属界定一般指权利主体的确认。无论是在以中国为代表的将商业秘密视为反不正当竞争领域概念的国家，还是在以美国、俄罗斯等为代表的对商业秘密专门独立立法的国家，抑或以欧盟这样世界区域性联盟组织为代表的以《商业秘密保护指令》规范本区域内商业秘密的国际组织，商业秘密的权利主体都具有相通性。

我国商业秘密的概念是由《反不正当竞争法》第9条规定的，其中只提到了"权利人"，而没有对商业秘密权利人作出明确界定。但就商业秘密概念所明确的"商业信息"而言，权利主体应以商事主体或者说经营者为体现载体。美国商业秘密保护及商业秘密法已有近150年的历史，在《统一商业秘密法》第1条第4款商业秘密概念中虽然没有关于权利人的明确表述，但是在《保护商业秘密法案》（《美国法典》第1839条）商业秘密概念中将"为信息保密采取了适当保密措施"的人视为商业秘密权利人。俄罗斯《商业秘密法》第3条规定了"商业秘密持有人"的概念。欧盟《商业秘密保护指令》提到了原始商业秘密持有人。

与一般的商业秘密权属认定标准不同，在元宇宙区块链模式下，商业秘密主体虽然也主要包括商业秘密持有者及许可使用者，但是这两类权利主体在认定方面有着特殊的标准。

元宇宙作为数据宇宙，是虚拟世界平行于现实世界的数据化体现。就如同现实世界一样，元宇宙中的数据有真有假，有虚有实。无论是大数据（数据的集合体）、人工智能（ChatGPT为代表），还是区块链，都是元宇宙中的具体元素。区块链作为人工智能、ChatGPT的底层结构和技术支撑，对推动个性数据的形成、流动、安全、长效等融合于元宇宙至关重要。

随着互联网的代际更替，第三代互联网出现了更多的科技新组合，其中以开源+区块链、人工智能（ChatGPT）+区块链为代表，这些组合可以统称为"区块链+"，适用于金融、医药、司法等领域。"区块链+"的初衷是希望各个领域能够借助区块链的技术优势实现真实、安全、开放、透明、公平、可追溯等目的，但是从现实来看，这一目的的实现难度和阻力依然很大，根本原因是目前区块链的技术优势和其技术不足，依然处于平衡对开阶段：区块链的真实可追溯在一定条件下可被篡改，让虚假成为真实，安全不复存在；区块链秉持的开放、透明及可追溯特质有可能成为个人隐私、主体信息泄露的根源，导致侵权现象发生。

一、开源（Open Source）问题

如果将互联网视为软件+硬件的组合，开源一开始是对软件包括权属状态、使用自由度状态的一种描述，包括源代码、源数据等技术与资源的开放共享与开发，发展至今，开源已涵盖了开源软件、开源硬件、开源理念等，突破了单纯技术层面的开放，扩展到了硬件和理念的开放。开源的本质是开放、共享、协同、创新、应用。开源一词，由克里丝·皮特森（Chris Peterson）于1998年2月3日提出，开源的概念则由当时著名的黑客社区Debian的社长布鲁斯·佩伦斯（Bruce Perens）在其起草的《自由软件起草方针》中提出，他发起建立www.opensource.org网站。

开源的演进与Unix发展密切相关。世界上最早的操作系统Unix是1970年命名并由AT&T公司贝尔实验室编写，因此1970年视为Unix元年。在后续发展中，以1977年为界，1976年及以前的Unix是免费开源的，1977年及之后的Unix是收费闭源的。这一变化倒逼软件开发者的潜力发挥，最著名的是理查德·斯塔曼（Richard Stallman）发起了世界影响力巨大的自由软件运动，并于1985年在美国波士顿成立自由软件基金会，发表《GNU宣言》[1]。该操作系统以GPL（General Public License）方式发布[2]。在自由软件的基础上，1998年，开放源码应运而生。[3]

开源的兴起与发展，是互联网1.0到2.0再到3.0，甚至到后续4.0，

---

[1] GNU，是GNU's not Unix缩写的。
[2] GPL第一版许可证于1989年发布。
[3] 张问骅：《开源技术：漫谈起源和发展》，http://www.360doc.com/content/22/0104/08/43551757_1011751308.shtml，最后访问时间：2023年8月2日。

直至元宇宙完全实现的过程中不可或缺的重要一环。开源，意味着技术的开放共享，意味着跨国界的更多智慧的更大贡献。截至目前，开源协议衍生的开源许可证已达几十类甚至上百类。根据开源许可证对版权保护力度的强弱，可以将其分为强 copyleft 许可证（如 GPL、AGPL、SSPL 等）、弱 copyleft 许可证（如 LGPL、MPL、EPL、MOZILA 等）以及宽松型许可证（如 MIT、BSD、APACHE 等）。其大致的区别如图 1 所示：

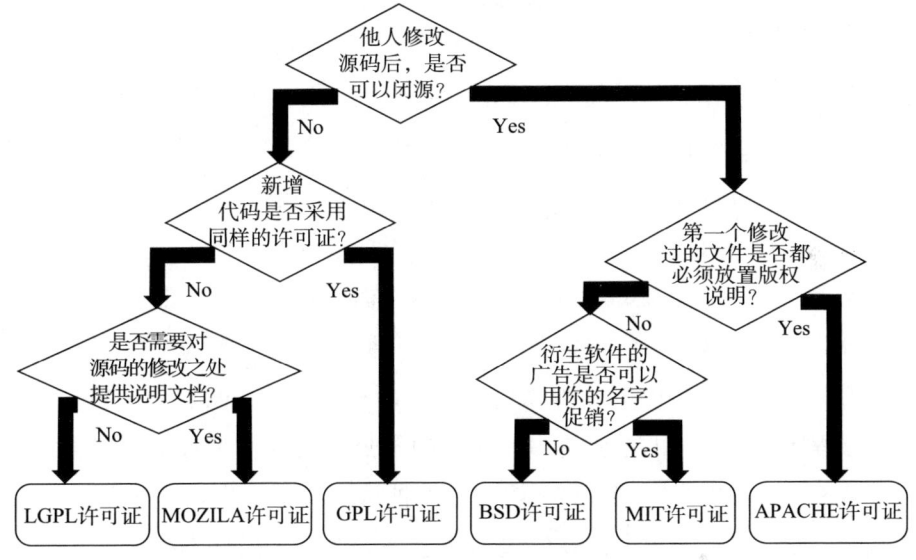

图 1　常见的开源协议类型

资料来源：bjxiaxueliang：一文详解常见开源协议，https://blog.csdn.net/xiaxl/article/details/106137088，最后访问时间：2023 年 8 月 2 日。

国家政策文件对开源知识产权保护予以了规定：《中华人民共和国国民经济和社会发展第十四个五年（2021—2025 年）规划和 2035 年远景目标纲要》要求支持数字技术开源社区等创新联合体发展，完善开源知识产权和法律体系，鼓励企业开放软件源代码、硬件设计和应用服务。

《"十四五"国家知识产权保护和运用规划》要求完善知识产权保护政策；健全大数据、人工智能、基因技术等新领域新业态知识产权保护制度；研究构建数据知识产权保护规则；完善开源知识产权和法律体系。

开源协议许可证大多数依据美国法律起草，在中国则一般被认为属于合约范畴。例如济宁市罗盒网络科技有限公司（罗盒公司）与广州市玩友网络科技有限公司（玩友公司）等侵害计算机软件著作权纠纷案中的 GPLV3 开源许可协议规定成为法院判决的关键依据，玩友公司上线的微信视频美颜相机 App 属于商用，使用了 GPLV3 开源许可协议支持的涉案软件，但未按开源许可协议约定向用户提供源代码下载，违反了 GPLV3 开源许可协议。❶ 其他还有被称为中国开源第一案的数字天堂（北京）网络技术有限公司诉柚子（北京）科技有限公司侵犯计算机软件著作权纠纷案❷及北京闪亮时尚信息技术有限公司与不乱买电子商务（北京）有限公司侵犯计算机软件著作权纠纷案❸，都在一定程度上认可了 GPL 开源许可协议的契约效力。GPL 作为开源协议强权保护版的代表，使用 GPL 开源软件进行的修改和后续开发，是否都适用版权保护？是否都应开源？在上述案件中，数字天堂案对 HBuilder 的三个插件是否构成独立程序，一审、二审法院意见不同，一审法院认为上述三个插件构成独立程序，二审法院认为 HBuilder 软件整体是一个独立程序。但一审、二审法院均认可数字天堂公司的 HBuilder 软件中的 GPL 开源许可协议的契约效力，该案对三个插件是否独立程序判断的目的主要是用于确定柚子公司侵权行为对象、数量以及侵权数额。在该案中，HBuilder 软件最终被认为是一个有机整体的软件而不是多个软件的简单组合的软件包，这也是判断三个插件不构成独立程序的主要依据。不乱买案对"不乱买时尚海淘"软件确认适用 GPL 开源许可协议，但是不乱买公司主张的是该软件后端独立开发的源代码，与前端开源代码不同。该案对于单独程序的判断采用了与数字天堂案不同的认定方法，即"展示模式 + 技术应用 + 功能分工"综合认定法，由此认为不乱买公司主张的后端代码属于独立于前端代码的独立程序，不受 GPL 开源许可协议约束，可以闭源。可以看出，上述两案虽然都认可了 GPL 开源许可协议的契约效力，但判断方法有所不同。上述案件很好地说明了开源软件并非不属于知识产权保护范围，而是有严格限定的，限定的基本标准是协议

---

❶ （2019）粤 73 知民初 207 号判决书。
❷ （2018）京民终字第 471 号判决书。
❸ （2019）最高法知民终 663 号民事判决书。

各方的契约约定内容。

上述案件只涉及 GPL 开源许可协议一类，保护的也只涉及著作权这一类知识产权，主要是对 GPL "传染性"法律阻断的代表案例。著作权保护的是作品的表达，并不包括思想、方法、创意等，而对开源软件的不当使用，除了有可能侵犯著作权外，还有可能侵犯专利权、商标权以及商业秘密权。计算机软件可以同时受到著作权和商业秘密的双重保护，这在理论上是可行的，实务中也经常发生。随着开源软件应用得越来越广泛，要特别注意开源软件应用过程中商业秘密权的保护。在使用开源代码以开发商用软件过程中，每一个开源代码都是带有各种开源许可协议的。主张使用开源软件开发过程中的商业秘密，首先需要特别关注主张人是否已遵守开源许可协议的相关规定，如果使用的是著作权强保护型或弱保护型，一般独立开发并商用闭源的可能性较小，但如果使用的是宽松型开源软件，例如 MIT、BSD、APACHE 等，则在遵守开源许可协议要求的附带原软件版权声明等要求的基础上可以商用闭源。按照《反不正当竞争法》第 9 条规定，虽然商业秘密构成要件有秘密性、商业价值性和保密性三大法定，但合法性要件是其基础性要件。如果使用的开源软件是著作权保护型，主张的商业秘密首先违反了开源许可协议，那么商业秘密的合法性就不复存在了。

随着开源的广泛应用，开源的使用已从初始的低成本＋快速交付模式，发展到对开源软件安全可靠性的追求不再是简单地追求零成本，因为开始拿来用时的零成本可能存在后续技术更迭快、运维成本高、安全漏洞多、知识产权侵权的缺陷。区块链在这方面可以对开源起到很好的补强作用。区块链去中心化特征与开源理念天然吻合，只有二者互相促进，互相结合才能走得更远。区块链不可篡改的机制在很大程度上解决了信息不对称问题，从而在链上各节点用户间建立起很强的互信。但这个互信如果不开源，各个区块链间没有有效标准化统一机制和互联机制，彼此是一个个孤岛链，那就很难建立真正的互信，即理论转化为实践还有很大距离。纵观世界的区块链发展史，以太坊等就是以开源获取互相信任、凝聚共识。另外，区块链对于开源的助力效果更强，区块链天然内置激励功能，能够

解决开源的激励不足问题。此外，智能合约的自动执行也能降低开源社区大规模协作的成本。❶

但开源软件即使有区块链加持，在商业秘密保护方面也会面临以下风险：

一是企业缺乏开源风险意识及商业秘密保护意识。如前所述，当前有超过九成的企业在使用开源软件，企业在使用时也只关注其是否经济好用和是否有安全漏洞，而对于开源软件合规使用和开源许可协议的内容审核及合规遵守，绝大多数企业缺乏风险意识和知识产权意识。另外，即使企业关注对开源软件的知识产权保护，但这里的大多数企业还是从版权方面来考虑的，真正从商业秘密角度关注并予以保护的少之又少。

二是企业缺乏对开源软件的合规使用及权利主体身份认同。在大多数人的意识中，开源的都是免费的、不受限制的，只要使用就成为权利主体。实际情况并非这样，如前所述，开源理念和开源软件源自美国，美国的知识产权保护无论是公民意识、法律制度还是实际执法乃至国际交流，都对开源软件有着法律层面严格的合同或契约保护。企业在使用开源软件时，很少对开源许可协议进行合规审查及合规应用，这给企业带来巨大风险。例如，国际影响巨大的 2021 年抖音海外版 TikTok 桌面平台直播软件 TikTok Live Studio 因违规使用开源软件 OBS 的源代码而违反 GPL 协议导致自行紧急下架。该案中，如果 OBS 项目组对抖音起诉维权，抖音公司将面临复杂的法律纠纷而影响其发展。

因此，开源软件商业秘密风险应对与预防是一项系统性工程，企业应通过不断提升员工法律意识、优化内部制度建设，明确开源软件的权利主体，保障开源软件的合规使用。

首先是组建专门机构，不断提升员工知识产权法律意识。知识产权是企业的生命线，但除了专利、商标、版权，很少有企业关注到商业秘密等其他类型的知识产权。即使企业大规模使用开源软件，也极少有企业关注

---

❶ 沈育敏：开源的安全可信治理与区块链，https：//www.sohu.com/a/514997673_100110254，最后访问时间：2023 年 8 月 7 日。

开源软件的开源许可协议及其知识产权合规要求，因此，企业应通过组建专门机构、定岗定人定责，通过培训、宣传、考核、应用、查漏补缺等方式提升员工的知识产权法律意识。

其次是制定及严格执行企业内部开源应用与管理方面的合规制度，明确权利主体。根据公司不同的项目要求，梳理出每一个项目或每一类项目可能涉及的开源软件及开源许可协议，并制定公布开源使用方案、开源评估方案、开源治理方案、开源激励方案、开源知识产权合规保护方案等一系列开源应用与管理制度。❶ 在具体项目开展过程中，严格根据各个方案的具体要求执行，设立追责机制，责任落实到项目组及个人，保证开源软件合规应用、尊重他人知识产权及保护自身知识产权。

对于强著作权保护型的开源软件，如 GPL、AGPL 等，开源许可协议约定具有"传染性"，虽然我国数字天堂案和不乱买案都以法律阻断的方式对 GPL "传染性" 约定予以了限制，但是企业需要举证其程序的独立性。实践中尽量选择宽松型开源软件，如 MIT、BSD、APACHE 等，做好独立程序的设置、与开源软件及代码的分离、独立程序的商业闭源等基础性工作，涉及的商业秘密从合法性、秘密性、商业价值性和保密性等方面进行日常维护和审查，确保企业在这些独立程序上的权利主体的身份。

二、人工智能问题

人工智能的概念最早出现在 1956 年的美国达特茅斯会议上，关于具体提出人，众说纷纭，有人认为是计算机专家麦卡锡提出❷，有人认为是模式识别论文作者赛弗里奇提出。赛弗里奇相比于图灵等人，在人工智能领域名气不大，但他也是人工智能科学的先驱，是模式识别的奠基人，也是

---

❶ 宁初明：开源软件商业应用过程中的知识产权风险，https://mp.weixin.qq.com/s?_biz=MjM5OTg1MzM5NA==&mid=2654170000&idx=2&sn=abc91cd614ea4251952323afc4552af2&chksm=bcf2e7ad8b856ebbe4c3b5ecaf492c41d2a325c143b68ba12c824d5c24f3bed7f81b120efc1f&scene=27，最后访问时间：2023 年 8 月 7 日。

❷ 王红燕：《中国人工智能合规建设与知识产权》，中国法制出版社 2023 年版，第 7 页。

第一个写出可以工作的人工智能程序的人。❶ 实际上，人工智能概念并不是由哪一个人提出，在某种意义上，它是诸多科学家通过各自领域的研究、学术会议交流及实验室验证，逐步凝练而成。

人工智能以计算机科学为基础，同时融合了数学、语言学、心理学、逻辑学、哲学等不同学科，是以人类制造的机器去模拟、拓展人类思维过程和行为等智能的一门交叉新兴学科。

ChatGPT 是人工智能的典型代表，已从美国走向全世界，并被广泛应用。最新人工智能技术 ChatGPT 本质上是基于 AI 大模型的聊天机器人，AI 大模型的海量数据训练模式，使 ChatGPT 具备了远超一般人类的知识技能。但是海量数据有真有假，在此基础上训练出来的 ChatGPT 机器人不免也有撒谎之时。如 2022 年 11 月，澳大利亚墨尔本赫伯恩郡布莱恩·胡德（Brian Hood）市长近期发现，ChatGPT 向公众告知他在 21 世纪初卷入澳大利亚储备银行一家子公司的外国贿赂丑闻中，并"谎称"他有罪。但胡德的律师说，真实情况是胡德确实为该子公司——澳大利亚纸币印刷公司工作，但他是向澳洲当局通报"外国官员通过贿赂以赢得货币印刷合同"的人，而且从未被指控犯罪。该律师表示，他们于 2023 年 3 月 21 日向 ChatGPT 的所有者 OpenAI 发出了一封法律信函，该信给了 OpenAI 28 天的时间来修正关于其客户的错误表述，否则可能面临诽谤诉讼。如果胡德市长起诉，这可能是历史上因为在人工智能领域适用诽谤法律而使人类首次向人工智能产品 ChatGPT 进行索赔并起诉其所有者，具有里程碑意义。❷ 在这个案例中，ChatGPT 给其用户带来了虚假信息，但是 ChatGPT 的算法是如何得出上述答案的，并没有一个公开透明的计算路径，"算法黑箱"依然存在。

据 DigiTimes 报道，三星电子引入 ChatGPT 不到 20 天，便出现了半导体

---

❶ 舌尖任丘："人工智能"概念，最早是谁提出来的？https://mp.weixin.qq.com/s?__biz=MzI4MTEzNzIwOA==&mid=2247484462&idx=5&sn=69284f63ac9161d1d9123fd46b6ae66b&chksm=ebac9d79dcdb146fc6538cc0bfb4810b05c2c0d45590124edacf0ede467391ebddd5016a24e4&scene=27，最后访问时间：2023 年 8 月 2 日。

❷ 环球网：澳洲一市长准备就 ChatGPT 内容提全球首例诽谤诉讼，https://baijiahao.baidu.com/s?id=1762432040277369405&wfr=spider&for=pc，最后访问时间，2023 年 8 月 2 日。

设备测量数据、产品良率等机密数据外泄,这些数据已经被存入 ChatGPT 学习数据库中,甚至已经原封不动传到了美国情报系统之中。❶ 鉴于此,多国政府及著名企业纷纷下令禁用 ChatGPT。

ChatGPT 和区块链本没有根本性联系,只是一个人工智能聊天机器人,但是依然出现上述不安全因素,这恰恰说明了在元宇宙发展的不同阶段,虚拟世界和现实世界是逐步发生碰撞、融合的,虚拟世界并不是如电子游戏一般能被人容易区分。元宇宙一定是人类沉浸式、无明确辨别性感知的虚拟世界,一方面是对现实世界的映射,另一方面也是人类在虚拟数据世界中的创新再造。ChatGPT 的撒谎及泄密案例,恰恰是虚拟真实的一种反映。融合了区块链的 ChatGPT 可利用区块链的可追溯性,对泄密或虚假信息的来源、去向及原始成因形成有效的证据链,但很多泄密往往是权利人或相关人员主动无意识行为,虚假信息也是 ChatGPT 数据喂养过程中产生的一种副作用现象,所以相关维权结果不一定乐观。

如上所述,在 ChatGPT 被海量数据喂养训练的时候,用于喂养训练的数据不仅包括 OPENAI 公司提供的数据,还包括海量的 ChatGPT 用户在与 ChatGPT 聊天过程中提供的数据,这里的数据有的是公开数据,有的是个人隐私,还有的是商业秘密,有的可能涉及非法使用侵犯他人著作权的数据等。ChatGPT 在使用过程中严重缺乏合规规制。对于能力强、高效率、真假话都讲、毫不顾忌是否侵权的 ChatGPT,它所提供的数据来源的合法性、主体的正当性都备受质疑,这也是越来越多国家政府禁止使用 ChatGPT 的主要原因。它对个人隐私、企业商业秘密保护、国家安全都可能造成重大威胁,甚至美国情报系统都有可能将其作为搜集情报的一大重要来源。

鉴于此,以 ChatGPT 为代表的人工智能输出的数据来源多样,又由于"算法黑箱"的存在(《互联网信息服务算法推荐管理规定》第 16 条规定,算法推荐服务提供者应当以"显著方式"告知用户其提供算法推荐服务的

---

❶ 量子位:三星被曝因 ChatGPT 泄露芯片机密!韩媒:数据"原封不动"传美国,https://baijiahao.baidu.com/s?id=1762041376632441825&wfr=spider&for=pc,最后访问时间:2023 年 8 月 2 日。

情况,并以"适当方式"公示算法推荐服务的基本原理、目的意图和主要运行机制等,但对算法黑箱没有明确的开箱法则),数据获取方无法确定所获取数据来源的主体是谁、来源是否正当、是否有权或得到授权传输数据等,来源合法性得不到确认,数据本身无法确定其权利主体及其商业价值,也无法实施精准的保密措施,这样的数据无法作为商业秘密。

　　从积极方面来看,以 ChatGPT 为代表的 AI 人工智能充分整合与利用了存储在云端的各类数据,为数据社会化、生产力的实现提供了助力;从消极方面来看,这种赋能本身缺少了数据原始用户或者权利主体的知情权、传播授权等,是造成数据来源不合法、不合规的主要原因。当前,众多数据都集中在各大互联网企业,作为数据提供方的自然人,在使用互联网企业提供便利条件的过程中,互联网企业提供的用户须知里会有关于数据权利及其处理的格式条款,但一般字体很小、间距较小、内容巨多,页码可达几十页,一般用户没有耐心、没有精力为了一个很小的用途,如购买一个服务或产品,去仔细阅读用户须知所有内容,很多用户也没有相关专业知识,但用户只有同意用户须知相关内容才能使用其服务。互联网企业正是通过这种方式,使用户只能被动同意确认用户须知内容,从而获取海量的数据信息为己所用。这种方式表面上看是合同与契约问题,一个愿打一个愿挨,但实际并非如此。互联网企业与一般用户之间并不是寻常的合同与契约关系,这里还关系到社会稳定与国家安全问题。例如,滴滴全球股份有限公司因违反《网络安全法》《数据安全法》《个人信息保护法》,违法收集用户手机相册截图信息,过度收集用户剪切板信息与应用列表信息,过度收集乘客人脸识别信息、年龄段信息、职业信息、亲情关系信息、"家"和"公司"打车地址信息,过度收集乘客评价代驾服务时、App 后台运行时、手机连接桔视记录仪设备时的精准位置(经纬度)信息,过度收集司机学历信息,在未明确告知乘客情况下分析乘客出行意图信息、常驻城市信息、异地商务/异地旅游信息,在乘客使用顺风车服务时频繁索取无关的"电话权限",还存在严重影响国家安全的数据处理活动,以及拒不履行监管部门的明确要求,阳奉阴违、恶意逃避监管等其他违法违规问题,对滴滴全球股份有限公司处人民币 80.26 亿元罚款,对滴

滴全球股份有限公司时任董事长兼CEO程某、总裁柳某各处人民币100万元罚款。❶

类似于滴滴公司这种对个人用户的数据滥用、危及国家安全的行为也可能存在于其他互联网企业，个人用户无法实现对个人数据的所有权及跟踪处理，虽然互联网企业在用户须知中会强调为用户保密，但是真实情况是即使这些数据被用作AI数据训练（事实常常如此），用户也无能为力，用户权益事实上是被损害的❷，企业作为用户，这种损害程度会更大，企业上传的数据对于互联网企业毫无保密性可言。

在这种背景下，人工智能如果有了区块链的加持，上述不足可能会大大减少：区块链的数据原始可追溯、不对称加密、共识机制及智能合约等天然优势，使互联网用户的个体数据方能准确知道自己的数据去向及是否能允许进一步传播，这些可以通过智能合约标准化机制统一标准，保证用户对自己数据的相关权益。所以，区块链的数据最大优势是能准确识别和定位相关数据的权利主体，并保证相关数据的商业价值的实现优化。

---

❶ 网信中国：滴滴被罚80.26亿元，新华网，https://baijiahao.baidu.com/s?id=1738946507481685977&wfr=spider&for=pc，最后访问时间：2023年8月8日。

❷ 即使用户乐意自己的数据被使用，互联网企业是应该支付相关使用费用的，但目前没有发现关于用户的知情权、收益权等受到严重损害的报道和案例。

| 第三部分 |

商业秘密鉴定评估及其元宇宙情景应用问题

一、基本社会背景

党的二十大报告指出,加快建设数字中国,加强知识产权法治保障,健全网络综合治理体系,提升社会治理法治化水平。习近平在中共中央政治局第十八次、第二十五次集体专题学习中要求将区块链作为自主创新核心技术的突破口,加快及加强商业秘密等领域立法。《"十四五"国家知识产权保护和运用规划》及《知识产权强国建设纲要(2021—2035年)》将商业秘密保护工程和数据知识产权保护工程列为"十四五"国家知识产权保护第1、2号工程。承接国家政策、迎合国内国际形势现实需求,如何应对 Web 3.0 元宇宙阶段的商业秘密保护新挑战并做好法治应对成为一个很有意义的理论与实践研究问题。

Web 3.0 元宇宙是区块链、大数据、人工智能、物联网等的技术融合升级,区块链模式被认定为元宇宙发展成熟阶段的稳定支撑模式。区块链技术在保护商业秘密数据真实性方面显示出突出优势,但也面临公有链与联盟链形式的系统风险、区块链自身延展性价值实现不充分及对区块链高位阶法律规制不健全等风险。❶ 总结提炼在网络平台发展过程中对商业秘密保护的治理经验,加强商业秘密元宇宙治理前瞻性立法与法治化规制研究,尤其是针对数据化型商业秘密鉴定评估的当前困境,研究区块链模式保护商业秘密鉴定及评估难点问题,是快速适应元宇宙场景数据化法治保护要求的重要工作,也是相关商业秘密纠纷或争议顺利解决所必须的基础性理论研究支撑。

元宇宙并非只是虚拟式愿景,在经济等领域已真实发生,对现实社会

---

❶ 邢玉霞、宋世勇:《区块链技术在商业秘密保护中的运用及法律规制》,《政法论丛》2022 年第 1 期。

产生了实质影响。❶虽然自 2021 年"元宇宙第一股"游戏平台公司 Roblox 在纽约交易所上市及社交媒体网站 Facebook 改名 Meta，元宇宙的社会关注度急剧升高，以美国为主的西方国家也正在全面布局元宇宙战略❷，但是美国、欧盟对元宇宙始终持谨慎态度，都在防范数据企业垄断市场额的同时，加强对与元宇宙相关的数据安全、区块链和加密货币的监管。❸日本和韩国出台政策积极推动元宇宙行业的发展，政府对于通过元宇宙建立产业优势持积极态度。我国在上海率先将元宇宙纳入"十四五"规划后，截至 2022 年 12 月已有 29 个省、区、市支持并发布了元宇宙发展的措施和行动计划。❹工业和信息化部提出 2023 年将发力元宇宙产业顶层设计并加快

---

❶ 2022 年 11 月 30 日，美国人工智能公司 OpenAI 发布了"开放人工智能研究中心"研发的聊天机器人小程序 ChatGPT。该程序可以用于人机聊天互动、撰写各类文本等，并被设定了拟人化的道德准则。有人认为这是继区块链、元宇宙快速火爆之后的又一科技互联网风口，这种看法失之偏颇。就本质而言，区块链技术、ChatGPT 程序都是元宇宙运行所需要的底层技术与人工智能技术的支撑，属于元宇宙的不同发展阶段，需要法律的适时介入与合规规制。这方面意识较强的当属欧盟，值得借鉴与学习。或许因为在知识产权方面由来已久的竞争与抗衡，欧盟已开始认识到，随着 ChatGPT 人工智能技术可能带来的社会各行各业大机遇，风险也将随之而来，欧盟正考虑针对 ChatGPT 实行法治治理，以确保用户获得的数字化信息与数据真实、有价值。详见"ChatGPT"会不正常吗？欧盟欲设置制度规范其实用，看看新闻（2023 年 2 月 6 日发布），https：//www.kankanews.com/detail/Z5wgj73b8QD，最后访问时间：2023 年 2 月 8 日。

❷ 臧志彭、解学芳：《中国特色元宇宙体系建设：理论构建与路径选择》，《南京社会科学》2022 年第 10 期。

❸ 元宇宙储存和保护大量用户数据包括个人数据，因数据流量很大，导致数据控制出现问题，甚至没有考虑跨境数据流相关问题。因为元宇宙用户来自上百个国家，一些现实问题已经体现出来：元宇宙提供商在多大程度上有义务遵守隐私和数据保护法？欧盟在 2016 年 5 月 4 日发布了新的《一般数据保护条例（GDPR）》，将个人数据视为财产权、道德权利或个人身份的一部分，甚至是商业秘密，无疑赋予了个人数据很高的价值，但数据保护当局是否有权在其管辖范围之外对提供商执行规制？因此有学者提出应控制将在欧盟国家处理的数据传输到欧盟以外的国家和地区。详见 KASIYANTO Safari；KILINC Mustafa R. "The Legal Conundrums of the Metaverse." Journal of Central Banking Law and Institutions，2022，1.2：299 – 322. 美国 2021 年 6 月修订了《通过启用服务交换法案增强兼容性和竞争》［the Augmenting Compatibility and Competition by Enabling Service Switching Act（ACCESS Act）］，以确保在线数据的可移植性和互操作性，这一法案也触及了数据安全的问题，它允许每个平台合理保护数据，以防其可能给"用户数据或所涵盖平台的信息系统"带来安全风险。117th Congress，"H. R. 3849 – ACCESS Act of 2021，"April 06，2021.

❹ 各界积极入局元宇宙，未来产业发展值得期待，http：//reportnew.cei.cn/gjDetail/860232_1446.html，最后访问时间：2023 年 2 月 3 日。

谋划布局元宇宙未来产业。❶ 继 Web 3.0 区块链之后的 Web 3.0 元宇宙阶段在中国已然开始。❷ 元宇宙的开启，给予包括商业秘密在内的知识产权数字化发展及创新保护更大的机遇。在此国内国际形势大背景下，商业秘密保护面临着数据化商业秘密信息的鉴定评估新课题，这对于我国法治化程度本就不成熟的商业秘密鉴定评估提出了新业态下的新要求。

二、法理基础：厘清商业秘密鉴定评估相关概念

传统意义上，商业秘密鉴定用以确定商业秘密"不为公众所知悉"的秘密性、各方争议的信息与商业秘密点的"同一性"；商业秘密评估用以认定商业秘密的"商业价值、损失数额"。商业秘密鉴定与商业秘密评估的区分标准有一定的合理性，也有一定的现实性，但是两者的现实使用并不完全符合法律上的程序规范意义的名称要求。

（一）商业秘密司法鉴定与商业秘密鉴定

商业秘密鉴定在实践中的很多情况下被称为商业秘密司法鉴定，这种称法并不完全准确。《全国人民代表大会常务委员会关于司法鉴定管理问题的决定》第 1 条、《司法鉴定程序通则》第 2 条均规定了将司法鉴定的时间节点限制在"诉讼活动中"；《司法鉴定人登记管理办法》第 4 条规定了我国司法鉴定管理实行行政管理与行业管理相结合的管理制度；《全国人民代表大会常务委员会关于司法鉴定管理问题的决定》第 2 条规定了司法鉴定的鉴定对象登记管理范围包括法医类、物证类、声像资料以及根据诉讼需要由国务院司法行政部门商最高人民法院、最高人民检察院确定

---

❶ 李海楠：《未来已来 中国元宇宙产业企盼沃土加身》，《中国经济时报》2023 年 1 月 23 日第 004 版。

❷ 张平院士在《光明日报》撰文，认为元宇宙是人类进化的一个重要分水岭，其会催生现实世界与虚拟世界并存且融合的文明新形态，并引用 Web 3.0 基金会主席加文·伍德（Gavin Wood）的话，认为 Web 3.0 是在包括区块链等一系列技术推动下，形成更加去中心化、更加可信、更加安全的互联网。详见张平：《元宇宙将来，我们如何应对》，《光明日报》2023 年 2 月 2 日第 16 版。

的其他应当对鉴定人和鉴定机构实行登记管理的鉴定事项等在内的"四大类"鉴定。

但在实践中出现了司法鉴定准入管理混乱，以及金钱鉴定、人情鉴定、虚假鉴定等违法违规行为。为严格准入门槛，提高司法鉴定质量和公信力，2020年3月25日，司法部办公厅发布《关于开展司法鉴定机构和鉴定人清理整顿工作的通知》，自2020年4月1日起，在全国范围内开展司法鉴定机构和鉴定人清理整顿工作，知识产权类司法鉴定业务因为不属于上述"四大类"鉴定范围而被纳入清理整顿之列。因此，严格地说，商业秘密鉴定不能称作"商业秘密司法鉴定"，只能是"商业秘密鉴定"。国家市场监督管理总局在2022年3月发布的《关于印发全国商业秘密保护创新试点工作方案的通知》中要求加强第三方服务供给，形成社会化服务网络，鼓励第三方机构为社会提供便捷专业的鉴定、风险管控等商业秘密保护服务。这一规定很好地说明了商业秘密鉴定的社会化属性。

（二）一般意义上的商业秘密鉴定与商业秘密评估

商业秘密鉴定被排除在司法鉴定行政管理范围之外，失去了司法行政部门的行政管理，商业秘密鉴定机构和鉴定人员的身份归属一度混乱。在司法实践中，公安系统、人民法院、人民检察院委托商业秘密鉴定还是各自按照本系统的鉴定机构目录范围进行，截至目前并没有形成法律职业共同体范围内统一的商业秘密鉴定规范。

在此背景下，中国知识产权研究会为解决这一难题提供了行业管理的试点机会。2022年12月，中国知识产权研究会组织多家相关机构共同起草完成《商业秘密鉴定规范（征求意见稿）》并向社会公开征求意见。但是，中国知识产权研究会的法律地位以及其起草完成的鉴定规范的标准是否能够得到行政、司法办案机关的认可与接纳，还有待实践验证。

这里的"鉴定"并非纯粹法律意义上的"司法鉴定"，只是广义范围上的社会认知层面的鉴定范畴，本质上属于法律上的商业秘密评估范畴。从时间节点来看，这里的"鉴定"既包括诉讼过程，也包括诉讼过程之外,没有特别的时间限定,只是其鉴定范围是"商业秘密的秘密性和同一性",不包括"商业价值性"。如果将"鉴定"的时间节点置于"诉讼过程",该规范征求意见稿的起草组界定的"鉴定"可属于法定的"鉴定意见"范畴。[1]

笔者认为,为避免和现行法律规定冲突,也为了更好地符合法定证据的名称形式,将《商业秘密鉴定规范》修改为《商业秘密鉴定评估规范》更合理,日常评估范围应包括"非公知性、同一性、商业价值性、损失数额"等内容,最终形成的评估报告不是鉴定意见,形式上应属于书证的范畴,因为只有在诉讼过程中委托的鉴定属于司法鉴定,并且在审理阶段符合程序法要求的委托后形成的专业意见才可以称为鉴定意见。

(三) 法律意义上的商业秘密鉴定与商业秘密评估

在商业秘密案件中,将对"不为公众所知悉"的"秘密性"以及侵犯商业秘密案件中的"同一性"提供的专业意见称为鉴定意见,将对"商业秘密商业价值性与损失额"提供的专业意见称为评估,这两种称谓在法律上都不完全准确,上述专业意见的证据形式及其法律称谓是动态变化的。

根据《最高人民法院关于民事诉讼证据的若干规定》第30条规定,鉴定意见形成于人民法院在审理案件过程中,第32条规定具体可分为当事人申请鉴定以及法定条件下的人民法院依职权委托鉴定两种形式;第34条规定鉴定材料必须经过质证,未经质证的材料不得作为鉴定的根据。

据此,广义上的商业秘密鉴定可以发生在任何时间,但证据法意义上的商业秘密"鉴定意见"仅在人民法院审理阶段形成,属于《中华人民共和国民事诉讼法》第66条规定的内容,是独立的证据形式。

---

[1] 这也与当前司法实践中的"鉴定"内涵一致。例如2021年10月,北京知识产权法院发布的《侵犯商业秘密民事案件诉讼举证参考》第13条第1款第3项、第16条第1款第1项、第20条第1款第1项将鉴定机关与评估机构、鉴定报告与评估报告并列,并强调了鉴定机构与评估机构的资质。由此可以发现,在日常司法实践中,司法单位将审理阶段鉴定意见的鉴定范围等同于商业秘密的"非公知性、同一性",关于商业秘密的"商业价值性与损失赔偿额"属于评估范围。

根据《最高人民法院关于民事诉讼证据的若干规定》第41条规定，任何一方当事人就专门性问题自行委托有关机构或者人员出具的意见，无论是在人民法院审理案件前还是审理案件过程之中，都应该属于证据中的"书证"，其内容应经当事人质证后决定其效力，不属于"鉴定意见"，如果另一方当事人有证据或者理由足以反驳，可能会否定其效力；如果在另一方当事人有证据或者理由足以反驳基础上并申请鉴定的，人民法院应予准许，会组织当事人就申请鉴定材料进行质证后委托鉴定机构进行鉴定并出具鉴定意见，这时的"专门问题"相关意见就由"书证"转变为"鉴定意见"。

据此，在人民法院审理活动前委托形成的商业秘密专业意见，无论是自行委托的鉴定还是评估，都是书证；在人民法院审理活动中自行委托的鉴定或评估也是书证；在人民法院审理活动中经过质证后当事人协商一致的委托或人民法院依职权委托给鉴定机构进行"秘密性、同一性"鉴定的，形成的专业意见才是鉴定意见，而委托给评估机构进行"商业价值性、损失赔偿额"评估或司法审计的，不是鉴定意见，而是书证。

根据《最高人民法院关于民事诉讼证据的若干规定》第30条规定，当事人提出鉴定申请的前提条件是"待证事实需要通过鉴定意见证明"，《中华人民共和国民事诉讼法》第80条规定"鉴定人应当提出书面鉴定意见"，这里特别突出了"鉴定意见"这一独立证据形式，这里的鉴定人是出具鉴定意见的法定主体，适用《中华人民共和国民事诉讼法》第47条第4款规定，是当事人可申请回避的对象之一。《最高人民法院关于民事诉讼证据的若干规定》第41条规定了当事人就专门性问题自行委托有关机构或者人员时，出具的文书称为"意见"，而不是"鉴定意见"，这里的"意见"可能是书证也可能是证人证言等证据形式，如体现在评估方面则只能是书证，而评估人并不属于《中华人民共和国民事诉讼法》规定的法定回避对象。

因此，对"秘密性、同一性"以及"商业价值、损失数额"的专业意见主要是书证和鉴定意见两种形式。以书证证据形式存在的委托，本质上属于评估范畴（此时的鉴定与评估同义），包括人民法院审理活动前的委托、审理活动中的当事人自行委托阶段（无论是关于秘密性或同一性，抑或商业价值性或损失赔偿额的委托)、任何阶段关于商业价值性或损失赔偿额的委托;以鉴定意见证据形式存在的委托,只有在人民法院审理活动中经过质证后当事人协商一致的委托或人民法院依职权委托,才是鉴定范畴。❶

三、元宇宙情景:数据化信息共享与商业秘密保护的现实冲突

(一) 元宇宙下的信息共享机制使新型网络安全风险更加突出

元宇宙情境下,随着区块链技术不断成熟、人工智能技术不断升级以及物联网世界一体化不断深入,人类社会将从大数据时代逐渐进入全数据时代,人们对网络数据的依赖程度会越来越强。在元宇宙中,信息共享是无条件的,然而,人们加入元宇宙的动机总是为了享受与他人分享个人数据和信息的社会互动。现实世界中,人们在与他人互动时,应是能完全控制自己的个人信息,但虚拟世界并非如此,由于元宇宙的开放和透明原则,可能导致个人隐私或商业秘密被泄露。❷ 同时,由于信息共享无论是在最初的区块链技术中还是在元宇宙中,都不是客观公平的,类似于算法不可解释性、算法歧视、数字资产被窃取、智能合约被篡改等现象在大数据、区块链、物联网等当前各领域广泛应用的互联网服务模式中广泛存在并蕴含着严重的安全风险,我们可以称为新型网络安全风险。这里的"新型"主要表现为自然人个体的数据信息、企业单位的数据信息、政务数据信息、社会大众数据信息等都在一定的算法规则下,基于数据信息共享原则,以原始大数据的形式被重复开发利用,形成特定用途或特定表现形式

---

❶ 本书没有特别说明的情况下,"鉴定""评估"即以这一内涵为基础论述。严格而言,公安机关侦查阶段、人民检察院审查起诉阶段委托的"鉴定"本质上应属于"评估"范畴,是书证,而不是鉴定意见。

❷ KASIYANTO Safari; KILINC Mustafa R. "The Legal Conundrums of the Metaverse". *Journal of Central Banking Law and Institutions*, 2022, 1.2: pp.299–322.

的数据,这种"再利用"可能导致上述信息的全面数据化及被违法使用侵害权利人合法权益的风险。严格而言,人工智能也属于产生新型网络安全风险的一部分,但是人工智能目前只处于最初级的阶段,其核心内容还体现为算法(内含算力等)、大数据等的综合运用。

在当前网络大数据社会中,算法无处不在,深刻地影响着我们每个人。使用能够自动做出选择的算法应该有助于克服最终人为决定错误的倾向,然而,建立一个基于算法的预测性司法系统可能会改变算法逻辑,如数据质量和系统出错,这可能会导致间接歧视。2018年12月,欧洲司法效率委员会通过了《关于在司法系统和相关领域使用人工智能的道德宪章》,确定了能够保证其有效实施的5项基本原则:尊重基本权利、不歧视、质量和安全、数据的透明与公平公正性、用户控制的可能性。可以借鉴欧洲这一经验优化人工智能的预测方法,但这种愿望是否能顺利实现,避免算法歧视的发生,还有待实践检验。目前来看,算法控制与算法歧视普遍存在,因为算法的背后是人,在算法形成的过程中不可避免受到人的主观因素的影响。即使上述5项基本原则能够贯彻,那么贯彻的过程及达成的效果是否可以作为对其形成的数据信息的秘密性的鉴定依据,如何评估上述5项基本原则的贯彻落实情况,仍具有不确定性,因此而导致的风险现实中仍然存在。❶

元宇宙情境下的虚拟世界与数据信息的透明、共享机制给予政府无法控制的完全自由,缺乏社会经验的青少年或社会弱势群体会暴露在新形式的犯罪、骚扰或欺凌面前,元宇宙的用户中还出现了众多性骚扰、仇恨言论和强奸的案例。❷ 在新型网络安全风险中,由网络所有者、管理者、服务者主动所致的风险占主流,基于网络自身的天然缺陷导致的风险仅占很小的比例。例如,2020年7月间,浙江温州瓯海警方破获的全国首例利用

---

❶ BUSACCA Angela;MONACA Melchiorre. "Using AI for Justice:Principles and Criteria of the 'European Ethical Charter on the Use of AI in Judicial Systems'". *Artificial Intelligence and Economics:the Key to the Future.* Springer, Cham, 2023, pp. 157–172.

❷ Lean Lau, Pin. "The Metaverse:Three Legal Issues We Need to Address", *The Conversation*, April 21, 2022.

区块链"智能合约"犯罪案件中,陈某等人利用虚假 HT"智能合约"非法获取受害人 ETH 虚拟货币,涉案金额达 1 亿余元❶;2021 年 3 月 15 日江西省破获的该省首例区块链比特币特大盗窃案中,犯罪嫌疑人邓某利用购买的黑客技术盗取虚拟货币交易平台"雷达网"后台用户信息,再雇用犯罪嫌疑人王某、张某等伪造证件冒充受害人补办"雷达网"账户所捆绑的手机号码,又通过补办的手机号由犯罪嫌疑人张某接收平台登录验证码,最后登录受害人存有虚拟币的账户盗取账户内的虚拟货币。❷ 该案是江西首起特大新型网络犯罪案件全链条破案的代表案件。再如,2022 年 4 月 1 日,周某某价值超 300 万元的 NFT 头像被盗窃一案❸,是在元宇宙和区块链技术加持下被确权的数字资产遭窃取的典型案件。

(二) 数据化信息等新型网络信息属于商业秘密的法定内容

在元宇宙情境架构中,算法、人工智能、大数据、区块链、物联网等新型网络内容和技术高度融合并产生多样性的演化情境,在当前的现实应用中也已深入我们学习、工作与生活的方方面面。《中华人民共和国网络安全法》在立法层面对网络技术的知识产权保护问题提供了法律指引,第 16 条规定中央及各级人民政府支持网络安全技术研究开发应用,保护网络技术知识产权;第 17 条规定国家鼓励推动建设网络安全社会化服务体系,鼓励社会化的网络安全认证、检测和风险评估等安全服务。上述规定很好地说明网络安全社会化服务体系构建是时代所需,相应风险的检测与评估工作是这一体系建构的基础性保障工作。

《最高人民法院关于审理侵犯商业秘密民事案件适用法律若干问题的规定》第 1 条规定,除了规定配方、材料等传统技术信息,算法、数据、

---

❶ 温州公安:开法拉利、住豪华别墅!警方摧毁"火币 Global"特大犯罪团伙,https://new.qq.com/rain/a/20200711A0027E00,最后访问时间:2021 年 11 月 29 日。
❷ 陈立伟:江西首例区块链比特币特大盗窃案告破 6 名黑客被抓,http://jx.people.com.cn/n2/2021/0325/c190260-34640803.html,最后访问时间:2021 年 3 月 20 日。
❸ 严瑾:"元宇宙+"宁波标志性产业,颠覆想象的场景,正在发生⋯⋯,https://www.shilian.com/yuanyuzhou/540986.html,最后访问时间:2023 年 2 月 23 日。

计算机程序及其有关文档等信息都为商业秘密的法定内容。元宇宙情境下的区块链技术作为"算法""数据""计算机程序"的融合体，当然也被包含在商业秘密的技术信息范畴之列。

上述几起案件，无论是利用虚假 HT"智能合约"，还是盗取"雷达网"后台用户信息或 NFT 被盗取，都是利用了元宇宙中区块链技术平台的算法规则或使用黑客技术，对数据安全及区块链技术类商业秘密的不法侵犯，印证了数据类信息共享产生的新型网络安全风险与商业秘密保护之间的现实冲突。在元宇宙情境下，遵循公平原则的透明度和数据共享对于推动循环经济转型是必要的，而保护商业秘密的愿望"必须退居其次"。[1] 如何平衡这种冲突，是对立法技术提出的一大考验。

四、现实需求：加强元宇宙下区块链模式保护商业秘密鉴定评估意义重大

传统上的商业秘密的鉴定评估本就争议不断，随着大数据、人工智能、区块链等新业态的出现以及元宇宙在世界范围内经济、社交领域的强势崛起，商业秘密主体与权属确定、侵犯行为认定以及法律责任追究等呈现出更大的复杂性。加强元宇宙下区块链模式保护商业秘密鉴定评估对更好地推进商业秘密法治化规制意义重大。

（一）可以更合理地界定数据信息所含商业秘密的秘密状态与商业价值

商业秘密区别于其他知识产权的一大特点就是非公知性，由权利人自行掌握并经营使用，其商业价值无法准确估算。

尤其是在当前新业态、新环境背景下，数据业已成为国家基础战略性资源和重要生产要素。"算法""大数据""区块链"等蕴含的新型网络信

---

[1] GROH Ksenia J., et al: "Assessing and managing environmental hazards of polymers: historical development, science advances and policy options". *Environmental Science: Processes & Impacts*, 2023.

息既包含技术信息，也包含经营信息等，并以数据化信息形式呈现。对于权利人、国家及社会而言，这些数据都蕴含着巨大的商业价值，具有不可估量的社会价值，但是这些数据是否属于特定权利人的商业秘密，以及其商业价值如何界定，在目前法律层面仍有很大的不确定性。商业秘密鉴定评估作为重要的评判标准发挥着巨大评判功能，通过鉴定评估程序，可以很好地辨识出数据信息所涉商业秘密的非公知性中的具体秘密点及与其他公知或争议信息的异同点、每个信息秘密点可能蕴含的商业价值及被侵害后的损失数额等，同时还可以更充分挖掘出包含新型网络信息在内的商业秘密中的秘密点并作出对应性的保密措施。在尚未发生纠纷的商业秘密前置性评估业务中，可以对商业秘密属性及其商业价值有一个很好的基本界定，并发现不足，强化保护措施；在已经发生纠纷的商业秘密案件中，可以通过鉴定意见确认商业秘密非公知性、同一性；通过评估确认商业价值及侵害损失数额，以便于商业秘密权利人作出合理的维权模式选择：民事、行政抑或刑事程序。

（二）为数据信息的商业秘密保护提供更好的证据支持

按照《中华人民共和国民事诉讼法》第 66 条、《中华人民共和国行政诉讼法》第 33 条、《中华人民共和国刑事诉讼法》第 50 条的规定，鉴定意见属于八类法定证据之一。数据信息商业秘密包含企业的技术信息、经营信息等，涉及领域广泛、具有专门知识综合性的特质。[1] 专业鉴定评估部门的依法参与，很好地弥补了市场监管、公安等行政部门与人民法院、

---

[1] 关于一般性商业秘密中的"经营信息"是否可以申请鉴定，理论与实践中争议较大，但根据《最高人民法院关于知识产权民事诉讼证据的若干规定》第 19 条规定，当事人主张的商业秘密与所属领域已为公众所知悉的信息的异同、被诉侵权的信息与商业秘密的异同，属于人民法院可以作为待证事实的专门性问题委托鉴定的对象，并没有将"专门性问题"界定为技术信息，经营信息等其他商业信息也在可委托鉴定范围之列。2022 年 12 月，中国知识产权研究会《商业秘密鉴定规范（征求意见稿）》将技术信息和经营信息都纳入了鉴定范围。因此，虽然有学者主张商业秘密鉴定仅能对技术信息作为专门性问题提交鉴定，但是笔者认为按照当前规定，技术信息和经营信息皆可作为鉴定对象。作为商业秘密前置性评估、诉讼中的商业秘密鉴定评估的对象没有特别限制，数据信息的商业秘密保护亦应遵循这一原则。

人民检察院等司法部门办案人员专业知识的局限与不足，对于准确认定商业秘密及解决商业秘密争议与纠纷具有不可替代的重要地位和价值。

通过梳理当前知识产权鉴定评估单位的调研及文献发现，有的鉴定机构每年受理的商业秘密鉴定占所有知识产权鉴定的 40%～50%❶，说明商业秘密作为企业核心资产在知识产权中的重要比重。鉴定和评估可以为企业商业秘密的权属认定及侵权损失作出相对科学的认定，为司法与执法提供很好的证据辅助与支撑。

但是这组数据与笔者对相关人民法院的调研形成明显对比：商业秘密诉讼案件在知识产权诉讼案件中的占比非常低（据笔者对某中级人民法院的数据调查，商业秘密与不正当竞争案件共占知识产权案件的 2% 左右），甚至有的具有审理资格的人民法院一个年度中也碰不到一件商业秘密诉讼案件，且商业秘密诉讼案件在整个知识产权诉讼案件中的最终胜诉率几乎可以忽略不计。类似于算法、大数据、区块链等新型网络信息商业秘密的案件就更加稀缺，其中一个重要原因是商业秘密诉讼案件中对商业秘密构成及是否侵权的举证难度太大，社会公众缺乏对新型网络信息的商业秘密保护意识，很多类似案件被作为版权侵权案件处理，同时涉案企业甚至代理律师自身对于商业秘密上述问题的知识储备严重不足，日常商业秘密保护工作不到位，诉前准备工作不足等，从而导致这样的诉讼现实。❷ 由此也就提出了一个典型问题：商业秘密非公知性及商业价值难以确定的特殊属性决定了商业秘密鉴定评估的重要地位和作用，上述鉴定占比数据、诉讼占比数据以及最终胜诉占比数据的对比其实很好地体现了这种重要性，即企业认知的商业秘密与鉴定评估后的商业秘密具有不同本质。商业秘密

---

❶ 何谦、张甫筠：《机械制造技术信息商业秘密鉴定的探讨》，《科技管理研究》2010 年第 12 期；陈小静、黄少晖、梁永宏：《浅析计算机软件技术信息的商业秘密鉴定》，《中国发明与专利》2013 年第 3 期。调研发现，甚至在部分以商业秘密鉴定为主要业务的司法鉴定所，商业秘密鉴定案件占所有知识产权案件的 80% 以上。

❷ 在各地市场监督管理局（知识产权局）办理知识产权行政执法案件过程中也存在相似情况，一方面由于行政执法人员本身对商业秘密业务不熟悉，另一方面企业对商业秘密不了解，无法提供相关证据，导致很多地方行政执法单位一年到头虽然能接到几起商业秘密投诉，但是真正形成案件的几乎没有。

鉴定评估一方面为企业如何更好认知并保护商业秘密提供了依据和思路，另一方面更为行政与司法机关完善解决商业秘密争议和纠纷提供了保障。

尽管新型网络信息的商业秘密鉴定评估较少，但是只要相关业务启动，甚至只是初步纳入该项业务，对于企业、鉴定机构行业、司法行政管理部门及社会大众都可以起到很好的社会普及与宣传功效，假以时日，相关业务逐渐增多，标准逐渐规范，社会保护意识与氛围日益增强，相信会有一个很好的发展。

侵害商业秘密类案件专业性强，所涉秘密信息是否具有公知性、能否认定与他人的商业秘密信息具有同一性、商业价值与具体损失如何计算等问题对于不具有相关知识背景的法律专业人员来说难度较大，只有解决好这个问题，才能真正办好侵害商业秘密类案件，鉴定评估无疑是一个很好的办案辅助。

（三）便于合理构建商业秘密鉴定评估新机制

在 2020 年 4 月 1 日司法部启动司法鉴定机构与鉴定人清理整顿工作后，侵害商业秘密案件的鉴定处于被清理整顿范围之列，但这也为商业秘密在内的知识产权鉴定构建新的制度体系、更加规范地开展知识产权鉴定评估工作提供了很好的机会。

侵害商业秘密案件的鉴定评估主要由市场监管机关在行政执法阶段或公安机关在侦查阶段委托进行。审查起诉阶段、审判阶段，根据办案需要或者辩护人提出申请，也存在委托其他机构进行补充鉴定、重新鉴定评估或者邀请有关专业人士进行辅助说明的情况。但是各个阶段的委托鉴定评估存在选择鉴定评估机构标准不统一、适用鉴定评估意见标准不统一等问题。尤其对法律介入算法防控算法安全风险[1]、大数据安全风险等元宇宙

---

[1] 《中华人民共和国个人信息保护法》第 48 条赋予自然人获得个人信息处理规则解释的权利，此权利的行使与商业秘密制度存在冲突，严重情况下，履行算法告知义务可能会导致算法的秘密性灭失，从而失去获得商业秘密保护的基础。详见刘琳：《算法解释权与商业秘密保护的冲突化解》，《行政法学研究》2023 年第 2 期。

情境下可能面临的新型网络安全风险，学界有很多的学术思考。以商业秘密路径介入并探索构建统一、合理的商业秘密鉴定评估标准体系，不但可在著作权保护方式之外丰富新型网络信息的法律保障内涵，同时也给商业秘密鉴定评估在新形势、新业态背景下的理论体系构建研究提出了一个系统、全新的研究视角与实践可能。

五、现实困境：商业秘密鉴定评估缺乏统一标准致权威性不足

商业秘密鉴定评估一直是知识产权诉讼领域中最突出的难题。在2020年4月1日司法部集中清理"四大类"鉴定业务背景下，为保障以我国商业秘密为代表的知识产权鉴定评估业务规范发展，精准打击泄密违法犯罪行为，确保企业等商业秘密权利人实现合法权益最大化，规范并科学做好商业秘密鉴定评估机构与鉴定评估人的法定资质认定，商业秘密鉴定评估业务的统一性、标准化等基础性工作，规范完善、提升商业秘密鉴定评估意见的权威性，推动商业秘密鉴定评估的制度化、标准化、统一化迫在眉睫。

在当前网络与数据化社会背景下，元宇宙在经济与社交领域的全面介入及效益产出，推动了元宇宙虚拟世界与现实社会的融合进程，但商业秘密作为典型的知识产权并没有在企业这一商业秘密权利人范围内被充分认知并得到有效保护。在2020年4月1日司法部清理整顿通知后，知识产权传统评估业务影响不大，但全国承办知识产权鉴定业务的众多司法鉴定单位对今后知识产权鉴定业务的资质认定与管理问题大多处于迷茫状态，市场监管领域商业秘密行政执法部门更多地承担了行政服务的职能，公安侦查与检察起诉及法院审判均呈现出商业秘密案件立案难、取证难、鉴定难、胜诉难、赔偿难等共性问题。

（一）鉴定机构与鉴定人资质认定标准始终不统一

1. 公检法司系统对鉴定机构与鉴定人的资质认定标准多元化

当前，我国主要包括以下三个并行的鉴定资质认定体系。

（1）根据《全国人民代表大会常务委员会关于司法鉴定管理问题的决定》第 2 条规定，承接"四大类"鉴定业务的司法鉴定机构与人员是国务院司法行政部门登记管理、编造名册并公告的，这些机构在"中国法律服务网"均可以查询到。

（2）根据《全国人民代表大会常务委员会关于司法鉴定管理问题的决定》第 7 条规定，还有两类司法鉴定资质认定标准体系：

1）公安系统、人民检察院系统作为侦查机关，有权根据侦查工作的需要设立自己的鉴定机构，这些鉴定机构不得面向社会接受委托从事司法鉴定业务。

2）人民法院和司法行政部门不得设立鉴定机构，人民法院可以委托有资质的鉴定机构为诉讼提供服务，这些机构在"人民法院诉讼资产网"可以查询到。

2016 年 5 月 1 日正式实施《司法鉴定程序通则》的修订版该通则第 2 条将司法鉴定定义为"在诉讼活动中鉴定人运用科学技术或者专门知识对诉讼涉及的专门性问题进行鉴别和判断并提供鉴定意见的活动"。公安系统与检察院系统都有自己独立的鉴定规则、鉴定机构与鉴定人登记管理办法，在这两个系统的鉴定规则与管理办法中没有采用司法鉴定的定义，而是直接使用了鉴定的概念，并且都突出强调鉴定机构与鉴定人需要公安、检察院核准登记并取得资格后才能开展鉴定工作。❶ 同时人民法院诉讼资产网登记的具有承办知识产权鉴定业务的鉴定机构与司法部所属的中国法律服务网登记的司法鉴定机构并非完全一致，有很多被纳入人民法院委托知识产权鉴定之列的机构，并没有在司法行政部门备案登记，在中国法律服务网也查询不到。这说明不同机构之间对知识产权鉴定机构的认定标准差异性很大，鉴定机构与鉴定人员资质认定在不同的系统内有不同的界定标准。

---

❶ 当前有效的公检法系统的鉴定规范文件有《公安机关鉴定规则》《公安机关鉴定机构登记管理办法》《公安机关鉴定人登记管理办法》《人民检察院鉴定规则（试行）》《人民检察院鉴定机构登记管理办法》《人民检察院鉴定人登记管理办法》《人民法院司法鉴定人名册制度实施办法》《最高人民法院关于人民法院民事诉讼中委托鉴定审查工作若干问题的规定》等。

（3）除此之外，还有上述鉴定机构与鉴定人范围无法涵盖的其他专业检验、检测、评估等机构，它们虽然没有专门鉴定资质的要求，但有专业检验检测与评估等能力，符合相关机构注册基本条件即可，因此被公安、检察、人民法院等不同系统纳入。

2. 同一案件在不同阶段的鉴定结果差异较大，资源浪费严重

实践中，公检法司对鉴定机构的工作规范，在各个系统之间也有过部分衔接文件：《司法部、国家市场监督管理总局关于加快推进司法鉴定资质认定工作的指导意见》《司法部、国家市场监管总局关于规范和推进司法鉴定认证认可工作的通知》《最高人民法院、司法部关于建立司法鉴定管理与使用衔接机制的意见》《最高人民法院、最高人民检察院、公安部、国家安全部、司法部关于做好司法鉴定机构和司法鉴定人备案登记工作的通知》等。然而，市场监管与公检法司等各系统间的工作衔接至今没有形成完全统一，各个系统认定的鉴定机构标准不同、鉴定程序不统一、对鉴定机构及鉴定人员的鉴定能力认定标准不统一。实践中，这种情形容易造成反复鉴定、多份鉴定意见相矛盾、因鉴定导致案件被撤回或不起诉等情形。

在商业秘密领域案件中，正是上述鉴定机构与鉴定人员资质认定的标准不统一，导致公安侦查完结的案件中的鉴定结果与人民检察院、人民法院所认定的标准及结果相矛盾而不被认可，致使多次鉴定，最终导致案件成案率过低，浪费了大量的行政与司法资源。

（二）商业秘密与鉴定案件数量整体偏少

1. 执法与司法各阶段中商业秘密与鉴定案件数量整体偏少

虽然并不是所有的商业秘密案件都必须做鉴定，是否需要做鉴定应当由办案机关根据案件的实际需要决定，但是由于鉴定解决的是"专门性问题"，因此商业秘密鉴定案件的数量越多，也侧面说明商业秘密的技术含

量越高或复杂程度越强,其知识产权的属性与层次会越高,也会反映一个国家或地区知识产权文明与文化的发达程度,以及"知识产权强国"的发展程度。

我国各地区的实际情况是:与专利、商标、著作权等其他知识产权案件相比,商业秘密案件数量显著少,鉴定案件数量更少,这与企业商业秘密保护意识差,举证难、胜诉率低的畏难心理以及商业秘密保护社会氛围不强有密切关系。

有调研显示,截至2021年,我国近五年侵害商业秘密的行政处罚案例共计68件,其中仅有6起案件进行了鉴定,均涉及技术信息,且68起案件中后续发展为3起行政诉讼和8起民事诉讼,未发现后续刑事诉讼。[1] 这一数据很好地反映了行政执法的商业秘密案件数量很少、进行鉴定的案件更少的现实。

笔者在山东、浙江等地调研发现,多地面临商业秘密案件少、商业秘密鉴定案件更少的现状。近几年,山东省公安机关经侦部门受理的侵害商业秘密案件年均立案10件左右,年均破案3件左右;山东省人民检察院近五年办理的侵犯知识产权案件中,商业秘密案件占比不到2%;济南市知识产权法庭年均办理商业秘密案件不足5件。笔者调研了浙江某鉴定中心,该中心是中国首个提供区块链作为知识产权(版权)存证司法诉讼证据的司法鉴定单位,在调研过程中,该中心按照笔者提供的调研表梳理了浙江省商业秘密司法鉴定的基本数据:浙江各司法鉴定机构开展知识产权司法鉴定业务的范围中,商业秘密司法鉴定的业务量最高不超过5%(2015—2017年:0个;2018年14个,同年占比4%;2019年5个,同年占比1%;2020年1个),这与商业秘密纠纷案件的数量少是成正比的。

---

[1] 刘延喜:"2016—2021,最近5年侵害商业秘密行政执法案例研究报告",http://www.gzhshoulu.wang/article/1003626364,最后访问时间:2021年6月23日。

2. 商业秘密评估与鉴定案件少源于企业商业秘密保护意识差等综合因素

商业秘密权利人保密意识不足、对商业秘密日常保护不利、商业秘密保护社会氛围严重不足等综合因素，致使商业秘密评估与鉴定成案总体数量少，而这与社会上商业秘密侵权普遍的现实形成强烈反差。

行政与司法机关办理的商业秘密案件少，实践中侵害商业秘密的情况却非常普遍，其原因主要包括企业保护意识差，对员工的保密教育不到位，内部缺乏保密机构与保密制度，保密协议与竞业限制协议制定得不规范，对商业秘密及相关限制人员的物理隔离与软隔离不到位等，导致诉前证据准备不充分，难以形成有效诉讼案件。实践中常见的是以商业秘密权利人为代表的原告举证不力，导致商业秘密侵权难以认定，案件调撤率高。

商业秘密民事案件与刑事案件的证据要求、证明标准区别很大：民事案件可以适用举证责任倒置加重被告举证责任，刑事案件则必须对侵害商业秘密的事实及损失的具体数额通过侦查落实清楚，才能进行下一步司法程序，因此包括密点在内的、提交鉴定的检材在刑事诉讼开始的侦查阶段就必须固定。❶ 这一点对于大多数企业而言具有相当大的难度，因此严重影响了最终的成案率。

3. 算法、大数据等商业秘密与鉴定案件数量稀少

笔者在调研中发现，所调研的公检法及市场监管单位尚未有涉及算法与大数据类的商业秘密鉴定案件；对于知识产权业务的鉴定单位人员而言，他们对一般意义上的商业秘密鉴定业务具有丰富的鉴定经验，但是关于电子数据鉴定及算法、大数据、区块链等新型网络信息中商业秘密的司法鉴定尚未有已完成的案例。笔者在调研中只发现相关鉴定机构有一例正

---

❶ 唐震：《侵犯商业秘密刑事案件有关鉴定审查问题探讨》，《人民法院报》2020年4月2日第6版。

在洽谈的网络安全信息鉴定业务，但在鉴定机构提供的鉴定方法、检材选定等方面，没有体现出新型网络安全风险的特殊性，如算法中的秘密点、开源程序辨别、区块链技术中的跨国界商业价值与秘密点界定等。相关负责人表示，涉及新型网络安全风险的商业秘密鉴定，与传统的商业秘密鉴定基本原理都是一致的，都需要在确定秘密点的基础上，进一步鉴定同一性、异同性问题，价值与损失的鉴定原则也是一致的。

大数据是新型网络安全信息的基础因素，无论是算法还是区块链等，都须以大数据为基础。大数据背景下的商业秘密鉴定面临更多的不确定性[1]，尤其是对于被窃取大数据类商业秘密的价值评估问题。对于高科技公司而言，维持网络数据安全的代价高昂，为了减轻或防止盗窃，投资网络安全是必需的，权衡网络安全和商业机密的风险、成本和收益，对公司决策和学术分析都很重要，然而，量化这些元素并非易事。[2] 特别是对于尚未发生纠纷的商业秘密权利人而言，让他们将其研发成本、商业秘密构成要件及商业价值进行前置性评估则难上加难，商业秘密权利人大多也缺乏这样的权利意识和风险防控意识。元宇宙新业态形势下，以大数据、算法、区块链为表现形式的商业秘密会越来越多，未来类似案件可能会有一个量的积累和爆发。

（三）办案人员专业理论与实务能力严重不平衡

1. 基层办案人员专业理论与实务能力较弱

基层执法与司法人员是最接近企业等商业秘密权利人的群体，他们的商业秘密理论与实务能力决定了执法、司法与普法的真正社会效果。在实

---

[1] 2021年6月通过、9月1日实施的《中华人民共和国数据安全法》对包括数据商用、政用等过程中的安全问题进行了总体规定，数据化的商业秘密及其认定标准在其规范范围之内，商业秘密法治化又有了新的发展，但是具体的规制准则还需要其他法律法规配合实施才能真正见效。

[2] Atin Basuchoudhary, Nicola Searle. Snatched secrets：Cybercrime and trade secrets modelling a fifirm's decision to report a theft of trade secrets. https：//www.sciencedirect.com/science/article/pii/S0167404819300616？via%3Dihub，access on 5 May，2020.

际调研中发现，基层执法与司法人员最普遍的问题是他们的商业秘密理论知识与实务经验不足，对企业商业秘密保护及风险防控的执法、司法与普法能力都比较弱，对商业秘密属性等基本问题的认识不统一。这一现状也是各地商业秘密行政执法案件成案率极低的原因之一。

2. 不同层级办案人员系统培训与能力提升机会不均等现象严重

上级主管单位办案人员得到系统培训与学习的机会较多，而基层办案人员普遍没有接受过系统的商业秘密专门知识培训，实践办案大多是边摸索边学习，试错概率较高。

在调研过程中，笔者遇到一个典型的行政执法案件。某企业业务员离职时带走客户名单，被公司举报到县工商局，县工商局以侵害商业秘密为由立案。当事人在调查中承认自己侵害对方商业秘密的行为，愿意接受处罚。该案报到上级主管机关并经过审查，判定某企业没有对客户名单采取保密措施，此客户名单不构成商业秘密，不能认定侵害商业秘密。这说明基层执法机关对商业秘密保护理论与实务基本知识掌握不充分，需要加强他们的专业能力培训。

（四）司法部清理整顿难以根本解决鉴定机构布局与收费不合理问题

1. 商业秘密鉴定机构少且全国分布不均

2020年4月1日后，在司法部清理整顿工作推动下，全国鉴定机构规范性工作有了很大提升，但是需要及时跟进相应的配套保障与后续完善工作，才能保证各项工作的平稳过渡与有序开展。

当下的实际状况是市场监管、公安、人民检察院、人民法院、司法行政单位等有着各自系统内一系列依然有效的法律文件保证鉴定机构在认定、选用等方面的规范性，但由于认定标准不同、各阶段办案机关对于上一阶段办案机关选任的鉴定机构及其出具的鉴定意见经常提出各种质疑甚至直接否定，使得不同阶段办案机关在选任鉴定机构及鉴定人方面极其谨慎、保守，某种程度上造成实践中真正进入各办案机关共同认定范围内的鉴定机构与鉴定人非常少，而且分布严重不均。

以人民法院为例，在人民法院诉讼资产网登记的有知识产权鉴定资质的司法鉴定机构名单总共有 42 家（北京 11 家、浙江 10 家、上海 7 家、山东 4 家、广东 2 家、江苏 2 家、江西 2 家、四川 1 家、重庆 1 家、云南 1 家、湖南 1 家），大多分布在东部及东南部发达省市，西部只有 3 家，最多的鉴定机构集中地是北京、浙江和上海❶。由于鉴定机构分布严重不均匀，案件一旦需要鉴定，则需要异地委托，给委托人及办案机关等增加了额外的时间与经济等方面的负担，同时鉴定机构及鉴定人员由于专业范围与鉴定能力有限，无法应对社会日益发展的各种类型的侵害商业秘密案件，甚至过少的鉴定机构与鉴定人员承接太多的司法鉴定业务会大幅增加人情鉴定、金钱鉴定、超能力鉴定等不规范情况发生的概率与风险，容易造成鉴定结果不公正、不权威。

2. 商业秘密鉴定收费标准适用问题在实践中争议较大

关于鉴定费用问题，《全国人民代表大会常务委员会关于司法鉴定管理问题的决定》第 15 条规定："司法鉴定的收费标准由省、自治区、直辖市人民政府价格主管部门会同同级司法行政部门制定。"至 2017 年 6 月 30 日，31 个省份新的收费标准文件出台，这些收费标准针对"四大类"司法鉴定业务收费标准执行政府指导价，对于"四类外"业务以及疑难、复杂和重大社会影响的司法鉴定服务由司法鉴定机构和委托人协商确定并执行市场调节价，知识产权类司法鉴定作为"四类外"业务，属于协商收费的范畴，至于协商的幅度各地区有所不同。

"协商"与"疑难、复杂和重大社会影响"这一弹性规定，在实践中造成了大量的"天价鉴定"纠纷，严重损害了司法鉴定的良好生态。正常

---

❶ 鉴于我国知识产权鉴定机构分布不均衡的现实状况，笔者在研究过程中对知识产权鉴定发达地区进行了重点调研并将其作为研究依据。https://www1.rmfysszc.gov.cn/Agency/Intermediary.shtml. 最后访问时间：2023 年 2 月 24 日。

情形下，鉴定业务市场化对于当事人而言没有太大争议，但是类似于公安等机关的委托鉴定，使用的是财政资金，太高的鉴定费用往往会导致财政资金不足，影响办案机关的积极性与办案效率。2020年9月1日实施的《最高人民法院关于人民法院民事诉讼中委托鉴定审查工作若干问题的规定》、2020年12月30日公布实施的《司法鉴定与法律援助工作衔接管理办法（试行）》，为公益诉讼、法律援助情形暂缓及减免司法鉴定费用作了具体规定，但对于办案机关以财政资金委托鉴定的费用支付标准没有特别规定。适当降低鉴定费用、制定实施区分公务性与非公务性的鉴定收费办法是笔者在调研中听得最多的呼声之一。

（五）商业秘密鉴定范围适用与损失鉴定标准执行不统一

1. 商业秘密鉴定范围适用混乱

《全国人民代表大会常务委员会关于司法鉴定管理问题的决定》第1条和《司法鉴定程序通则》第2条都规定了司法鉴定解决的是"专门性问题"，但商业秘密司法鉴定范围在实践中一直不统一，有的认为只能针对技术信息这一类专门信息进行鉴定❶，有的认为可以就商业秘密所有要件及损失进行鉴定❷。实践中，委托鉴定方提出的委托鉴定事项有要求鉴定"商业秘密非公知性"的，有要求鉴定"是否属于商业秘密"的，有要求鉴定"技术信息"的，也有要求鉴定"经营信息"的，无不显示出商业秘密鉴定的范围一直无法统一和确定，个案不同，鉴定范围差别很大。

---

❶ 张炳生：《论商业秘密的司法鉴定》，《宁波大学学报（人文科学版）》2012年第6期。
❷ 司法实务人员与高校学者各有看法，有的主张可全部鉴定，有的主张仅可鉴定技术秘密且仅对绝对秘密进行鉴定。详见曾国田：《知识产权司法鉴定》，知识产权出版社2019年版，第240页。这在2020年11月18日施行的《最高人民法院关于知识产权民事诉讼证据的若干规定》第19条中已经明确界定：当事人主张的商业秘密与所属领域已为公众所知悉的信息的异同、被诉侵权的信息与商业秘密的异同，都属于商业秘密中的专门性问题，可以委托鉴定。

2. 商业秘密损失鉴定标准执行不统一

2020 年 9 月 17 日公布实施的《最高人民检察院、公安部关于修改侵犯商业秘密刑事案件立案追诉标准的决定》对商业秘密损失数额的认定作了详细规定❶，但在鉴定实践中，对同一类损失的鉴定存在不同鉴定机构出具鉴定结果存在较大差异的情形。由于对实际损失的鉴定所需要的检材烦琐且满足鉴定要求的难度太大，并非所有的鉴定机构都愿意严格按照法律规定的实际损失的标准来鉴定，在某些委托人提供材料不全或补齐所有检材难度较大等情形下，部分鉴定单位往往采取的是概括鉴定法❷，这给办案机关实际办案带来困难，甚至导致案件不予起诉，案件很难进入刑事等审判环节，严重浪费了行政与司法资源。

（六）元宇宙下新型网络信息及相应的商业秘密鉴定评估合规工作亟待加强

无论是负责知识产权管理与保护工作的市场监督管理部门，还是主营知识产权与大数据业务的企业单位，对于元宇宙情境下的算法、大数据、区块链等新型网络信息及相应的商业秘密鉴定评估问题普遍缺乏系统性的思维意识及工作规范。

---

❶ 该决定规定：损失数额可以根据该项商业秘密的合理许可使用费确定或根据权利人因被侵权造成销售利润的损失确定。关于权利人因被侵权造成销售利润的损失，可以根据权利人因侵权造成销售量减少的总数乘以权利人每件产品的合理利润确定；销售量减少的总数无法确定的，可以根据侵权产品销售量乘以权利人每件产品的合理利润确定；权利人因被侵权造成销售量减少的总数和每件产品的合理利润均无法确定的，可以根据侵权产品销售量乘以每件侵权产品的合理利润确定。商业秘密系用于服务等其他经营活动的，损失数额可以根据权利人因被侵权而减少的合理利润确定。商业秘密的权利人为减轻对商业运营、商业计划的损失或者重新恢复计算机信息系统安全、其他系统安全而支出的补救费用，应当计入给商业秘密的权利人造成的损失。

❷ 如笔者调研中遇到的某一案件，公安局委托某会计司法鉴定所出具了《某某公司收入损失的司法鉴定意见书》：以原材料价格与销售价格正相关为计算假设依据，剔除国外贸易、视同销售的营业收入及营业成本金额，以侵权行为发生前特定时间阶段内的销售收入/原材料比作为侵权行为发生期间计算收入的依据，该司法鉴定结论就是一个概括性的数值，不是准确的实际损失数额，无法准确反映商业秘密被侵害的实际损失额。

市场监督管理部门基于服务意识，有的主动为企业商业秘密保护提供数据平台的公共服务支持，但是对于这些数据的秘密性、商业价值性没有界定和区分，因此对于可能发生的商业秘密泄密与责任承担问题缺乏周全的考量。同时，主营元宇宙下大数据、区块链业务的企业单位，对算法、算力、大数据、区块链等技术都有自己的特长和团队，但对于涉及的商业秘密问题，普遍认为大公司讲究团队保密，利用技术拆分模式防止技术泄密；或者认为商业秘密泄密是基于技术或平台的天然缺陷，例如互联网平台所有数据对于技术后台透明的问题，普遍认为这是互联网服务提供商与客户之间的合同诚信履行问题及职业道德操守的问题，关于其中涉及的秘密点，以双方合同约定为准，暂时没有其他更好的方法。企业单位对其中的秘密点及其商业价值缺乏有效的鉴定与评估环节，进一步加剧了数据化信息商业秘密不确定性的风险。

元宇宙的到来会给数据保护和用户隐私带来一系列新挑战，可能涉及制定新的法律或修改现有的法律。❶ 与试图确定谁"拥有"数据相比，更重要的是谁有权访问、控制和使用数据。❷ 元宇宙下商业秘密的保护问题形势复杂，云服务提供商对"云端"信息的管理方式（内容接触权的保留、保密责任的明示排除），形成保密措施合理性认定的障碍，基于现有认定框架与标准，"上云"信息将难以满足保密措施的合理性要求从而难以获得商业秘密保护的资格。❸ 即使是获得商业秘密保护资格的数据信息，其商业价值性与损失赔偿数额的评估问题同样因为缺乏统一机制和客观标准，尤其是元宇宙情景中的数据信息涉及跨国传播、匿名传播等问题，存在"有评有估、以评代估、以估代评"的乱象，面临以权利人损失、侵权人获利、商业秘密许可使用费倍数、法定赔偿、商业价值五种方法确定商业秘密侵权损失额的法律选择模式。实践中大多数办案机关和当事人都青

---

❶ KURSH Steven R.；PATEL Pratike："The Goldilocks and Three Bears Dilemma：Adopting Reasonable Measures to Protect Trade Secrets in the New Work Environment"，*les Nouvelles – Journal of the Licensing Executives Society*，2022，57.1.

❷ 张平：《元宇宙将来，我们如何应对》，《光明日报》2023年2月2日，第16版。

❸ 聂鑫：《云计算环境下商业秘密保密措施的合理性认定》，《上海财经大学学报》2022年第5期。

睐于法定赔偿，导致法定赔偿泛化、简化现象大量产生，偏离"填平"损失原则等问题。而且，损失数额单位确定只是司法推定，由于侵权人通常采用低价销售等因素，其中的生产、管理及营销成本与权利人的投入相差巨大，因此侵权人的非法获利并不等于权利人的实际损失。❶ 如何准确界定元宇宙情境中数据信息的秘密性、商业价值性、被侵犯时的同一性与损失数额，成为亟须解决的典型问题。

六、路径选择：推动商业秘密鉴定评估标准化制度建设

元宇宙和区块链同属 Web 3.0 时代，不同的是区块链强调的是去中心化及社区自治，技术因素更多一些；元宇宙作为一种新型的社会生态系统，比区块链更进一步，注重在去中心化、虚拟与现实自由实时交互的基础上加强社会公共治理与国家治理，政治属性的合规性要求更强。在元宇宙中，各平台提供商不仅要规范收集及合理使用数据，而且更要为自身的商业秘密设定合理的边界，不能"凡是数据皆我秘密"（当前各级政府数据平台如被第三方公司控制，应予以警惕及强化规制），须遵守元宇宙虚拟世界的现实法治要求。

从中美贸易摩擦事件及中美第一阶段经贸协议的达成来看，商业秘密已成为各方最重要的争议焦点，甚至中美关系于"国家安全"的争议从深层分析，基础争议还是商业秘密安全保障问题。可以说，各国政府和大型企业都已深刻认识到商业秘密的价值重要性。❷ 尤其是在当前经济全球化、全球一体化发展阶段，绝大多数商业秘密由传统的权利人运用物理隔断保障措施逐渐过渡到将商业秘密数据化处理后融入网络，以弥补传统保护方式的缺陷。这是一个不可避免的发展趋势，只有这样，才能更充分地发挥

---

❶ 史仲凯：《简论商业价值与商业秘密侵权损失的评估基准》，《时代法学》2014 年第 3 期。
❷ 美国对商业秘密的"强保护"策略，对国际产生了重要影响：在 2016 年美国《商业秘密保护法》（DTSA）颁布的同时，欧盟通过了"关于保护未披露的专有技术和商业信息（商业秘密）防止非法获取、使用和披露"的指令，2020 年美国又通过与中国贸易谈判的形式，让中国接受了商业秘密保护的高位阶的法律保护原则。详见王润华：《第四知识产权——美国商业秘密保护》，知识产权出版社 2021 年版，第 160 页。

其商业价值。但是在商业秘密数据化的过程中，如何保障其安全性并从鉴定评估视角出发保障其独有秘密性、更大商业价值性，提出更完善的保密措施，成为面临的首要重大课题。

（一）强化执法、司法机关对企业商业秘密保护的服务意识与能力，营造商业秘密强保护的社会氛围

1. 强化执法、司法机关对企业商业秘密保护的服务意识与能力

针对当前商业秘密诉讼案件与鉴定评估案件数量稀少、企业商业秘密保护意识不强、商业秘密保护社会氛围不足的现实情况，强化执法、司法机关对企业商业秘密保护的服务意识与能力至关重要，也是商业秘密保护可持续良性发展的重要因素。

（1）市场监管系统的机关作为距离企业最近的行政管理机关，在监管职能外，应注重服务意识与服务能力的培养和践行。具体操作可以结合日常执法中发现的商业秘密保护的典型问题，以调查问卷、工作指引、保密制度、提供部分保密协议参考文本、不定期举行企业座谈交流、组织学习先进典型企业保护经验、培训企业商业秘密保护人员等形式，主动部署本区域的企业商业秘密保护与风险防控工作。在具备一定条件的基础上，市场监管系统的机关可以为企业商业秘密保护提供数据登记平台的公共服务支持，针对实践中越来越多的企业智能化管理的现状，就如何应对由此可能发生的商业秘密泄密问题组织专门的调研，加强主动取证与保障服务。市场监管系统可以通过这种形式在提升企业商业秘密保护意识与能力的同时，做好商业秘密风险预防与侵权证据的收集工作。

（2）公检法系统的机关可以将商业秘密案件中反映出来的典型问题予以整合梳理，之后安排业务骨干进入社会各相关行业企业，提供司法建议与延伸服务，实现"办理一案，教育一片"的良好效果。开展企业商业秘密保护的普法宣传教育与培训工作，有针对性地提出法律建议和风险防范对策，提高企业商业秘密保护能力，形成社会整体商业秘密保护的良好

氛围。

如在办案中发现企业重技术创新但忽略技术商业秘密保护、缺乏监管机制、员工法律意识差等情形，公安机关可以引导企业主动发现商业秘密保护漏洞，提高保护的实践能力与证据整合能力，提高公安机关立案与成案比例，提升破案率；人民检察院和法院可以有针对性地开展座谈，并针对企业管理漏洞及诉讼证据所需，提出加强商业秘密保护、健全防控监管制度、提高员工法律意识等司法建议，帮助企业整改和完善。在企业商业秘密保护体系构建完毕并正常运行之后，公检法系统可以灵活方式参加企业商业秘密警示教育大会，以案释法，为企业的合规经营提供精准、优质和高效的法律拓展服务。

2. 营造商业秘密强保护的社会氛围

组织人员编写商业秘密保护的案例与宣传资料，同时试行商业秘密保护标准化工程，并通过报纸、杂志等纸质媒体与网络等在线媒体不同形式地加强对商业秘密保护的宣传，扩大社会影响力，营造商业秘密强保护的社会氛围。

（二）加强办案人员与鉴定评估人员职业能力的系统培养

1. 国家知识产权战略需要知识产权相关专业高等教育跟进落实

随着国家知识产权战略的深入实施，相关人才的需求量急剧增加，目前知识产权领域的人才来源于各个方面：直接毕业于高等专本科知识产权专业的人才占一部分、高职毕业的人才占一部分、社会转行的人才占一部分、自学入行的占一部分，以及其他专业人才共同推动了我国的知识产权战略的落地实施。

作为可持续发展的应有建设内容，教育是联合国十七项可持续发展战略中的一项，对国家的可持续发展具有基础性的支撑地位。知识产权教育在高校中逐渐普及❶，很多高校顺应国家战略的形势需要，相继成立了知识产权学院，很好地说明了高等教育对于国家战略定位的敏感度和反应力。

但是，当前高校的相关教育工作重在理论层面，距离真正与社会实践结合并使其毕业生能快速融入社会实践还有很长的路。相比其他类型知识产权，商业秘密的普及认知度远远没有达到其应有的社会地位。在知识产权管理与保护体系中，鉴定评估只是知识产权属性与价值认定的一个环节，在高校知识产权教学中极少单独设置相关课程及重视讲授，因此高校毕业生对于其中的实践风险缺乏正确的认知和防控对策关注，从而造成高校毕业生与社会需求严重脱节，浪费了高等教育资源和社会资源。

通过调研笔者发现，当前社会企业、鉴定评估机构等在鉴定评估方面拥有丰富的实践资源和较强的融合动力，各级市场监管单位与公检法等行政司法部门拥有海量的实践案例，收集的典型问题也非常丰富，而且很多实践案例已经实现以电子数据形式广泛存在，很多商业秘密也以区块链规范的形式实现了数据化管理与保护。高校应及时、尽快与这种新业态、新形势密切对接，并在培养方案制订、人才培养过程、毕业能力要求等方面作出完善的制度保障，做好相关专门人才的培养教育工作，以应对实践的切实需求。

2. 加强对商业秘密鉴定评估机构与人才的执业监督和专门教育

为了保证商业秘密鉴定评估的规范性、权威性，减少人情鉴定、重复鉴定、金钱鉴定、以评代估、以估代评等不规范现象的出现，管理部门非常有必要通过常规性的监督、抽检、培训、先进评选、强制淘汰等综合性措施，对商业秘密鉴定评估业务予以全面规范，其中最重要的是做好鉴定评估机构和鉴定评估人员的执业监督与职业培训等专门性教育。这类监督与专门教育应定期、常规化开展，包括职业道德教育、职业伦理教育、业

---

❶ 尽管 2022 年 9 月 13 日，国务院学位委员会、教育部印发《研究生教育学科专业目录（2022年）》，自 2023 年起，新设知识产权硕士专业学位类别，但关于知识产权是否应设立为一级学科的问题，学界争论依然很大。

务强化培训、优秀案例评选、先进与落后评比等不同手段与举措。只有这样，才能逐步培养起廉洁、专业、高效的鉴定评估氛围，才能树立起知识产权鉴定评估的社会普遍认可的权威度，推动知识产权鉴定评估业务良性发展，保护知识产权的社会氛围才能逐步形成与发展。

（三）加强商业秘密鉴定评估统一标准顶层设计

1. 以市场监管部门为引领，做好商业秘密鉴定评估机构与人员资质认定统一标准的顶层设计

市场监管部门与作为商业秘密权利人的企业一方日常联系最为紧密，但是处理商业秘密纠纷的案件太少；公检法处理商业秘密纠纷案件相对较多，但是与企业的日常联系相对要少。通过调研，公检法单位希望作为鉴定评估机构资质认定的市场监管单位可以联动各领域、各单位，就鉴定评估机构与人员资质认定等有一个统一的规定和标准，从而使公检法可以直接适用，来解决目前各委托单位多头委托导致鉴定评估意见权威性备受置疑的矛盾。

因此，各级市场监管部门应不断强化商业秘密保护的行政执法与维权服务，同时积极与公检法司等单位深入沟通，逐步建立跨部门合作交流、信息共享、宣传培训、联合执法、案件移送等商业秘密部门协作保护机制，主动承担起鉴定评估机构与人员资质认定标准统一化等相关工作，并增加对公检法司等单位的实践调研，求同存异，形成合力，进一步形成商业秘密"护密维权"合力。同时建立商业秘密侵权保护快速反应机制，建立统一的鉴定评估机构与人力资源库，构建对侵权认定、证据收集、护密维权高效运营的商业秘密侵权保护快速联动反应机制，筑起商业秘密保护的钢铁壁垒。

这样的顶层设计，可以更好地构建起统一的商业秘密鉴定评估机构体系，便于开展各项相关工作，也便于形成统一规范的鉴定意见与评估意见。

2. 探索构建行业协会统领下的商业秘密鉴定评估程序与实体的统一化标准认证规范

目前，商业秘密鉴定评估是申请人自行委托和办案部门依职权委托的结合，处于因特定纠纷需要的被委托状态，在执业范围、价值取向与功能定位方面有所限制，各地及各鉴定评估机构标准并不统一，有的甚至很混乱。随着算法、大数据等新型网络安全风险的不断涌现，对其中秘密点的主动把控与鉴定评估的有效融合成为当前商业秘密鉴定评估行业的难题。

关于知识产权鉴定评估的未来发展可以有以下选择：

第一，考虑将知识产权鉴定纳入司法部统一管理范围内的"四类鉴定"，即根据诉讼需要由国务院司法行政部门商最高人民法院、最高人民检察院确定的其他应当对鉴定人和鉴定机构实行登记管理的鉴定事项。但就目前而言，司法部刚刚出台清理整顿文件，这一方案难以实现。

第二，考虑将"四类外"的知识产权鉴定业务统一由"四大类"鉴定机构承接，并出具司法鉴定意见，但这一选择无论是对"四大类"鉴定机构的承受度，还是对"四类外"鉴定机构的生存考验平衡，都不是最佳选择。

第三，考虑将知识产权鉴定机构作为工商登记的一般法人机构，继续提供鉴定服务，但是由于缺乏专门监管将造成选择权上的滥用，社会公信力也会受到很大的影响。

第四，考虑将知识产权鉴定评估归属于行业协会规范和管理，制定并执行行业内统一的鉴定标准（包括鉴定程序标准、鉴定对象与范围标准、鉴定的实体认定标准等），这需要多部门、多领域联动监管、授权与认可。

以上四种选择，最优选择应该是第四类，即由行业协会统一管理并由多部门、多领域联动监管、授权与认可，符合国家知识产权保护战略纲要的需求及保护知识产权的实际需要。但是当前单独的新型网络信息鉴定数量稀少，涉及算法、大数据、区块链等信息的商业秘密点的固定及鉴定标准存在一定空白。主管行政管理工作的市场监督管理部门、主管侦查业务的公安部门、主管审查起诉业务的人民检察院和主管审判工作的人民法院之间的协调统一，还需要多部门联动协调与统一，方能有效推进数据化信息商业秘密保护工作，并在实践中真正实现其专业服务的功效。

建议在由市场监管机关统一商业秘密鉴定机构与鉴定人资质认定标准的基础上，由行业协会进行具体专业鉴定程序与实体执行标准的统一制定及发布，各执法与司法部门选择适用。改变各执法与司法单位各自为政、选择混乱的局面，因为标准一旦确立，就在无形中破除了利益"寻租"的空间，减少了人为造成的不公正及腐败行为的发生概率。

实践中存在两个办案环节的两级机构对于商业秘密损失的鉴定方法与标准认定的不一致问题，如案例中采用实际损失鉴定法与概括损失鉴定法将导致截然不同的损失鉴定结果，最终影响案件损失是否达到刑事案件最低起刑点，进而决定案件是否能够由侦查阶段进入审查起诉阶段。鉴定方法的差异并非法律规定的缺陷，而是鉴定机构在鉴定过程中鉴定方法与评估标准不一致，作为委托方的公安机关如简单地采用则会导致相关案件前后判决相差甚远的结果。这其间既有鉴定机构业务能力匮乏及缺乏鉴定监督的原因，也有办案机关监督不到位的原因。因此鉴定标准的统一包含两个方面：一是法律规定的鉴定标准立法上的统一，同时强化监督程序与责任追究机制；二是这种立法统一一旦完成，应由相关行业协会及时反映在鉴定标准的执行过程所依据的行业标准中，同时组织好系统的业务能力培训、考核、执行与监督等配套工作。2022年12月，中国知识产权研究会组织多家相关机构共同起草完成的《商业秘密鉴定规范（征求意见稿）》如能真正落地并能被公检法融合接受，它不失为一个很好的鉴定评估实践标准。但从目前来看，还有很多理论概念与实践的细节问题需要从法理层面逐步落实，并在实践中检验推行。

（四）执行法定商业秘密鉴定范围与鉴定分类收费办法

1. 商业秘密鉴定范围根据实际情况在法定范围内灵活掌握

实践中存在商业秘密鉴定范围适用混乱问题，理论界与实务界对此已有相关研究与批判，观点众多。

根据《最高人民法院关于知识产权民事诉讼证据的若干规定》第 19 条第 1 款第 3 项规定的待证事实是"当事人主张的商业秘密与所属领域已为公众所知悉的信息的异同、被诉侵权的信息与商业秘密的异同"，该待证事实中，前者规定了商业秘密的"非公知性"专门性问题异同比较，后者规定了商业秘密的"非公知性、商业价值性、保密性"专门性问题的异同比较。第 8 项还规定了"其他需要委托鉴定的专门性问题"这一兜底条款，由此很好地说明了商业秘密鉴定范围包含了商业秘密的全部要件。这一规定与《全国人民代表大会常务委员会关于司法鉴定管理问题的决定》《司法鉴定程序通则》等法律文件中的"专门性问题"是一致的。

在实践中，通识观点是商业秘密的"保密性"要件一般不需要提交鉴定或评估，执法与司法部门鉴定或委托鉴定大多数情况下以"技术信息的非公知性"鉴定为主要内容，但当"经营信息非公知性"或"商业秘密的商业价值性与保密性"等内容需要"专业技术或知识"解决而执法与司法人员无法自行解决或判断之时，委托鉴定就可依法据实进行。尤其是当前元宇宙背景下知识产权不断数据化，如何判定其保密性及商业价值性涉及多重复杂标准，可能会大量涉及相关大数据、区块链、人工智能等专业知识，这一点并不是所有执法、司法人员都能独立完成，借助于鉴定就成为必需，因此商业秘密鉴定范围需要办案机关根据实际需要灵活安排。

2. 商业秘密鉴定收费标准不统一、价格高，对行政司法机关等影响大

通过笔者的调研，对于商业秘密鉴定业务收费提出完善建议最多的是公安侦查机关，由于他们委托鉴定的费用来自行政经费，而案件多、经费少是现实问题。各级市场监管部门也面临同样的问题。

国家发改委和司法部发布的《司法鉴定收费管理办法》已经分别被国家发改委和司法部于 2016 年 5 月 1 日、2020 年 12 月 30 日废除，至今没有一部统一的司法鉴定收费管理办法。按照 2017 年 3 月 22 日发布实施的《司法部办公厅关于进一步加强司法鉴定收费管理的通知》的规定，只要

求各省完成本省内的司法鉴定收费管理办法的统一立法工作，尚未完成国家层面的统一立法工作，不同地区跨领域诉讼可能产生不同省份不同标准的司法鉴定收费管理办法，对当事人的费用承担可能造成一定的影响。

3. 可借鉴先进经验，区分公务性与非公务性委托鉴定并实行分类收费管理模式

目前司法部已将知识产权鉴定审批准入工作排除在"四大类"司法鉴定之外，但知识产权鉴定收费管理模式依然未变。中国知识产权研究会司法鉴定委员会正有序推动商业秘密鉴定的统一行业自治规范工作。在此之前，《知识产权鉴定管理规范》《专利鉴定规范》《商标鉴定规范》等知识产权鉴定系列团体标准已发布实施。鉴于全国各地经济水平存在巨大差异，建议出台类似于律师收费管理办法的参考管理规定，并对跨区域知识产权鉴定问题的费用承担原则等作出统一规范。

依据《全国人民代表大会常务委员会关于司法鉴定管理问题的决定》第 15 条规定："司法鉴定的收费标准由省、自治区、直辖市人民政府价格主管部门会同同级司法行政部门制定。"在 31 个省份新的收费标准文件中，湖南省、山东省等地司法鉴定收费管理办法都只是设定了 5 年有效期，分别在 2021 年、2022 年面临到期如何延续的问题，建议可以借此探索区分收费标准。湖南省司法鉴定收费意见规定，一般的知识产权司法鉴定收费按件计算，每件 2500 元，但是对于商业秘密、专利、著作权、计算机软件等知识产权鉴定业务可以协商收费。其他省份尚未发现由政府部门规定知识产权鉴定业务收费指导标准，一般都规定实行市场调节价。

当然，由于在市场监管部门行政执法、公安侦查阶段的委托鉴定与人民检察院审查起诉、人民法院审判阶段委托鉴定的目的、委托方有所不同，缴纳鉴定费用的主体也有不同。相关部门在制定商业秘密司法鉴定收费办法时是否可据此分为公务性委托鉴定与非公务性委托鉴定，值得在实践中进一步探索。

对由行政司法经费支持的鉴定识别为公务性委托鉴定，对由当事人等委托的鉴定识别为非公务性委托鉴定。对于公务性委托鉴定、非公务性委托鉴定中的公益诉讼及法律援助等类型委托案件，建议在实行特别收费制度之外，将公务委托的此类型商业秘密司法鉴定案件一并纳入各个法定商业秘密司法鉴定机构每年应完成的一定比例的公益类收费范围，实行国家财政补助象征性缴费模式。以保障鉴定成本为主要依据，赋予鉴定机构一定的社会责任，当然在每个鉴定机构年均应完成的数量方面应做好详细调研后确定，以保障鉴定机构的合法权益；或针对执法司法机关财政资金不足问题，可以试行先行由商业秘密权利申请人垫付部分或全部，区分不同结果：一旦认定对方侵权，案件办理完毕，审判机关在判决中将此类费用算作其他应该由侵权人承担的费用予以判决，补偿权利申请人的鉴定申请损失；一旦认定对方不侵权，则权利申请人自行承担该费用，也合理合法。这样做既照顾了财政经费的不足，又兼顾了鉴定机构的合法利益维护。

（五）规范鉴定程序的执行，不断推进鉴定程序与实体正义

1. 商业秘密鉴定应保障程序正义基础地位

鉴定机构的回避问题、鉴定过程中涉嫌侵害方是否可以提供反证问题、鉴定过程与诉讼过程中的二次泄密与责任承担问题、鉴定人出庭与否问题等诉讼过程中的各类问题，基本都属于程序性问题。这也说明了程序正义的重要性，程序正义是实体正义的基础保障，行政执法与司法部门应依法做好商业秘密司法鉴定的委托、监督、采用、审查、管理等程序性工作，商业秘密鉴定单位应依法依规做好商业秘密鉴定的受理、鉴定等工作，做到依法、有序开展鉴定。

2. 在现行法律框架内严格程序执行，保障最终的程序与实体正义

现行法律对上述程序问题大多都有明确规定，只是在执行过程中存在一定的争议，这种争议会影响最终的案件结果，可能导致司法不公。例如，关于鉴定机构的回避问题，法律没有规定，但是可以根据具体鉴定人

的回避要求予以规范；鉴定过程中涉嫌侵害方反证提供对象可以是办案机关，由办案机关根据实际情况（是否有能力独立判断）决定是否转由鉴定机构鉴定；商业秘密的诉讼与鉴定过程中的保密必须建立在各方严格遵守诉讼程序中各项规范要求的基础上，包括阅卷的规范、交换证据的规范、鉴定意见中的密点表达规范等，加强各方对规范要求的执行监督并严格落实违反规范后的责任追究与担当，保证保密措施的有效落实；鉴定人出庭根据法律规定应以对全部鉴定人通知并要求全部出庭为基础，在有正当理由的情况下可以允许鉴定人代表出庭，但应要求对鉴定意见有不同意见的、有正当理由不出庭的鉴定人提供自己的意见供办案机关综合评定，为是否最终采纳鉴定意见提供重要参考。总之，上述类似的程序性问题在诉讼与鉴定过程中可能随时出现，行政与司法机关办案人员、商业秘密鉴定机构与鉴定人员应结合个案，善于总结办案过程中发现的问题，提炼出好的做法及经验，为现行法律的不断完善提供借鉴性思路，保障最终的程序正义与实体正义。

（六）准确识别元宇宙情境下商业秘密数据信息及促进其鉴定评估合规

商业秘密鉴定评估对司法机关的依法办案以及我国知识产权的健康发展都具有重要的时代价值和可持续发展价值。

在我国持续加强知识产权强国建设的战略背景下，2020年4月1日实施的《司法部办公厅关于开展司法鉴定机构和鉴定人清理整顿工作的通知》，与其说它对包括商业秘密在内的知识产权鉴定造成了冲击，倒不如说它为知识产权鉴定评估业务的规范化提供了一个前所未有的历史机遇。

尽管笔者从历年的鉴定评估实践和学者研究成果中发现了诸多不规范问题，但这都是事物发展过程中的正常现象。作为商业秘密权利主体的企业，承担商业秘密鉴定评估主力的各类鉴定评估机构，承担商业秘密案件办理的市场监管部门、公安部门、人民检察院、人民法院等不同单位，甚至包括不同形式的知识产权自治协会等公益性单位，都在尽自己最大的努力执行现行法律的同时，探索着中国商业秘密鉴定评估的更好发展路径。

元宇宙的未来可能最终取决于监管洞察力的增强、技术创新以及智能合约的持续发展和作用。❶ 目前，元宇宙应用得更多的是在社交、游戏领域，地方政府将其纳入规划主要是基于经济利益的考虑，公民的社会福祉、国家的公共利益以及商业秘密权利人的相关权益没有作为首要考量因素。由于企业、鉴定评估机构、行政管理部门、司法部门在实践中尚未遭遇大规模的类似问题与危机，上述数据化商业秘密信息的价值没有被充分认识到。通过笔者的调研发现，此类新型网络信息中的商业秘密安全风险点、秘密点有其特殊之处，主要表现为互联网技术的攻守博弈，如黑客对计算机程序的攻击导致客户信息泄露，被视为对经营信息的盗取；竞争对手或黑客通过对相对方算法的突破或更改，包括算法所针对目标人群的测算目标定位等，来改变算法所对应的目标大数据的最终结果，被视为技术信息的非法使用，但是这并不意味着新型网络信息的商业秘密安全风险防控就一定从根本上有别于一般的商业秘密保护原则。从根本上来看，不同权利主体对应的商业秘密点不同，无论是表现形式还是计算方式，无论是有形的物理形式的隔断或窃取还是无形形式的在线计算机技术侵犯，都有迹可循。被侵犯的新型网络信息的商业价值计算标准、损失或赔偿标准的界定也脱离不了商业秘密鉴定的一般原则的规范。

元宇宙集合了当今科学领域顶尖技术，为现实世界的改变发展提供了可能。法律所关注的不仅是元宇宙技术的变化，更应对这种技术变化所带来的法律权利义务边界等提供对策。元宇宙下算法、大数据、区块链、人工智能等新型网络信息或其集合体的网络安全与风险防控问题，集中表现为数据化秘密信息的形式。例如，用于确认元宇宙用户身份的真实数据信息，用户在应用元宇宙中被采集的各类数据信息（包括生物识别数据信息），用户在元宇宙中生成的各类数据信息或数字资产，对算法的不可解释性（算法黑箱）的相对性的理解与规制，元宇宙情境下因数据全球化产

---

❶ LAUREL J. Fish, DENNIS Halcoussis G., MICHAEL Phillips："Price – Parity Adjustments Shouldn' T BE A Trade Secret：State – Level Price Parity and Assessment of Covenants not to Compete Enforceability". *Contemporary Economic Policy*, 2020, 39 (1).

生的数据跨境转移监管问题等，哪些属于公共数据、哪些属于个人隐私、哪些属于商业秘密、哪些属于国家秘密、哪些数据可以合法移植或加工等❶，这些应由元宇宙社区自治还是由法律提前介入将其纳入法治轨道，都需要考虑。从总体国家安全观角度看，商业秘密也是国家安全的一个重要组成部分，尤其是在当前世界各国"数据为王"的时代，数据安全、数据保密关系到一个企业，甚至国家的生死存亡。对其中属于商业秘密的数据信息的秘密性、商业价值性、保密性的法律界定及鉴定评估的标准，当前我国《民法典》《刑法》《反不正当竞争法》《劳动合同法》《个人信息保护法》《数据安全法》《网络安全法》《最高人民法院关于审理侵犯商业秘密民事案件适用法律若干问题的规定》等都有体系性的法律规制，但对于跨国数据移植流通监管导致的商业秘密数据信息泄密从而产生的商业价值评估与损失评估问题、元宇宙下数字孪生引发的用户主体虚拟现实不一致与商业秘密秘密性难以确权问题等特殊性问题，还需要立法层面提前预判并给予国际合作框架下的国内立法一定的预判期，做好相关合规治理基础工作。

　　元宇宙最大的技术特征是实现了现实世界与虚拟世界的融合，法律真正关注的是元宇宙在具体应用场景中所形成的法律关系，但立法者并没有按照制度建构性主张那般创设全新的法律制度或规制模式，均是以现有的技术风险特征为依据。❷ 笔者对于包括新型网络安全信息在内的商业秘密风险的整体研究是基于司法部清理整顿通知出台实施的大背景下展开的，希望从鉴定评估的规范角度分析当前可能遇到的鉴定评估资质准入审批、鉴定评估对象不统一、鉴定评估标准混乱等可能面临的鉴定评估难题，其解决方式还是建议以商业秘密鉴定评估的整体规范为主。因为在具体的鉴定评估过程中，一旦有新型网络安全信息的商业秘密鉴定评估问题，可以

---

❶ 元宇宙情境下，对原始数据的合法垄断可能会带来过度保护的风险。原始数据由平台自动生成，并且由于功能原因无法对云提供商隐藏。因此，在缺乏对云提供商有约束力的关于原始数据的保密条款的情况下，商业秘密保护只能授予经过处理的数据。但处理后的数据是否一定会成为商业秘密并被合法移植或加工保护，还要根据具体情形予以判定。

❷ 赵精武：《"元宇宙"安全风险的法律规制路径：从假想式规制到过程风险预防》，《上海大学学报（社会科学版）》2022年第5期。

交由相关领域的专家提供技术支持，基本鉴定评估规范和标准不会改变。即使出现现有规范不能完全涵盖的鉴定评估问题，如元宇宙区块链技术下的透明机制、共享机制、匿名机制及跨国机制等现实问题，也可以通过强化各节点用户实名制、完善数据信息接触留痕与控制程序、为国际网络用户进入及国内数据信息外溢设置中端处理器等方式以立法完善形式予以跟进补足。

| 第四部分 |

商业秘密法律风险防控
国内主要法律分析

一、互联网信息服务算法推荐管理规定（2021）

第二条第二款 前款所称应用算法推荐技术，是指利用生成合成类、个性化推送类、排序精选类、检索过滤类、调度决策类等算法技术向用户提供信息。

第五条 鼓励相关行业组织加强行业自律，建立健全行业标准、行业准则和自律管理制度，督促指导算法推荐服务提供者制定完善服务规范、依法提供服务并接受社会监督。

第六条第一款 算法推荐服务提供者应当坚持主流价值导向，优化算法推荐服务机制，积极传播正能量，促进算法应用向上向善。

第九条第一款 算法推荐服务提供者应当加强信息安全管理，建立健全用于识别违法和不良信息的特征库，完善入库标准、规则和程序。发现未作显著标识的算法生成合成信息的，应当作出显著标识后，方可继续传输。

第二十三条 网信部门会同电信、公安、市场监管等有关部门建立算法分级分类安全管理制度，根据算法推荐服务的舆论属性或者社会动员能力、内容类别、用户规模、算法推荐技术处理的数据重要程度、对用户行为的干预程度等对算法推荐服务提供者实施分级分类管理。

该部门规章于2022年3月1日实施，由工业和信息化部、公安部、国家市场监督管理总局联合公布。该部门规章对算法推荐服务进行了细化规定。算法推荐服务在各个领域已广泛应用，但是随之而来的被推荐方处于绝对被动地位，自主选择权行使的空间小，算法黑箱的合法性问题、算法透明的法律依据问题、算法推荐带来的人身财产损失赔偿问题等也已产生诸多纠纷。算法作为商业秘密已被法律所明确，作为商业秘密的算法应具备商业秘密的法定构成要件，同时对算法除了商业秘密保护，还可以采取著作权等方式进行保护，实践中需要权利人根据实际情况作出选择。

在大数据时代，人工智能、元宇宙和 ChatGPT 更替，算法将无处不在，深刻影响着人们的生活，但上述问题依然未被现行法律完全解决。作为商业秘密的算法和基于公共利益需要而产生的算法之间应该有边界，法律应对此进行明确界定。

二、最高人民法院、最高人民检察院关于办理侵犯知识产权刑事案件具体应用法律若干问题的解释（二）（2007）

第五条 被害人有证据证明的侵犯知识产权刑事案件，直接向人民法院起诉的，人民法院应当依法受理；严重危害社会秩序和国家利益的侵犯知识产权刑事案件，由人民检察院依法提起公诉。

在侵犯商业秘密案件中，发现泄露国家秘密的行为，如申请软件著作权登记过程中，将国家安全工作人员名单及其他信息置于申报材料，是否属于严重危害社会秩序和国家利益的侵犯知识产权刑事案件，实践中存在一定争议性。实务机关多主张提出完善建议，主要理由是软件著作权登记材料并没有向社会公示，一般人员无法了解其内容。但如果违规将因业务关系获取的国家安全人员信息置于申报材料，一旦发现应给予业务委托方提供完善建议，但不主张据此追究申请人的法律责任。相关问题值得司法实践人员商榷。

三、最高人民法院、最高人民检察院、公安部关于办理侵犯知识产权刑事案件适用法律若干问题的意见（2011）

第一条 关于侵犯知识产权犯罪案件的管辖问题

侵犯知识产权犯罪案件由犯罪地公安机关立案侦查。必要时，可以由犯罪嫌疑人居住地公安机关立案侦查。侵犯知识产权犯罪案件的犯罪地，包括侵权产品制造地、储存地、运输地、销售地，传播侵权作品、销售侵权产品的网站服务器所在地、网络接入地、网站建立者或者管理者所在地，侵权作品上传者所在地，权利人受到实际侵害的犯罪结果发生地。对有多个侵犯知识产权犯罪地的，由最初受理的公安机关或者主要犯罪地公安机关管辖。多个侵犯知识产权犯罪地的公安机关对管辖有争议的，由共同的上级公安机关指定管辖，需要提请批准逮捕、移送审查起诉、提起公诉的，由该公安机关所在地的同级人民检察院、人民法院受理。

对于不同犯罪嫌疑人、犯罪团伙跨地区实施的涉及同一批侵权产品的制造、储存、运输、销售等侵犯知识产权犯罪行为，符合并案处理要求的，有关公安机关可以一并立案侦查，需要提请批准逮捕、移送审查起诉、提起公诉的，由该公安机关所在地的同级人民检察院、人民法院受理。

第三条 关于办理侵犯知识产权刑事案件的抽样取证问题和委托鉴定问题

......

公安机关、人民检察院、人民法院在办理侵犯知识产权刑事案件时，对于需要鉴定的事项，应当委托国家认可的有鉴定资质的鉴定机构进行鉴定。

......

第四条 关于侵犯知识产权犯罪自诉案件的证据收集问题

人民法院依法受理侵犯知识产权刑事自诉案件，对于当事人因客观原因不能取得的证据，在提起自诉时能够提供有关线索，申请人民法院调取的，人民法院应当依法调取。

第十四条 关于多次实施侵犯知识产权行为累计计算数额问题

依照《最高人民法院、最高人民检察院关于办理侵犯知识产权刑事案件具体应用法律若干问题的解释》第十二条第二款的规定，多次实施侵犯知识产权行为，未经行政处理或者刑事处罚的，非法经营数额、违法所得数额或者销售金额累计计算。

二年内多次实施侵犯知识产权违法行为，未经行政处理，累计数额构成犯罪的，应当依法定罪处罚。实施侵犯知识产权犯罪行为的追诉期限，适用刑法的有关规定，不受前述二年的限制。

四、最高人民法院、最高人民检察院关于办理侵犯知识产权刑事案件具体应用法律若干问题的解释（三）（2020）

第三条 采取非法复制、未经授权或者超越授权使用计算机信息系统等方式窃取商业秘密的，应当认定为刑法第二百一十九条第一款第一项规定的"盗窃"。

以贿赂、欺诈、电子侵入等方式获取权利人的商业秘密的，应当认定为刑法第二百一十九条第一款第一项规定的"其他不正当手段"。

第四条 实施刑法第二百一十九条规定的行为，具有下列情形之一的，应当认定为"给商业秘密的权利人造成重大损失"：

（一）给商业秘密的权利人造成损失数额或者因侵犯商业秘密违法所得数额在三十万元以上的；

（二）直接导致商业秘密的权利人因重大经营困难而破产、倒闭的；

（三）造成商业秘密的权利人其他重大损失的。

给商业秘密的权利人造成损失数额或者因侵犯商业秘密违法所得数额在二百五十万元以上的，应当认定为刑法第二百一十九条规定的"造成特别严重后果"。

第五条 实施刑法第二百一十九条规定的行为造成的损失数额或者违法所得数额，可以按照下列方式认定：

（一）以不正当手段获取权利人的商业秘密，尚未披露、使用或者允许他人使用的，损失数额可以根据该项商业秘密的合理许可使用费确定；

（二）以不正当手段获取权利人的商业秘密后，披露、使用或者允许他人使用的，损失数额可以根据权利人因被侵权造成销售利润的损失确定，但该损失数额低于商业秘密合理许可使用费的，根据合理许可使用费确定；

（三）违反约定、权利人有关保守商业秘密的要求，披露、使用或者允许他人使用其所掌握的商业秘密的，损失数额可以根据权利人因被侵权造成销售利润的损失确定；

（四）明知商业秘密是不正当手段获取或者是违反约定、权利人有关保守商业秘密的要求披露、使用、允许使用，仍获取、使用或者披露的，损失数额可以根据权利人因被侵权造成销售利润的损失确定；

（五）因侵犯商业秘密行为导致商业秘密已为公众所知悉或者灭失的，损失数额可以根据该项商业秘密的商业价值确定。商业秘密的商业价值，可以根据该项商业秘密的研究开发成本、实施该项商业秘密的收益综合确定；

（六）因披露或者允许他人使用商业秘密而获得的财物或者其他财产性利益，应当认定为违法所得。

前款第二项、第三项、第四项规定的权利人因被侵权造成销售利润的损失，可以根据权利人因被侵权造成销售量减少的总数乘以权利人每件产品的合理利润确定；销售量减少的总数无法确定的，可以根据侵权产品销售量乘以权利人每件产品的合理利润确定；权利人因被侵权造成销售量减少的总数和每件产品的合理利润均无法确定的，可以根据侵权产品销售量乘以每件侵权产品的合理利润确定。商业秘密系用于服务等其他经营活动的，损失数额可以根据权利人因被侵权而减少的合理利润确定。

商业秘密的权利人为减轻对商业运营、商业计划的损失或者重新恢复计算机信息系统安全、其他系统安全而支出的补救费用，应当计入给商业秘密的权利人造成的损失。

对于电子数据类或大数据类商业秘密案件，非正当手段表现形式多样，侵权公司表现为明知侵权而使用，符合第5条第1款第4项规定条件，离职员工泄露商业秘密则符合第3项规定条件。此时的损失计算方法有：可以根据权利人因被侵权造成项目中标量减少的总数乘以权利人每件中标系统项目的合理利润确定；中标量减少的总数无法确定的，可以根据侵权系统项目销售量乘以权利人每件产品的合理利润确定。但是由于数据系统的研发，权利人投入的成本很高，相对合理利润就大幅度降低，对权利人不利，而侵权人作为侵权公司，成本极低甚至零成本，其合理利润就高。

按照就高原则，权利人可以主张因被侵权造成数据系统项目销售量减少的总数和每件产品的合理利润均无法确定，从而主张适用以侵权人侵权系统销售项目量乘以侵权人每件侵权系统项目的合理利润确定。——权利人自诉案中损失计算方法最好的就是这种方法。

五、中华人民共和国民法典（2021）

第一百七十九条 承担民事责任的方式主要有：

（一）停止侵害；

（二）排除妨碍；

（三）消除危险；

（四）返还财产；

（五）恢复原状；

（六）修理、重作、更换；

（七）继续履行；

（八）赔偿损失；

（九）支付违约金；

（十）消除影响、恢复名誉；

（十一）赔礼道歉。

法律规定惩罚性赔偿的，依照其规定。

本条规定的承担民事责任的方式，可以单独适用，也可以合并适用。

第一千一百八十五条 故意侵害他人知识产权，情节严重的，被侵权人有权请求相应的惩罚性赔偿。

六、中华人民共和国行政处罚法（2021）

第三十六条 违法行为在二年内未被发现的，不再给予行政处罚；涉及公民生命健康安全、金融安全且有危害后果的，上述期限延长至五年。法律另有规定的除外。

前款规定的期限，从违法行为发生之日起计算；违法行为有连续或者继续状态的，从行为终了之日起计算。

第八十二条 行政机关对应当依法移交司法机关追究刑事责任的案件不移交，以行政处罚代替刑事处罚，由上级行政机关或者有关机关责令改正，对直接负责的主管人员和其他直接责任人员依法给予处分；情节严重构成犯罪的，依法追究刑事责任。

七、中华人民共和国民事诉讼法（2024）

第六十六条 证据包括：

（一）当事人的陈述；

（二）书证；

（三）物证；

（四）视听资料；

（五）电子数据；

（六）证人证言；

（七）鉴定意见；

（八）勘验笔录。

证据必须查证属实，才能作为认定事实的根据。

第八十一条 当事人对鉴定意见有异议或者人民法院认为鉴定人有必要出庭的，鉴定人应当出庭作证。经人民法院通知，鉴定人拒不出庭作证的，鉴定意见不得作为认定事实的根据；支付鉴定费用的当事人可以要求返还鉴定费用。

八、中华人民共和国个人信息保护法（2021）

第三条 在中华人民共和国境内处理自然人个人信息的活动，适用本法。

在中华人民共和国境外处理中华人民共和国境内自然人个人信息的活动，有下列情形之一的，也适用本法：

（一）以向境内自然人提供产品或者服务为目的；

（二）分析、评估境内自然人的行为；

（三）法律、行政法规规定的其他情形。

第四条 个人信息是以电子或者其他方式记录的与已识别或者可识别的自然人有关的各种信息，不包括匿名化处理后的信息。

个人信息的处理包括个人信息的收集、存储、使用、加工、传输、提供、公开、删除等。

第六条 处理个人信息应当具有明确、合理的目的，并应当与处理目的直接相关，采取对个人权益影响最小的方式。

收集个人信息，应当限于实现处理目的的最小范围，不得过度收集个人信息。

第七条 处理个人信息应当遵循公开、透明原则，公开个人信息处理规则，明示处理的目的、方式和范围。

第九条 个人信息处理者应当对其个人信息处理活动负责，并采取必要措施保障所处理的个人信息的安全。

第十条 任何组织、个人不得非法收集、使用、加工、传输他人个人信息，不得非法买卖、提供或者公开他人个人信息；不得从事危害国家安全、公共利益的个人信息处理活动。

第十三条 符合下列情形之一的，个人信息处理者方可处理个人信息：

（一）取得个人的同意；

（二）为订立、履行个人作为一方当事人的合同所必需，或者按照依法制定的劳动规章制度和依法签订的集体合同实施人力资源管理所必需；

（三）为履行法定职责或者法定义务所必需；

（四）为应对突发公共卫生事件，或者紧急情况下为保护自然人的生命健康和财产安全所必需；

（五）为公共利益实施新闻报道、舆论监督等行为，在合理的范围内处理个人信息；

（六）依照本法规定在合理的范围内处理个人自行公开或者其他已经合法公开的个人信息；

（七）法律、行政法规规定的其他情形。

依照本法其他有关规定，处理个人信息应当取得个人同意，但是有前款第二项至第七项规定情形的，不需取得个人同意。

第13条规定的"应当取得个人同意"太过原则，没有对同意的具体场景进行解读和限定，使众多互联网企业钻了法律的空子，前述的滴滴被罚款案件就是典型例子。在互联网时代，互联网数据服务方是掌握主动权的，提供给用户的协议或用户须知也是格式条款，用户没有更改、变动、协商的权利，要么被动接受，要么退出使用。被动接受在法律规定中也视为同意，可以说用户在其中没有更多的选择权。这里不仅仅是用户与互联网企业之间的私权契约关系，国家也应该发挥更多的公共秩序规制功能，对互联网企业或数据服务商收集、利用用户数据进行统一的标准规制，《个人信息保护法》在这里提供了很好的法律保障和合规标准，但是作为"同意"的理解不应将其单纯放置在数据服务商和用户之间，而应由国家构建起这种契约之上的国家强制力规范，对数据服务商的数据收集和后续使用进行标准化规制，免除一般用户的审查义务，即一旦用户看到数据服务商的用户须知，就清楚地知道国家对于数据服务商的数据收集、使用、相关保障措施及法律责任认定都有系统性的规制，对数据服务商进行了全面规制，一般用户将这种审查与责任追究权利交由国家统一执行，既保障了用户的知情权，又保障了数据服务商的合规，还可以推动数据合法使用及个人信息得到更完善的保护。因此，这里的"同意"应作狭义解释，即局限于用户与数据服务商之间的具体商业往来的数据收集及使用，至于这些数据的系统梳理、后续使用、收益等权属问题，交由国家通过数据相关法律统一规制。例如要求数据服务商承诺，一旦对收集到的用户信息有后续使用、传播及其他商用时，保证用户的知情权及决策权能切实得到实现，同时规定哪些数据是一般用户可以作为权利主体、哪些数据是数据服务商可以作为权利主体，并以此作为法律责任追究的依据。

在这种背景下，区块链技术自然就成为数据服务商的优选，因为区块链具备了非对称性的安全保密、全程可溯源、共识机制及智能合约机制，完美契合了上述数据流通需求。当然，区块链固有的优势也避免不了系统性的不足，因为区块链数字化加密技术和分布式账本技术去中心化特质明显，理论上，每个节点都可能被以黑客攻击的形式更改全链条的数据记载，只要符合 51% 的多数特征，就会让虚假数据成为真实并被记载和承认，同时链上资产可能瞬间化为乌有；同时由于区块链的跨国特征，一旦发生上述事故，因为国家之间的法律差异，数据确权、数据应用原则、法律权利保障都存在巨大差异，造成数据权利人无处申诉主张。这在现实中也真实发生过。例如 2022 年 10 月 7 日凌晨，全球最活跃的公链之一、智能合约平台币安链（BNB Chain）遭遇黑客攻击，黑客利用跨链桥（可以帮助实现不同区块链之间的资产流动）漏洞分两次获取，2 小时内 200 万枚币安币被洗劫一空。加上跨链被盗资产，此次黑客攻击事件涉及金额在 8.5 亿美元左右，号称史上最大区块链被盗案件。❶ 另外，区块链的一个天然不足是可延展性较差，如果海量数据上链，区块链应用和响应时间会加速延缓，数据的快捷处理优势丧失，如果出现上述跨链情况下的多个 BUG，可延展性差 + 安全无法保障，区块链风险也将指数级上升。因此，如何借助区块链技术既为数据服务商提供业务保障，保证用户的知情权、决策权、收益权，同时还能最大限度地避免区块链技术存在的天然不足，为数据服务商的数据安全、链上资产安全等提供规避举措，这是互联网企

---

❶ 观察者网：史上最大！币安旗下区块链项目被盗，案值 8.5 亿美元，https://baijiahao.baidu.com/s?id=1746113513676599880&wfr=spider&for=pc，最后访问时间：2023 年 8 月 8 日。

业努力的方向，也是国家数据相关法律立法的重点方向。

第十五条 基于个人同意处理个人信息的，个人有权撤回其同意。个人信息处理者应当提供便捷的撤回同意的方式。

个人撤回同意，不影响撤回前基于个人同意已进行的个人信息处理活动的效力。

第十六条 个人信息处理者不得以个人不同意处理其个人信息或者撤回同意为由，拒绝提供产品或者服务；处理个人信息属于提供产品或者服务所必需的除外。

上述条款从法律上给予各类用户知情权和选择权，但是在实践中可实现性较差，因为个人撤回"同意处理个人信息"的渠道不畅通，用户对数据服务商处理个人数据的方式、途径、模式都不清楚，撤回一说没有可以实现的基础。第 16 条规定的数据服务商不得因用户拒绝处理个人信息而拒绝提供服务的可实现性也较差，因为数据服务商提供服务的前提是给用户提供一个"用户须知"，长达几十页甚至上百页的协议条款让一般用户在短短几十秒或几分钟购物间隙确认，里面的内容对于用户与其购物的需求之间缺少直接的连接点，用户不可能完整阅读及领会用户须知内容，用户点击的确认同意，不代表其对内容的全部了解，这样的协议，一旦发生纠纷，应作出对数据服务商不利的解释。但实践中存在的大量个人信息泄露事件，让一般个体用户无从知晓数据泄露来源，因为在日常生活中与多个数据服务商均有签约，即使知道数据泄密，也无从下手追究责任。因此，立法的理论性与实践可行性，在 Web 3.0 时代应该有更符合时代需求的立法技巧。

《个人信息保护法》第三章规定了个人信息跨境提供的规则，从第 38 条到第 43 条，安全评估、保护认证、按照国家网信部门制定的标准合同与境外接收方订立合同、向个人告知境外接收方的具体信息等内容，在区块链应用、开源协作、人工智能（ChatGPT）应用过程中均很难实现。这三类应用涉及跨国信息提供的概率较大，从目前我国法律规定来看，三类应用对个人信息处理的自由度较高，并没有相应的法律予以合规方面的有针对性的法律规制。立法机关应从这三类技术应用场景出发，组织力量系统梳理其中可能涉及的跨境信息提供的主体、路径、方法、可能性的危害以及法律规制的切入点与具体措施，并通过补充立法或专门立法予以完善。

九、中华人民共和国数据安全法（2021）

第二条 在中华人民共和国境内开展数据处理活动及其安全监管，适用本法。

在中华人民共和国境外开展数据处理活动，损害中华人民共和国国家安全、公共利益或者公民、组织合法权益的，依法追究法律责任。

第三条 本法所称数据，是指任何以电子或者其他方式对信息的记录。

数据处理，包括数据的收集、存储、使用、加工、传输、提供、公开等。

数据安全，是指通过采取必要措施，确保数据处于有效保护和合法利用的状态，以及具备保障持续安全状态的能力。

第七条 国家保护个人、组织与数据有关的权益，鼓励数据依法合理有效利用，保障数据依法有序自由流动，促进以数据为关键要素的数字经济发展。

第八条 开展数据处理活动，应当遵守法律、法规，尊重社会公德和伦理，遵守商业道德和职业道德，诚实守信，履行数据安全保护义务，承担社会责任，不得危害国家安全、公共利益，不得损害个人、组织的合法权益。

第十条 相关行业组织按照章程，依法制定数据安全行为规范和团体标准，加强行业自律，指导会员加强数据安全保护，提高数据安全保护水平，促进行业健康发展。

第五十三条第一款 开展涉及国家秘密的数据处理活动，适用《中华人民共和国保守国家秘密法》等法律、行政法规的规定。

数据安全及数据有效使用是相结合的。由《数据安全法》上述法律规定可知，国家对数据安全从内涵界定、数据处理、安全保障都有明确的规定；对于开源软件、区块链、人工智能等特别数据处理，可能跨国跨境，其数据安全规定也有涉及。例如开源软件，目前的开源许可协议大多数是采用美国标准，虽然我国既有案例对 GPL 开源许可协议有了法律确认的先例，但应该考虑到，开源的社区标准可以是国际化跨国界，开源数据的使用、收益及权利保障却是有国界的，不同国家的知识产权法差异性巨大，开源数据在不同国家受到的专利、商标、版权、商业秘密等法律保护和合规治理是不同的。从私权角度来看，数据安全是个体行为，但从国家整体来看，数据安全是国家安全问题，所以，《数据安全法》第 10 条规定的行业，指的是国内行业组织，应承担起并充分发挥出相关行业标准、行业合规、行业治理方面的民间自治功能，给后续的司法适用提供助力，也为国内相关个人或组织的权益保障提供依据。如中国计算机行业协会开源数据库专业委员会，就是开源领域的国内行业组织，是由国内从事开源数据领域的相关企事业单位、社团组织及相关行业用户自愿组成的民间社团组织。目前在我国已有九成企业应用开源数据，但在已有的司法案例中，看到各企业采用的大多还是美国 GPL 协议等外国标准。该协会自 2018 年成立，也许成立时间较短，其社会功能还有待加强。《数据安全法》第 17 条也规定了国家推进数据开发利用技术和数据安全标准体系建设，支持企业、社会团体和教育、科研机构等参与标准制定。第 19 条规定国家建立健全数据交易管理制度，规范数据交易行为，培育数据交易市场。希望后续相关单位和组织能在开源领域发挥其应有作用，在数据安全、数据权益等方面发挥出行业专业的引领作用，为开源企业合规发展提供助力。

十、中华人民共和国网络安全法（2017）

第二十七条 任何个人和组织不得从事非法侵入他人网络、干扰他人网络正常功能、窃取网络数据等危害网络安全的活动；不得提供专门用于从事侵入网络、干扰网络正常功能及防护措施、窃取网络数据等危害网络安全活动的程序、工具；明知他人从事危害网络安全的活动的，不得为其提供技术支持、广告推广、支付结算等帮助。

第四十一条 网络运营者收集、使用个人信息，应当遵循合法、正当、必要的原则，公开收集、使用规则，明示收集、使用信息的目的、方式和范围，并经被收集者同意。

网络运营者不得收集与其提供的服务无关的个人信息，不得违反法律、行政法规的规定和双方的约定收集、使用个人信息，并应当依照法律、行政法规的规定和与用户的约定，处理其保存的个人信息。

现实情况是，即使网络运营者收集了与其提供的服务无关的个体信息，用户一般并不知情。至于网络运营者与用户之间的约定，法律将此作为私权，交由双方去界定，但正如上述《数据安全法》部分的分析一样，在互联网服务过程中，用户是弱势一方，对个人数据的收集、使用等没有真正的知情权，这种背景下的"约定"缺乏实质性意义。

因此，本法第 42 条规定的网络运营者不得泄露、篡改、毁损其收集的个人信息；未经被收集者同意，不得向他人提供个人信息，而现实就是因为用户缺乏真正的知情权和决策权而失去了法律适用的空间。除非有网络运营者与他人之间的纠纷发生，涉及网络运营者举证时，才可能适用第 41 条。但如果用户不是案件的当事人，其权益保障还是无从谈起的。

十一、中华人民共和国反不正当竞争法（2019）

第九条 经营者不得实施下列侵犯商业秘密的行为：

（一）以盗窃、贿赂、欺诈、胁迫、电子侵入或者其他不正当手段获取权利人的商业秘密；

（二）披露、使用或者允许他人使用以前项手段获取的权利人的商业秘密；

（三）违反保密义务或者违反权利人有关保守商业秘密的要求，披露、

使用或者允许他人使用其所掌握的商业秘密;

（四）教唆、引诱、帮助他人违反保密义务或者违反权利人有关保守商业秘密的要求，获取、披露、使用或者允许他人使用权利人的商业秘密。

经营者以外的其他自然人、法人和非法人组织实施前款所列违法行为的，视为侵犯商业秘密。

……

第十七条 经营者违反本法规定，给他人造成损害的，应当依法承担民事责任。

经营者的合法权益受到不正当竞争行为损害的，可以向人民法院提起诉讼。

因不正当竞争行为受到损害的经营者的赔偿数额，按照其因被侵权所受到的实际损失确定；实际损失难以计算的，按照侵权人因侵权所获得的利益确定。经营者恶意实施侵犯商业秘密行为，情节严重的，可以在按照上述方法确定数额的一倍以上五倍以下确定赔偿数额。赔偿数额还应当包括经营者为制止侵权行为所支付的合理开支。

经营者违反本法第六条、第九条规定，权利人因被侵权所受到的实际损失、侵权人因侵权所获得的利益难以确定的，由人民法院根据侵权行为的情节判决给予权利人五百万元以下的赔偿。

第二十一条 经营者以及其他自然人、法人和非法人组织违反本法第九条规定侵犯商业秘密的，由监督检查部门责令停止违法行为，没收违法所得，处十万元以上一百万元以下的罚款；情节严重的，处五十万元以上五百万元以下的罚款。

第三十二条 在侵犯商业秘密的民事审判程序中，商业秘密权利人提供初步证据，证明其已经对所主张的商业秘密采取保密措施，且合理表明商业秘密被侵犯，涉嫌侵权人应当证明权利人所主张的商业秘密不属于本法规定的商业秘密。

商业秘密权利人提供初步证据合理表明商业秘密被侵犯，且提供以下证据之一的，涉嫌侵权人应当证明其不存在侵犯商业秘密的行为：

（一）有证据表明涉嫌侵权人有渠道或者机会获取商业秘密，且其使用的信息与该商业秘密实质上相同；

（二）有证据表明商业秘密已经被涉嫌侵权人披露、使用或者有被披露、使用的风险；

（三）有其他证据表明商业秘密被涉嫌侵权人侵犯。

十二、最高人民法院关于审理侵犯商业秘密民事案件适用法律若干问题的规定（2020）

第一条 与技术有关的结构、原料、组分、配方、材料、样品、样式、植物新品种繁殖材料、工艺、方法或其步骤、算法、数据、计算机程序及其有关文档等信息，人民法院可以认定构成反不正当竞争法第九条第四款所称的技术信息。

与经营活动有关的创意、管理、销售、财务、计划、样本、招投标材料、客户信息、数据等信息，人民法院可以认定构成反不正当竞争法第九条第四款所称的经营信息。

前款所称的客户信息，包括客户的名称、地址、联系方式以及交易习惯、意向、内容等信息。

这里的"客户信息"范围中，名称和地址构成商业秘密的可能性不大，联系方式、联系人、交易习惯、客户意向（需求）、交易内容等信息如果企业作了定制化梳理和跟踪，即使客户最终没有交易成功，只要采取了保密措施且客户相关信息非公知等，也可能构成商业秘密。

第二条 当事人仅以与特定客户保持长期稳定交易关系为由，主张该特定客户属于商业秘密的，人民法院不予支持。

客户基于对员工个人的信赖而与该员工所在单位进行交易，该员工离职后，能够证明客户自愿选择与该员工或者该员工所在的新单位进行交易的，人民法院应当认定该员工没有采用不正当手段获取权利人的商业秘密。

这里的"基于信赖的自愿交易"，需要离职员工举证，且交易过程中并没有涉及原单位该保密的技术信息等。如果离职员工让客户证明是自愿交易，但客户实际上使用了原单位的技术秘密，那么仍然构成侵权；如果能够证明客户知晓离职员工和原单位的关系，并持续让离职员工及新单位参与客户工作，客户还可能因此构成共同侵权。

第四条 具有下列情形之一的，人民法院可以认定有关信息为公众所知悉：

（一）该信息在所属领域属于一般常识或者行业惯例的；

（二）该信息仅涉及产品的尺寸、结构、材料、部件的简单组合等内容，所属领域的相关人员通过观察上市产品即可直接获得的；

（三）该信息已经在公开出版物或者其他媒体上公开披露的；

（四）该信息已通过公开的报告会、展览等方式公开的；

（五）所属领域的相关人员从其他公开渠道可以获得该信息的。

将为公众所知悉的信息进行整理、改进、加工后形成的新信息，符合本规定第三条规定的，应当认定该新信息不为公众所知悉。

本条款是关于非公知性的反向认定，即消极认定标准，通常作为商业秘密非公知性鉴定的排查依据。但是在目前开源数据普遍应用、区块链技术深入发展、人工智能快速推进的背景下，此类查新已不足以排除商业秘密信息通过数据公开的方式导致其公知性的可能。具体到纠纷解决过程中，被告需要列举抗辩证据否定原告的商业秘密诉求。因此，此条是列举性条款，重点内容不仅在前五项，如果有其他可以佐证本信息公知的，同样可以作为抗辩证据使用。这应该引起原、被告的共同注意。

第五条 权利人为防止商业秘密泄露，在被诉侵权行为发生以前所采取的合理保密措施，人民法院应当认定为反不正当竞争法第九条第四款所称的相应保密措施。

人民法院应当根据商业秘密及其载体的性质、商业秘密的商业价值、保密措施的可识别程度、保密措施与商业秘密的对应程度以及权利人的保密意愿等因素，认定权利人是否采取了相应保密措施。

第六条 具有下列情形之一，在正常情况下足以防止商业秘密泄露的，人民法院应当认定权利人采取了相应保密措施：

（一）签订保密协议或者在合同中约定保密义务的；

（二）通过章程、培训、规章制度、书面告知等方式，对能够接触、获取商业秘密的员工、前员工、供应商、客户、来访者等提出保密要求的；

（三）对涉密的厂房、车间等生产经营场所限制来访者或者进行区分管理的；

（四）以标记、分类、隔离、加密、封存、限制能够接触或者获取的人员范围等方式，对商业秘密及其载体进行区分和管理的；

（五）对能够接触、获取商业秘密的计算机设备、电子设备、网络设备、存储设备、软件等，采取禁止或者限制使用、访问、存储、复制等措施的；

（六）要求离职员工登记、返还、清除、销毁其接触或者获取的商业秘密及其载体，继续承担保密义务的；

（七）采取其他合理保密措施的。

上述两条对"保密措施"的采取时间及采取方式作了具体的规定。保密措施应该是在被诉侵权行为发生以前采取，并符合第6条的七类情形之一。这里的保密措施不要求万无一失，强调的是"正常情况下足以防止商业秘密泄露"的"相应保密措施"。这七类措施侧重于传统型商业秘密，对于开源类与人工智能类叠加区块链技术的商业秘密的保密措施不一定适用。理论上属于第6条第7款的兜底条款内容，实际中应结合开源、人工智能特征与区块链技术的技术优势，制定相应的保密措施并严格执行。例如对使用开源软件的企业，应首先审查开源许可协议的类型及构成商业秘密的可行性，再结合区块链特征，对可构成商业秘密的开源数据如何做好上链前后的保密工作进行细化。

第七条 权利人请求保护的信息因不为公众所知悉而具有现实的或者潜在的商业价值的，人民法院经审查可以认定为反不正当竞争法第九条第四款所称的具有商业价值。

生产经营活动中形成的阶段性成果符合前款规定的，人民法院经审查可以认定该成果具有商业价值。

第八条 被诉侵权人以违反法律规定或者公认的商业道德的方式获取权利人的商业秘密的，人民法院应当认定属于反不正当竞争法第九条第一款所称的以其他不正当手段获取权利人的商业秘密。

第九条 被诉侵权人在生产经营活动中直接使用商业秘密，或者对商业秘密进行修改、改进后使用，或者根据商业秘密调整、优化、改进有关生产经营活动的，人民法院应当认定属于反不正当竞争法第九条所称的使用商业秘密。

第8条、第9条两条内容是对不正当手段相关内容的列举性规定。哪怕被诉侵权人对获取的商业秘密优化升级，法律一样认定其侵权行为成立。这对于数据类商业秘密的保护具有特殊意义，因为区块链技术下的开源软件、人工智能等数据化商业秘密的主流是源代码及其作为载体的数据系统，员工离职跳槽到竞争对手公司、员工在职期间另立门户、员工专门成立的侵权公司等都可以算作有违商业道德，在此过程中，法律意识不强的员工及其侵权公司可能会原版照搬原单位的商业秘密，有一些法律意识较强的员工及其侵权公司则会对原先的商业秘密进行优化升级，以规避侵权。上述两条规定在一定程度上对商业秘密侵权行为起到了很好的法律规制，但是具体的修改、调整、优化、改进的认定，实践中需要慎重，只有先确认商业秘密成立，才能据此展开侵权排查工作。

第十一条 法人、非法人组织的经营、管理人员以及具有劳动关系的其他人员，人民法院可以认定为反不正当竞争法第九条第三款所称的员工、前员工。

第十二条 人民法院认定员工、前员工是否有渠道或者机会获取权利人的商业秘密，可以考虑与其有关的下列因素：

（一）职务、职责、权限；

（二）承担的本职工作或者单位分配的任务；

（三）参与和商业秘密有关的生产经营活动的具体情形；

（四）是否保管、使用、存储、复制、控制或者以其他方式接触、获取商业秘密及其载体；

（五）需要考虑的其他因素。

上述两条是对"员工、前员工"的认定标准及其"接触"商业秘密的可能性情形的列举性法律规定。判定商业秘密侵权的一个重要标准是"有接触的可能"，如果商业秘密存在，被诉侵权信息与商业秘密具有同一性，却没有"接触的可能"，也不能认定构成侵权。第12条列举了有"接触可能"的五类情形，其中第五类情形是兜底条款。

在元宇宙情境中，这两条规定面临着适用不能的情形，刚刚过去的新冠疫情已经有类似的情形出现。如美国一家公司的程序员拿着25万美元的年薪，以5万美元的外包价格，将其工作内容打包给了中国程序员，最终被公司安全部门发现来自中国的，并以该美国程序员的名义登录的多个记录而东窗事发。❶ 这里的中国程序员并不是公司的员工或前员工，因为他和该公司没有劳动关系，但通过美国程序员并以该程序员名义经常性登录公司内网，又和公司员工一样有接触公司商业秘密的可能。在以后元宇宙发展到一定阶段，互联网发展到第四阶段，企业员工的定义可能会

---

❶ 池墨博士：中国程序员有多牛？美国程序外包给中国程序员？https：//baijiahao.baidu.com/s?id=1753518642825259493&wfr=spider&for=pc，最后访问时间：2023年8月8日。

发生变化，或者说劳动关系的内涵可能会发生变化，类似上述案例的情形会越来越多，只不过公司由被动隐瞒变为主动调控，只要能满足企业的任务需求，并有相关规章制度调控，劳动关系即可建立。在这种情形下，企业可能性的、承担商业秘密外泄责任的相关人员范围会有一个对应性变化，员工的内涵范围可能变大，员工的身份属性逐渐模糊，企业大部分工作将被 AI 人工智能机器人取代，自然人身份属性的员工与企业之间可能更多地演变为合作关系。

第十三条 被诉侵权信息与商业秘密不存在实质性区别的，人民法院可以认定被诉侵权信息与商业秘密构成反不正当竞争法第三十二条第二款所称的实质上相同。

人民法院认定是否构成前款所称的实质上相同，可以考虑下列因素：

（一）被诉侵权信息与商业秘密的异同程度；

（二）所属领域的相关人员在被诉侵权行为发生时是否容易想到被诉侵权信息与商业秘密的区别；

（三）被诉侵权信息与商业秘密的用途、使用方式、目的、效果等是否具有实质性差异；

（四）公有领域中与商业秘密相关信息的情况；

（五）需要考虑的其他因素。

第十四条 通过自行开发研制或者反向工程获得被诉侵权信息的，人民法院应当认定不属于反不正当竞争法第九条规定的侵犯商业秘密行为。

前款所称的反向工程，是指通过技术手段对从公开渠道取得的产品进行拆卸、测绘、分析等而获得该产品的有关技术信息。

被诉侵权人以不正当手段获取权利人的商业秘密后，又以反向工程为由主张未侵犯商业秘密的，人民法院不予支持。

上述两条中，第 13 条是对涉嫌侵权信息与商业秘密之间实质上相同的认定标准，列举了五种实质上相同的情形，满足其一即可认定实质上相同，其中第三种情形被诉侵权信息与商业秘密的用途、使用方式、目的、效果等是否具有实质性差异，实践中常用来作为实质上相同的认定具体依据。第 14 条是对以自行研发、反向工程为代表的对商业秘密权进行限制的具体规定，需要抗辩人对自行研发及反向工程信息来源合法性提供证明材料。

在元宇宙情境中，区块链技术的广泛应用，对自行研发、反向工程的来源合法性提供了很好的印证路径，除非是黑客技术加持，权利人举证或被诉侵权人抗辩都可因为区块链技术而节省大量举证成本，而且元宇宙作为数据宇宙，开源软件或人工智能等数据中的商业秘密用途、使用方式、目的和效果等的实质性差异也会因为区块链技术的全程可追溯性及共识机制等特征得到快速验证。

第十五条　被申请人试图或者已经以不正当手段获取、披露、使用或者允许他人使用权利人所主张的商业秘密，不采取行为保全措施会使判决难以执行或者造成当事人其他损害，或者将会使权利人的合法权益受到难以弥补的损害的，人民法院可以依法裁定采取行为保全措施。

前款规定的情形属于民事诉讼法第一百条、第一百零一条所称情况紧急的，人民法院应当在四十八小时内作出裁定。

本条是商业秘密行为保全的法律规定。权利人申请行为保全的条件比较宽松，只要有证据证明被申请人试图或者已经以不正当手段获取、披露、使用或者允许他人使用权利人所主张的商业秘密，只有采取行为保全才能避免使权利人的合法权益受到难以弥补的损害，就达到了申请行为保全的条件。这里的"试图"实质上降低了行为保全的门槛。

具体到行为保全的方式，包括诉（仲裁）前保全和诉中保全。诉（仲裁）前保全的申请要符合《中华人民共和国民事诉讼法》（2024）第 104 条规定的条件，诉中保全的申请要符合《中华人民共和国民事诉讼法》

(2024）第 103 条规定的条件。❶ 在元宇宙背景下，就目前的开源软件或一般软件做成的数据系统，如果涉及商业秘密，侵权方掌握了数据系统日志的覆盖规律（数据每一循环的数量及覆盖时间等），有随时篡改软件数据❷、灭失商业秘密侵权的可能，权利方可以申请诉（仲裁）前保全或诉中保全。申请诉（仲裁）前保全，申请人必须提供担保，申请诉中保全，法官可以根据实际情况决定是否需要提供担保。当然，如果有区块链技术＋开源软件（或一般软件数据系统），这种风险可能会大幅度降低，但是企业的成本会有所增加，是否采用取决于企业的态度和投入产出比的衡量。

第十七条 人民法院对于侵犯商业秘密行为判决停止侵害的民事责任时，停止侵害的时间一般应当持续到该商业秘密已为公众所知悉时为止。

依照前款规定判决停止侵害的时间明显不合理的，人民法院可以在依法保护权利人的商业秘密竞争优势的情况下，判决侵权人在一定期限或者范围内停止使用该商业秘密。

第十八条 权利人请求判决侵权人返还或者销毁商业秘密载体，清除其控制的商业秘密信息的，人民法院一般应予支持。

第十九条 因侵权行为导致商业秘密为公众所知悉的，人民法院依法

---

❶ 第 103 条规定：人民法院对于可能因当事人一方的行为或者其他原因，使判决难以执行或者造成当事人其他损害的案件，根据对方当事人的申请，可以裁定对其财产进行保全、责令其作出一定行为或者禁止其作出一定行为；当事人没有提出申请，人民法院在必要时也可以裁定采取保全措施。人民法院采取保全措施，可以责令申请人提供担保，申请人不提供担保的，裁定驳回申请。人民法院接受申请后，对情况紧急的，必须在四十八小时内作出裁定；裁定采取保全措施的，应当立即开始执行。第 104 条规定：利害关系人因情况紧急，不立即申请保全将会使其合法权益受到难以弥补的损害的，可以在提起诉讼或者申请仲裁前向被保全财产所在地、被申请人住所地或者对案件有管辖权的人民法院申请采取保全措施。申请人应当提供担保，不提供担保的，裁定驳回申请。人民法院接受申请后，必须在四十八小时内作出裁定；裁定采取保全措施的，应当立即开始执行。申请人在人民法院采取保全措施后三十日内不依法提起诉讼或者申请仲裁的，人民法院应当解除保全。

❷ 在这方面，数据系统的系统日志并不是无限期保存和记录，如同摄像机录制内存有限制，一旦系统内存达到设定阈，后续内容将覆盖以前的内容。《区块链信息服务管理规定》（2019）第 17 条也规定，区块链信息服务提供者应当记录区块链信息服务使用者发布内容和日志等信息，记录备份应当保存不少于六个月，并在相关执法部门依法查询时予以提供。

确定赔偿数额时，可以考虑商业秘密的商业价值。

人民法院认定前款所称的商业价值，应当考虑研究开发成本、实施该项商业秘密的收益、可得利益、可保持竞争优势的时间等因素。

第二十条 权利人请求参照商业秘密许可使用费确定因被侵权所受到的实际损失的，人民法院可以根据许可的性质、内容、实际履行情况以及侵权行为的性质、情节、后果等因素确定。

人民法院依照反不正当竞争法第十七条第四款❶确定赔偿数额的，可以考虑商业秘密的性质、商业价值、研究开发成本、创新程度、能带来的竞争优势以及侵权人的主观过错、侵权行为的性质、情节、后果等因素。

上述四条规定了侵害商业秘密的四大责任方式：停止侵害、返还或者销毁商业秘密载体、清除其控制的商业秘密信息、赔偿损失。其中，赔偿损失包括商业秘密被泄密公开时的商业价值赔偿计算标准、许可使用费的赔偿计算标准、法定赔偿时的赔偿计算标准。区块链模式下的商业秘密使用许可使用的是智能合约，许可对象、许可期限、许可金额以及交易过程可以全程追溯，真实性、合法性及关联性得以保障，能为权利人的损失赔偿提供法定证据的支撑。

第二十四条 权利人已经提供侵权人因侵权所获得的利益的初步证据，但与侵犯商业秘密行为相关的账簿、资料由侵权人掌握的，人民法院可以根据权利人的申请，责令侵权人提供该账簿、资料。侵权人无正当理由拒不提供或者不如实提供的，人民法院可以根据权利人的主张和提供的证据认定侵权人因侵权所获得的利益。

第二十七条 权利人应当在一审法庭辩论结束前明确所主张的商业秘密具体内容。仅能明确部分的，人民法院对该明确的部分进行审理。

权利人在第二审程序中另行主张其在一审中未明确的商业秘密具体内

---

❶ 《反不正当竞争法》第17条第4款规定，经营者违反本法第6条、第9条规定，权利人因被侵权所受到的实际损失、侵权人因侵权所获得的利益难以确定的，由人民法院根据侵权行为的情节判决给予权利人五百万元以下的赔偿。

容的，第二审人民法院可以根据当事人自愿的原则就与该商业秘密具体内容有关的诉讼请求进行调解；调解不成的，告知当事人另行起诉。双方当事人均同意由第二审人民法院一并审理的，第二审人民法院可以一并裁判。

上述两条对举证责任分担作了详细解释。作为权利人，其已经提供侵权人因侵权所获得的利益的初步证据后，于具体的侵权获益的佐证材料，如与侵犯商业秘密行为相关的账簿、资料，一般是由侵权人掌握的，权利人不可能正常获取，这种情况下，权利人可以申请人民法院责令侵权人提供。通过举证质证环节，权利人应该明确商业秘密的具体内容，相比起诉时，可能在秘密点和其他商业秘密内容方面有所变化，对此，法律规定了权利人明确商业秘密具体内容的最终时限是一审法庭辩论结束前，人民法院以此作为审理的对象。

在元宇宙情境下，尤其是区块链技术的加持，即使权利人不掌握账本等资料，区块链共识机制、智能合约机制及可溯源机制也能够保证侵权的商业秘密数据信息相关过程记录和内容记录。可以在日常经营中对员工及合作方宣传区块链这一机制，起到一定的宣传和警示作用，减少侵权的概率。一旦发生侵权，这一机制还能够大大减轻权利人的举证责任并更大限度地保证权利人的损失赔偿效果。这也是权利人利用区块链保护商业秘密的原动力。但当企业客户是国家机关，或其他需要对外保密或有阻却区块链跨链融合的业务客户，本条款可以作为举证责任分配的利器。

第二十八条 人民法院审理侵犯商业秘密民事案件，适用被诉侵权行为发生时的法律。被诉侵权行为在法律修改之前已经发生且持续到法律修改之后的，适用修改后的法律。

本条规定了侵犯商业秘密案件的法律适用原则，具体以侵权行为发生的期限是否持续到法律修改之后为适用标准，最大限度地保障商业秘密权利人的合法权益。因为商业秘密的非公示性，侵害商业秘密行为一般隐藏较深，很难被权利人发现，一旦发现，往往是侵害行为已经发生并且造成了一定的损害。这对权利人提出了商业秘密保护的高标准，实践中很多权利人也是因为超过诉讼时效而无法保障其合法权益。元宇宙下的区块链模式能够以自动模式记录下相关商业秘密的使用轨迹，如果权利人在企业内部商业秘密保护的专门部门组建、规章制度构建、执行流程严格、宣传教育到位等综合手段方面做到日常合规，一旦发生纠纷，区块链模式会起到意想不到的效果。

十三、最高人民法院关于审理侵害知识产权民事案件适用惩罚性赔偿的解释（2021）

第一条 原告主张被告故意侵害其依法享有的知识产权且情节严重，请求判令被告承担惩罚性赔偿责任的，人民法院应当依法审查处理。

……

第二条 原告请求惩罚性赔偿的，应当在起诉时明确赔偿数额、计算方式以及所依据的事实和理由。

原告在一审法庭辩论终结前增加惩罚性赔偿请求的，人民法院应当准许；在二审中增加惩罚性赔偿请求的，人民法院可以根据当事人自愿的原则进行调解，调解不成的，告知当事人另行起诉。

上述两条首先规定了惩罚性赔偿的标准：故意+情节严重，是对《中华人民共和国民法典》第179条和第1185条的具体化；同时规定了惩罚性赔偿诉求的提出法定时间：起诉时最晚在一审法庭辩论终结前。因为一般商业秘密侵权案件，不但商业秘密具体内容确定难，而且商业秘密侵权行为是否恶意及情节是否严重，只有通过法定调查、举证质证、法庭辩论环节，权利人才能有所明确，并在此基础上进行商业秘密内容及惩罚性赔偿诉求的最终确认。这在立法理念是倾向于商业秘密权利人的，也为严厉打击商业秘密侵权、规范知识产权秩序奠定基础并提供法治保障。

第三条 对于侵害知识产权的故意的认定，人民法院应当综合考虑被侵害知识产权客体类型、权利状态和相关产品知名度、被告与原告或者利害关系人之间的关系等因素。

对于下列情形，人民法院可以初步认定被告具有侵害知识产权的故意：

（一）被告经原告或者利害关系人通知、警告后，仍继续实施侵权行为的；

（二）被告或其法定代表人、管理人是原告或者利害关系人的法定代表人、管理人、实际控制人的；

（三）被告与原告或者利害关系人之间存在劳动、劳务、合作、许可、经销、代理、代表等关系，且接触过被侵害的知识产权的；

（四）被告与原告或者利害关系人之间有业务往来或者为达成合同等进行过磋商，且接触过被侵害的知识产权的；

（五）被告实施盗版、假冒注册商标行为的；

（六）其他可以认定为故意的情形。

第四条 对于侵害知识产权情节严重的认定，人民法院应当综合考虑侵权手段、次数，侵权行为的持续时间、地域范围、规模、后果，侵权人在诉讼中的行为等因素。

被告有下列情形的，人民法院可以认定为情节严重：

（一）因侵权被行政处罚或者法院裁判承担责任后，再次实施相同或者类似侵权行为；

（二）以侵害知识产权为业；

（三）伪造、毁坏或者隐匿侵权证据；

（四）拒不履行保全裁定；

（五）侵权获利或者权利人受损巨大；

（六）侵权行为可能危害国家安全、公共利益或者人身健康；

（七）其他可以认定为情节严重的情形。

以上两条对惩罚性赔偿的"故意+情节严重"，分别列举了六类"故意"的情形和七类"情节严重"的情形，符合其一即可认定惩罚性赔偿条件成就。这些列举性条款的最后一款都是兜底性条款。

在元宇宙背景下，侵害商业秘密的技术性员工或销售型员工，因其掌握了权利人的经营秘密或技术秘密，而符合"被告与原告或者利害关系人之间存在劳动、劳务、合作、许可、经销、代理、代表等关系，且接触过被侵害的知识产权的"故意情形。这在开源或区块链或人工智能背景下的数据跨境传输的事实中已经真实发生。区块链及开源软件上的商业秘密"元数据"因为可能包含国家涉密信息等而符合"侵权行为可能危害国家安全、公共利益或者人身健康"的情节严重一类；甚至有的侵权人将权利人的商业秘密相关信息，如涉及国家安全机关人员（或其他保密人员）名单的数据内容，作为其申请软件著作权的内容，可能违反保守国家秘密法而达到情节严重的标准。

第五条 人民法院确定惩罚性赔偿数额时，应当分别依照相关法律，以原告实际损失数额、被告违法所得数额或者因侵权所获得的利益作为计算基数。该基数不包括原告为制止侵权所支付的合理开支；法律另有规定的，依照其规定。

前款所称实际损失数额、违法所得数额、因侵权所获得的利益均难以计算的，人民法院依法参照该权利许可使用费的倍数合理确定，并以此作为惩罚性赔偿数额的计算基数。

……

第六条 人民法院依法确定惩罚性赔偿的倍数时，应当综合考虑被告主观过错程度、侵权行为的情节严重程度等因素。

因同一侵权行为已经被处以行政罚款或者刑事罚金且执行完毕，被告主张减免惩罚性赔偿责任的，人民法院不予支持，但在确定前款所称倍数时可以综合考虑。

上述两个条款规定了惩罚性赔偿的计算基数标准（以原告实际损失数额、被告违法所得数额、因侵权所获得的利益或该权利许可使用费的倍数为准，不包括原告为制止侵权所支付的合理开支）及赔偿倍数标准（应当综合考虑被告主观过错程度、侵权行为的情节严重程度等因素），也是对《中华人民共和国民法典》第 179 条和第 1185 条规定的回应。惩罚性赔偿的具体倍数标准没有在这里明确，更多是遵循《中华人民共和国反不正当竞争法》第 17 条第 3 款的部分规定：经营者恶意实施侵犯商业秘密行为，情节严重的，可以在按照上述方法确定数额的一倍以上五倍以下确定赔偿数额。

元宇宙区块链模式下的数据化商业秘密侵权的"故意＋情节严重"由互联网在线全程记录并可溯源，大大减轻了权利人的举证责任，从而加重了侵权人的受惩罚力度。随着元宇宙虚拟世界建设的深入，篡改区块链记录、破坏区块链安全保密系统、设置虚假共识机制与智能合约的成本可能会降低，一旦其成本降到侵权人获益的一定比例，这种对权利人有利的区块链证明数据系统可能会变为对侵权人有利的反证系统，如何避免及应对，是今后元宇宙区块链模式下商业秘密保护应该重点考虑的问题。权利人可以尝试在区块链技术之外，同步采用传统型的在线邮件保密传输保存或企业内部设置登录权限的数据系统保存，作为备份，也是一种配套解决方案。

十四、最高人民检察院、国家知识产权局关于强化知识产权协同保护的意见（2022）

为深入贯彻党中央关于全面加强知识产权保护的决策部署，认真落实中共中央、国务院印发的《知识产权强国建设纲要（2021—2035 年）》和国务院印发的《"十四五"国家知识产权保护和运用规划》，最高人民检察院、国家知识产权局优化协作配合机制，强化协同保护力度，整合知识产权行政和司法资源，深化知识产权管理部门与检察机关在知识产权保护工作中的合作，共同推动构建知识产权"严保护、大保护、快保护、同保护"工作格局。建立常态化联络机制（明确联络机构、建立会商机制）、建立健全信息共享机制（建立关联案件双向通报制度、健全信息通报制度、推动建立信息共享平台）、加强业务支撑（完善专家咨询库和技术调查官人才库建设、加强业务协助）、加大办案协作力度（建立线索双向移送机制、建立重大案件共同挂牌督办制度、推进跨区域协作共建）、加强人才交流培训（建立人才交流机制、探索开展同堂培训）、深化研究合作（开展联合调研、组织业务研讨）、加强宣传配合和国际合作（加强宣传配合、深化国际交流合作）、建立奖惩机制（建立健全奖优惩劣制度）八大项内容。

全国各地跟进贯彻执行。例如，山东省出台了《山东省高级人民法院、山东省人民检察院知识产权审判与检察职能衔接合作框架协议》《山东省人民检察院、山东省公安厅知识产权检察与侦查职能衔接合作框架协议》《山东省人民检察院、山东省市场监督管理局关于建立健全知识产权行政执法与刑事司法衔接合作框架协议》《山东省人民检察院检察办公室、山东省公安厅知识产权支队关于加强知识产权犯罪办案联系协作工作机制》《山东省人民检察院检察办公室、山东省律师协会业务指导部关于加强知识产权综合司法保护检律协作框架协议》。上述框架协议为知识产权综合执法司法提供了依据，提高了知识产权办案效率。在互联网时代，当前已进入大数据社会的深水区，商业秘密呈现出数据化特质，尤其是开源软件、人工智能与区块链的结合，单纯的执法手段、执法力量薄弱，无法有效应对复杂多变的数据安全问题，通过这种跨部门协作执法与司法，可以有效调动知识产权多领域力量更好地实现知识产权保护效力。

十五、最高人民法院关于知识产权民事诉讼证据的若干规定（2020）

第一条 知识产权民事诉讼当事人应当遵循诚信原则，依照法律及司法解释的规定，积极、全面、正确、诚实地提供证据。

第二条 当事人对自己提出的主张，应当提供证据加以证明。……

第十九条 人民法院可以对下列待证事实的专门性问题委托鉴定：

……

（三）当事人主张的商业秘密与所属领域已为公众所知悉的信息的异同、被诉侵权的信息与商业秘密的异同；

……

上述条款规定了知识产权案件的举证原则：谁主张谁举证，提供证据应积极、全面、正确、诚实。商业秘密案件比较特殊，举证内容和举证原则在此基础上以《反不正当竞争法》及《最高人民法院关于审理侵犯商业秘密民事案件适用法律若干问题的规定》为准。同时本规定第 19 条规定了知识产权鉴定的范围，尤其是商业秘密鉴定，应该是商业秘密的非公知性、同一性鉴定，没有区分经营秘密还是技术秘密或其他商业信息的秘密范围，即只要是商业秘密，都可以委托鉴定，具体范围由主办法官根据实际情况灵活确定。

第三十二条 当事人主张参照知识产权许可使用费的合理倍数确定赔偿数额的，人民法院可以考量下列因素对许可使用费证据进行审核认定：

（一）许可使用费是否实际支付及支付方式，许可使用合同是否实际履行或者备案；

（二）许可使用的权利内容、方式、范围、期限；

（三）被许可人与许可人是否存在利害关系；

（四）行业许可的通常标准。

本条对当知识产权损失赔偿的依据是许可使用费的合理倍数时，确定许可使用费的四大要素予以了明确。梳理后发现，人民法院审查确定许可使用费时的考量因素从权利范畴、是否实际履行、许可双方的利害关系排除及行业许可的通常标准四个方面综合考量，显示了司法办案对许可使用费的从严把握原则。实务中，元宇宙各个阶段的数据传输、许可使用等，在区块链技术模式下，一般因其全程可追溯性、安全保密性等特质，人民法院在区块链证据认定反而给予了特别效力认定。《最高人民法院关于互联网法院审理案件若干问题的规定》（2018）第 11 条中规定，当事人提交的电子数据，通过电子签名、可信时间戳、哈希值校验、区块链等证据收集、固定和防篡改的技术手段或者通过电子取证存证平台认证，能够证明其真实性的，互联网法院应当确认。

十六、中华人民共和国刑法（2020）

第二百一十九条 有下列侵犯商业秘密行为之一，情节严重的，处三年以下有期徒刑，并处或者单处罚金；情节特别严重的，处三年以上十年以下有期徒刑，并处罚金：

（一）以盗窃、贿赂、欺诈、胁迫、电子侵入或者其他不正当手段获取权利人的商业秘密的；

（二）披露、使用或者允许他人使用以前项手段获取的权利人的商业秘密的；

（三）违反保密义务或者违反权利人有关保守商业秘密的要求，披露、使用或者允许他人使用其所掌握的商业秘密的。

明知前款所列行为，获取、披露、使用或者允许他人使用该商业秘密的，以侵犯商业秘密论。

本条所称权利人，是指商业秘密的所有人和经商业秘密所有人许可的商业秘密使用人。

第二百一十九条之一 为境外的机构、组织、人员窃取、刺探、收买、非法提供商业秘密的，处五年以下有期徒刑，并处或者单处罚金；情节严重的，处五年以上有期徒刑，并处罚金。

第二百二十条 单位犯本节第二百一十三条至第二百一十九条之一规定之罪的，对单位判处罚金，并对其直接负责的主管人员和其他直接责任人员，依照本节各该条的规定处罚。

与《反不正当竞争法》第9条关于商业秘密的规定相比，上述条款在侵害商业秘密情形上，梳理汇总了四类侵权情形，将《反不正当竞争法》第9条的六类侵权情形予以了凝练：一是侵权主体上，没有具体区分经营者与经营者以外的其他自然人、法人和非法人组织，将侵害主体设为一般主体；二是将《反不正当竞争法》第9条"教唆、引诱、帮助他人违反保密义务或者违反权利人有关保守商业秘密的要求"归为"明知"范畴，更简洁精准；三是对商业秘密权利人内涵进行了界定，明确为商业秘密所有人和经商业秘密所有人许可的商业秘密使用人。

上述条款在侵害商业秘密罪定罪标准上，区分了一般侵害商业秘密和商业秘密间谍犯罪两类情形：一般侵害商业秘密罪采取的是结果犯定罪标准；对于商业秘密间谍犯罪行为，去掉了"情节严重"的基本定罪标准，采取行为犯的定罪标准。

十七、中华人民共和国刑事诉讼法（2018）

第一百零一条 被害人由于被告人的犯罪行为而遭受物质损失的，在刑事诉讼过程中，有权提起附带民事诉讼。被害人死亡或者丧失行为能力的，被害人的法定代理人、近亲属有权提起附带民事诉讼。

如果是国家财产、集体财产遭受损失的，人民检察院在提起公诉的时候，可以提起附带民事诉讼。

第二百零八条第一款 人民法院审理公诉案件，应当在受理后二个月以内宣判，至迟不得超过三个月。对于可能判处死刑的案件或者附带民事诉讼的案件，以及有本法第一百五十八条规定情形之一的，经上一级人民法院批准，可以延长三个月；因特殊情况还需要延长的，报请最高人民法院批准。

上述条款规定了被害人提起刑事附带民事诉讼的条件是"由于被告人的犯罪行为"而遭受"物质损失"；人民检察院提起刑事附带民事诉讼的条件是"国家财产、集体财产"遭受损失。相比一般刑事案件，附带民事案件可以有三个月的延长期。

法律规定的刑事附带民事案件启动的基础是"财产"或"物质"遭受损失。至于"财产"或"物质"具体是什么，法律没有明确界定，这也造成了部分司法实践中的适用混乱。尤其是在知识产权案件中，刑事附带民事是否可以适用，截至目前依然是司法实践中的办案难点。

虽然我国早在1996年就于上海市浦东新区人民法院成立了全国首家知

识产权庭——上海市浦东新区人民法院，并诞生了知识产权审判的"三合一浦东审判模式"，即由知识产权庭统一审理知识产权民事、行政和刑事案件，为全国法院的知识产权审判提供了可复制、可推广的宝贵经验。全国各地法院也充分发挥"三合一"制度和优势，积极探索知识产权刑民交叉案件中的刑事附带民事程序的推行，通过在刑事案件审理中积极开展民事调解、和解工作，充分考量被害人的谅解情况，促进刑事和解，最大限度地保护权利人的经济利益。❶ 但是对于知识产权是否为财产权、知识产权客体是否为"财产"或"物质"并没有达成司法共识。实践中有的案件支持了知识产权的刑事附带民事的诉讼请求，但是也有很多案件没有支持刑事附带民事的诉讼请求，同时在知识产权全链条办案过程中，公安、人民检察院、人民法院对于知识产权客体的"物质"或"财产"属性的认知也不相同。检察院在办案过程中倾向于肯定知识产权客体的"物质"或"财产"属性，支持刑事附带民事起诉。❷ 相关法院的判决有的支持权利人在刑事诉讼程序中的附带民事诉讼请求判例❸，但也有一些人民法院并不支持知识产权刑事诉讼中的附带民事诉讼，例如北京、江苏、广东等多个省市的一些人民法院对知识产权刑事案件被害人提起的附带民事诉讼不予受理或者驳回起诉。❹ 其差异的一个重要原因就是各方对于知识产权客体是否属于"财产"或"物质"的认识不统一。

尤其是当前大数据时代网络发展迅猛，第三代互联网的推进已然与元宇宙的发展紧密联系在一起。毋庸置疑，社会已经进入数据化时代，各类数据在政治、经济、文化、军事等领域已全面生成并广泛普及，"财产"或"物质"的内涵已从众多传统的有形物质向当前的无形数据转变，有的

---

❶ 刘婧：《"三合一"审判助力知产强国建设——知识产权审判"三合一"改革试点20周年回顾》，《人民法院报》2016年7月8日第四版。

❷ 详见刘丽娜：《克服认定难点优化知识产权刑民交叉案件办理》，《检察日报理论版》2023年4月17日。

❸ (2022) 浙0382刑初957号，https://mp.weixin.qq.com/s?_biz=MzkzMjE5Njk5MQ==&mid=2247484897&idx=1&sn=d60203111232cc5e8c0a002015351eda，最后访问时间：2023年8月13日。

❹ 王现辉：知识产权罪辩护律师：知识产权犯罪可否提起刑事附带民事诉讼？https://baijiahao.baidu.com/s?id=1716729182295345198&wfr=spider&for=pc，最后访问时间：2023年8月13日。

数据可能有有形的物质载体，但也有更多的数据没有有形物质作载体，这并不妨碍这些数据的有用性和实效性。因此，作为全面推进依法治国的一个重要内容，与时俱进地更新立法理念、提升立法效果是当前面临的重要课题。在知识产权领域中，商业秘密作为权利人自我确权型知识产权，缺乏公示性、权利人维护成本高、容易遭受侵权伤害。因此，权利人希望借助刑事程序实现其合法权益最大化保护无可厚非，同样因为商业秘密的非公示性，加之当前开源软件、区块链、人工智能等计算机相关技术的加持，侵害商业秘密呈现泛化现象。原先众多商事主体、企业员工等不清楚商业秘密的存在和法治化保护，现在虽然通过各方努力，这一现象大有改观，但随之而来的是侵害商业秘密现象更多地被暴露出来，这从逐渐增长的市场监管系统的行政执法数量，公安机关、人民检察院与人民法院的办案数量就能够反映出来。尤其是知识产权数据化的角色转变，数据知识产权面临数据易逝、数据跨国流动、开源软件跨国流行、企业数据化知识产权意识滞后等一系列问题逐渐呈现。

在这种情形下，如果知识产权客体的"物质"或"财产"属性不能在法治环境下被确认，权利人无法通过刑事附带民事程序高效实现其合法权益法治化保护结果，营商环境将遭到严重破坏，司法效率和司法公信力也将产生国内乃至国际上的质疑，最终影响国家发展。

十八、最高人民法院关于适用《中华人民共和国刑事诉讼法》的解释（2021）

第七十二条　应当运用证据证明的案件事实包括：
（一）被告人、被害人的身份；
（二）被指控的犯罪是否存在；
（三）被指控的犯罪是否为被告人所实施；
（四）被告人有无刑事责任能力，有无罪过，实施犯罪的动机、目的；
（五）实施犯罪的时间、地点、手段、后果以及案件起因等；
（六）是否系共同犯罪或者犯罪事实存在关联，以及被告人在犯罪中的地位、作用；

（七）被告人有无从重、从轻、减轻、免除处罚情节；

（八）有关涉案财物处理的事实；

（九）有关附带民事诉讼的事实；

（十）有关管辖、回避、延期审理等的程序事实；

（十一）与定罪量刑有关的其他事实。

认定被告人有罪和对被告人从重处罚，适用证据确实、充分的证明标准。

第一百七十五条 被害人因人身权利受到犯罪侵犯或者财物被犯罪分子毁坏而遭受物质损失的，有权在刑事诉讼过程中提起附带民事诉讼；被害人死亡或者丧失行为能力的，其法定代理人、近亲属有权提起附带民事诉讼。

因受到犯罪侵犯，提起附带民事诉讼或者单独提起民事诉讼要求赔偿精神损失的，人民法院一般不予受理。

第一百八十二条 附带民事诉讼的起诉条件是：

（一）起诉人符合法定条件；

（二）有明确的被告人；

（三）有请求赔偿的具体要求和事实、理由；

（四）属于人民法院受理附带民事诉讼的范围。

第一百八十四条 附带民事诉讼应当在刑事案件立案后及时提起。

提起附带民事诉讼应当提交附带民事起诉状。

第一百九十六条 附带民事诉讼应当同刑事案件一并审判，只有为了防止刑事案件审判的过分迟延，才可以在刑事案件审判后，由同一审判组织继续审理附带民事诉讼；同一审判组织的成员确实不能继续参与审判的，可以更换。

第一百九十九条 人民法院审理附带民事诉讼案件，不收取诉讼费。

本司法解释上述条款对附带民事诉讼的起诉条件、立案条件、审理规则、举证规则等方面进行了明确规定。附带民事诉讼不能请求精神赔偿，权利人应该在刑事案件立案后及时提起附带民事诉讼，人民法院审理附带民事诉讼案件不得收取诉讼费。

由上述规定可以发现，附带民事诉讼在刑事诉讼程序中一般同步进行，而且权利人不用缴纳诉讼费。相比民事诉讼，刑事附带民事程序对权利人而言大大减轻了他们的诉讼负担，而且借助刑事程序对犯罪嫌疑人的人身压力，可能会更快地促成刑事和解，更大程度地满足权利人的合法诉求。但对于办案机关而言，严格遵循法律规定审理案件是基础，当法律规定不是很明确时，人民检察院、人民法院不能以此拒绝接收案件，也不能以此拒绝裁判案件，唯一可行的是依法发挥好自由裁量权保证公正司法。只是由于不同司法人员对于同一个问题的理解有差异，相关案件是否能立案就出现了不同的结果。

笔者认为，被害人在知识产权刑事案件中提起附带民事诉讼，对于节约司法资源、统一裁判标准、提高司法效率、保证法治效果具有重要意义。当前各地出现的刑民审判证据标准不一、案件事实与法律责任认定不同、判决结果相互冲突的情形应该引起国家重视，在目前国家追求"同案同判"效果的大背景下，推动知识产权刑事附带民事诉讼立案统一标准具有重要的时代意义。

| 第五部分 |

上合组织国家商业秘密风险防控法律分析

上合组织各成员国对商业秘密的法律保护，包括商业秘密法专门立法、以《反不正当竞争法》为主的综合立法两种立法保护模式。其中，俄罗斯、塔吉克斯坦、吉尔吉斯共和国三个国家实行的是商业秘密法专门立法保护模式，包括中国在内的其他成员国实行的是综合立法保护模式。

本部分将通过梳理上合组织各国商业秘密保护的立法特点及特色规定，并将其与中国商业秘密法治保护进行比较，以之为中国企业进入上合组织其他成员国开展正常经营、保护好自身商业秘密提供借鉴。

一、俄罗斯

（一）俄罗斯商业秘密立法整体概况

与中国对商业秘密保护实行以《反不正当竞争法》为基础法律依据的综合保护方式不同，俄罗斯对商业秘密实行专门立法的保护模式。中国将商业秘密定性为商业信息，包括技术信息、经营信息和其他商业信息；俄罗斯将商业秘密定性为一项信息保密制度。

俄罗斯早在2004年就颁布实施了《联邦商业秘密法》，该法在2014年被修订。同时俄罗斯《民法典》第75章对商业秘密法作了专门规定，俄罗斯《民法典》在2022年被修订，对2014年《联邦商业秘密法》作了全面的修改和完善。

俄罗斯特别规定商业秘密制度不得用于与保护宪法秩序的基础，他人的道德、健康、权利和合法利益，国防和国家安全的要求相抵触的目的。

(二) 中俄商业秘密立法比较与风险列举

1. 企业商业秘密构成要件有一定差异

虽然中俄两国在商业秘密构成要件上都实行三要件的法律规定，但是在具体的构成要件的内容上有不同：

（1）非公知性：俄罗斯整体规定企业的商业秘密在法律层面要求具备无法自由获取的特征，并没有像中国规定"所属领域相关人员无法知悉"的限定范畴。

（2）商业价值性：俄罗斯规定商业秘密的商业价值性要使信息所有人能够在现有或者可能的情况下增加收入，避免不合理的支出，保持商品、工程、服务的市场地位，或者获得其他商业利益。其具体表现形式可能是实际或潜在的商业价值。这一点与中国大体相同。

（3）保密性：俄罗斯规定商业秘密信息所有人，拥有构成商业秘密的信息，采取合理充分的保密措施限制获取这些信息并对其加以处理。俄罗斯"合理充分"的保密性要求要严于中国"相应保密措施"的规定。

2. 俄罗斯对公知信息有列举性规定，且在数量方面多于中国

（1）《联邦商业秘密法》第5条规定了不能构成商业秘密的信息的10种情形：

① 从事经营活动的人对下列事项不得认定为商业秘密；

② 载于法人的组成文件、确认法人和个体企业家在相应的国家登记簿上登记的文件中；批准经营活动的文件中所载的内容；

③ 国家或市政单一制企业、国家机关的财产构成及其使用相应预算资金的情况；

④ 环境污染、消防安全状况、卫生防疫和辐射状况、食品安全等对生产设施安全运行、每个公民的安全和一般民众的安全产生不利影响的因素；

⑤ 雇员人数、组成、工资制度、工作条件，包括劳动保护、工伤和职业病指数以及是否有空缺；

⑥ 雇主拖欠工资和其他社会福利；

⑦ 违反俄罗斯法律的行为和对实施这些违法行为的责任追究的事实；

⑧ 国家或市政财产私有化招标或拍卖的条件；

⑨ 非营利组织收入的规模和结构，其财产的规模和组成，其支出，其雇员的人数和报酬，以及在非营利组织活动中使用公民无偿劳动的情况；

⑩ 有权在没有委托书的情况下代表法人行事的人员名单；

⑪ 其他联邦法律规定的披露义务或不允许限制访问的义务。

（2）相比较而言，中国对公知信息的列举限于以下六个方面：

① 该信息在所属领域属于一般常识或者行业惯例的；

② 该信息仅涉及产品的尺寸、结构、材料、部件的简单组合等内容，所属领域的相关人员通过观察上市产品即可直接获得的；

③ 该信息已经在公开出版物或者其他媒体上公开披露的；

④ 该信息已通过公开的报告会、展览等方式公开的；

⑤ 所属领域的相关人员从其他公开渠道可以获得该信息的；

⑥ 将为公众所知悉的信息进行整理、改进、加工后形成的新信息，符合本规定第三条规定的，应当认定该新信息不为公众所知悉。

3. 俄罗斯对商业秘密持有人有更强的强制性义务规定

（1）《联邦商业秘密法》第 6 条规定构成商业秘密的信息的持有者应国家权力机关、其他国家机关或地方自治机构的合理要求，免费向其提供构成商业秘密的信息。合理的要求应由授权官员签署，说明要求提供构成商业秘密的信息的目的和法律依据，以及提供该信息的期限，联邦法律另有规定的除外。如果构成商业秘密的信息的持有者拒绝向国家机关、其他国家机关或地方自治机构提供信息，这些机构有权通过司法程序要求其提供信息。构成商业秘密的信息的持有人，以及国家机关、其他国家机关和地方机关、根据前述程序收到此种资料的自治政府，应法院、审前调查机构和调查机构的请求，根据法律规定的程序和理由，提供这一信息。

对于提交商业秘密信息有一定的格式要求：向上述机构提交的载有构成商业秘密的信息的文件，应盖有"商业秘密"印章，并注明其持有人（对于法人——全称和住所，对于个体经营者——作为个体经营者的公民的姓名和居住地）。

如果持有构成商业秘密的信息的人不遵守国家当局、其他国家机构和地方自治机构向其提供构成商业秘密的信息的合理要求，以及阻止这些机构的官员获得这些信息，将根据俄罗斯联邦法律承担责任。

（2）中国《反不正当竞争法》对包括商业秘密在内的所在权利人有向政府机关及其工作人员依法提供的义务。该法规定，监督检查部门调查涉嫌不正当竞争行为，被调查的经营者、利害关系人及其他有关单位、个人应当如实提供有关资料或者情况，同时规定，监督检查部门及其工作人员对调查过程中知悉的商业秘密负有保密义务。

4. 俄罗斯规定的保密措施与中国在列举数量上大体相当

（1）《联邦商业秘密法》第10条对商业秘密持有人可以采取的保密措施进行了列举性规定：

① 确定构成商业秘密的信息清单；

② 限制获取构成商业秘密的信息，规定处理这些信息的程序，并监督遵守这些程序的情况；

③ 获得构成商业秘密的信息的人和（或）向其提供或传递这种信息的人的记录；

④ 调整劳动者根据劳动合同和相对人根据民事合同使用构成商业秘密的信息的关系；

⑤ 在载有构成商业秘密的信息的物质载体上加盖"商业秘密"印章，或者在载有此类信息的文件的详细信息中加盖"商业秘密"印章，说明此类信息的持有人（对于法人——全称和住所，对于个体企业家——公民的姓名，即个体企业家及其居住地）。

（2）中国《最高人民法院关于审理侵犯商业秘密民事案件适用法律若

干问题的规定》第 6 条规定，具有下列情形之一，在正常情况下足以防止商业秘密泄露的，人民法院应当认定权利人采取了相应保密措施：

① 签订保密协议或者在合同中约定保密义务的；

② 通过章程、培训、规章制度、书面告知等方式，对能够接触、获取商业秘密的员工、前员工、供应商、客户、来访者等提出保密要求的；

③ 对涉密的厂房、车间等生产经营场所限制来访者或者进行区分管理的；

④ 以标记、分类、隔离、加密、封存、限制能够接触或者获取的人员范围等方式，对商业秘密及其载体进行区分和管理的；

⑤ 对能够接触、获取商业秘密的计算机设备、电子设备、网络设备、存储设备、软件等，采取禁止或者限制使用、访问、存储、复制等措施的；

⑥ 要求离职员工登记、返还、清除、销毁其接触或者获取的商业秘密及其载体，继续承担保密义务的；

⑦ 采取其他合理保密措施的。

5. 俄罗斯法律对保密措施的合理与充分认定实行高标准

俄罗斯规定的"合理充分"相比中国规定的"相应保密措施"要求更高。对于在俄的中国企业而言，要特别关注俄罗斯法律对商业秘密的保密措施这一要求，做好充分的保密措施，以免在企业运营过程中因保密措施不足而不被保护，造成商业秘密泄密等不良后果。

在这一方面，俄罗斯采取了"宏观规定+具体列举"的综合性规定保障措施。

（1）在宏观上，按照《联邦商业秘密法》第 10 条第 5 款的规定，要求同时具备制度上完善及实践中可行两项标准：

① 制度上，要有未经持有人同意，任何人不得获取构成商业秘密的信息的制度设计；

② 实践中，要确保构成商业秘密的信息能够被雇员使用，并在不违反商业秘密制度的情况下传递给交易对手。

（2）在具体保密义务方面，《联邦商业秘密法》第 11 条列举了雇主和员工的保密义务的履行措施：

① 在接收雇员获得构成商业秘密的信息时，熟悉构成商业秘密的信息的持有人是雇主及其交易代理人；

② 让雇员熟悉雇主制定的商业保密制度，以及违反该制度的责任措施；

③ 为雇员创造必要的条件，使他能够遵守雇主建立的商业保密制度。

（3）为保护信息的机密性，员工应有义务：

① 遵守雇主建立的商业保密制度；

② 不得披露构成商业秘密的信息，且未经雇主同意，不得将该信息用于个人目的；

③ 在劳动合同终止或解除时，将雇员使用的包含构成商业秘密的信息的重要信息媒体转让给雇主。

6. 俄罗斯商业秘密的权利人认定标准及种类多于中国标准

（1）俄罗斯的商业秘密权利人主要包括以下方面：

① 一般的商业秘密权利人。

第一，商业秘密专有权人。根据《俄罗斯民法典》第 1466 条规定，商业秘密的所有者拥有以不违反法律的任何方式使用该秘密的专有权（商业秘密专有权），包括制造物品、实施经济和组织解决方案的情况，可以处置上述专有权。

第二，商业秘密专有权的转让合同中的受让人。根据商业秘密专有权转让合同，作为商业秘密专有权获取者的另一方可以成为商业秘密的权利人。

第三，授予商业秘密使用权的许可合同中的被许可方。根据许可合同，拥有商业秘密专有权的一方（许可方）向另一方（被许可方）转让或承诺转让在合同规定的范围内使用商业秘密的权利，被许可方因此成为商业秘密的权利人。

② 职务类商业秘密权利人：雇员在工作中或根据雇主的特定任务创造

的商业秘密（服务类商业秘密）的专有权归雇主所有。

③ 协议类商业秘密权利人：

第一，如果商业秘密是在履行工作合同，履行研究、开发和技术工作的协议期间获得的，或者是根据州或市的需要根据州或市的合同获得的，则该商业秘密的专有权属于承包商（表演者）。

第二，州或市合同可规定，制作秘密的专有权共同属于表演者和俄罗斯联邦、表演者和俄罗斯联邦组成实体，或表演者和市政当局。

第三，以下两种情况例外：取得专利权且与保障国防和安全直接相关的智力活动成果的专有权属于俄罗斯联邦；在以联邦预算、俄罗斯联邦主体预算或地方预算（本条第3款第1项规定的情况除外）为费用，履行国家或地方合同期间创造的智力活动成果取得专利权和专有权的权利，属于俄罗斯联邦、俄罗斯联邦主体或直辖市。

（2）与俄罗斯不同，中国的商业秘密权利人主要分为两个层面：

① 在一般雇佣关系中，商业秘密权利人是雇主；

② 在民商事合同关系中，商业秘密权利人一般是技术秘密（开发、转让、使用）合同的法定或约定权利人：根据《中华人民共和国民法典》第847条的规定，职务技术成果的使用权、转让权一般属于法人或非法人组织，但也可以通过约定归属于技术成果完成人或其他人；非职务技术成果的使用权、转让权属于完成技术成果的个人。

7. 商业秘密的许可使用期限设置了预警期

（1）俄罗斯：《俄罗斯民法典》第1469条规定，根据许可合同，拥有生产秘密专有权的一方（许可方）向另一方（被许可方）转让或承诺转让在合同规定的范围内使用生产秘密的权利。许可合同的订立可以注明也可以不注明其有效期限。除非许可合同中未规定有效期限，任何一方均可在至少提前六个月通知另一方后随时放弃合同，除非合同中规定了更长的期限。

（2）中国：根据《民法典》第863条的规定，技术转让、许可合同应该采取书面形式。对于技术转让、许可的范围、期限等，一般在技术权利人权限范围内双方自由约定。

8. 侵犯商业秘密专有权的行为人的认定标准较中国粗放

（1）依据《俄罗斯民法典》第 1472 条规定，侵犯商业秘密专有权的行为人，包括以下负有对商业秘密保密义务的人：

① 非法获得构成商业秘密的信息并披露或使用该信息的人；

② 在转让商业秘密的专有权的情况下，已经处置其权利的人在商业秘密的专有权终止前违反保密义务；

③ 在授予使用商业秘密的权利的情况下，处置其权利的人在许可合同的整个有效期限内违反保密义务；

④ 因履行劳动职责或雇主的特定任务而获悉商业秘密的公民在商业秘密专有权终止前违反保密义务。

（2）中国：根据《反不正当竞争法》第 9 条规定，侵害商业秘密的主体主要包括：

① 以盗窃、贿赂、欺诈、胁迫、电子侵入或者其他不正当手段获取权利人的商业秘密的人；

② 披露、使用或者允许他人使用以前项手段获取的权利人的商业秘密的人；

③ 违反保密义务或者违反权利人有关保守商业秘密的要求，披露、使用或者允许他人使用其所掌握的商业秘密的人；

④ 教唆、引诱、帮助他人违反保密义务或者违反权利人有关保守商业秘密的要求，获取、披露、使用或者允许他人使用权利人的商业秘密的人；

⑤ 经营者以外的、组织实施前款所列违法行为的其他自然人、法人和非法人；

⑥ 明知或者应知商业秘密权利人的员工、前员工或者其他单位、个人实施本条第一款所列违法行为，仍获取、披露、使用或者允许他人使用该商业秘密的第三人。

二、吉尔吉斯共和国

(一) 吉尔吉斯共和国商业秘密立法整体概况

吉尔吉斯共和国商业秘密专门立法始于 1998 年，2018 年修订，立法宗旨是保护商业秘密，防止经济活动中的不正当竞争。

吉尔吉斯共和国商业秘密法包括一般规定、商业秘密的主体与客体、商业秘密保护与获取三章内容。

(二) 吉尔吉斯共和国商业秘密立法风险列举

1. 商业秘密信息特征显著

在吉尔吉斯共和国境内，构成商业秘密的信息是企业主体的财产，由企业主体依法规定的范围内占有、使用、处置。

构成商业秘密的信息必须符合下列要求：

(1) 对商业主体具有实际或潜在价值；

(2) 依法不为公众所知或公开；

(3) 在商业实体采取适当措施保护其机密性的情况下，对所述信息进行分类，制定限制使用的内部规则，对文件和其他信息载体进行适当标记，组织记录、储存和应用。

2. 商业秘密对象排他性规定

构成商业秘密的信息的内容和范围由企业主体决定，但不得包括：

(1) 设立文件，以及授权从事商业活动和需要许可的某些类型经济活动的文件（章程、关于设立企业的决定或创始人协议、登记证书、许可证、专利）；

(2) 关于经批准的统计报告格式的信息，以及关于金融经济活动的报告和其他必要的数据，以核实税收和其他强制性付款的计算和支付是否正确；

（3）缴税和其他强制性付款的文件；

（4）证明偿付能力的文件；

（5）关于雇员人数、组成、单位领导和单位执行机关成员的工资、工资制度、工作条件，包括劳动保护、工伤和职业病指数以及是否有空余工作岗位的信息；

（6）关于环境污染、违反反垄断法、不遵守劳动保护条例、销售损害消费者健康的产品以及其他违法行为和由此造成的损害的信息；

（7）关于国有企业官员参加从事商业活动的组织的资料。

3. 雇员保密义务有列举性规定

雇主在与获得构成商业秘密的信息的雇员在签订劳动合同或其他合同时或在履行合同过程中，只有以书面形式作出保密义务约定，雇员才承担相应的保密义务，具体义务如下：

（1）保守他们在工作中知悉的商业秘密，除非他们事先知道或从第三方获得构成商业秘密的信息，而没有对他们保密的义务，否则不得泄露这些信息；

（2）执行有关保护商业秘密的指示、规定、命令的要求；

（3）如果未经授权的人试图从他们那里获得构成商业秘密的信息，应立即向有关官员或商业实体的相关部门报告；

（4）保守与之有业务往来的经济主体的商业秘密；

（5）不得利用对商业秘密的了解从事作为竞争行为可能对经营者造成损害的活动；

（6）在被解雇的情况下，将其掌握的构成商业秘密的所有信息载体（手稿、草稿、文件、图纸、磁带、穿孔卡、穿孔带、磁盘、软盘、打印机打印件、电影、摄影胶卷、模型、材料等）移交给有关官员或商业实体的相应部门。

4. 经济主体互动中要注重商业秘密保护

根据《吉尔吉斯共和国商业秘密法》第 10 条规定：

（1）在经济实体进行贸易、经济、科技、货币、金融和其他商业活动时，包括与外国伙伴进行贸易、经济、科技、货币、金融和其他商业活动时，缔约双方应具体规定构成商业秘密的信息的性质和构成，以及依法保护其安全的相互义务。

（2）与外国合作者订立合同时，活动的保密条件应符合合同订立地国的法律，但国家间协议另有规定的除外。

三、塔吉克斯坦共和国

（一）塔吉克斯坦共和国商业秘密立法整体概况

当前，塔吉克斯坦共和国商业秘密立法于 2008 年制定。该法适用于商业秘密信息的归属，信息的转让，以及为平衡构成商业秘密的信息所有人与包括国家在内的其他当事人在商品、作品和服务市场上的利益而保护商业秘密信息的关系。

（二）塔吉克斯坦共和国商业秘密立法风险列举

1. 可能不构成商业秘密的信息

商业秘密权利人不得就下列资料制定商业秘密制度：
（1）载有法人实体的组成文件、确认在有关国家登记册上对法人实体和个人企业家进行登记的文件；
（2）包含的文件中规定了开展创业活动的权利；
（3）关于国家统一企业、政府机构的财产组成，以及它们利用相应预算的资金；

（4）关于环境污染、消防安全状况、精神卫生和辐射状况、食品安全和其他影响生产设施安全功能提供、每个公民安全和整个人口安全的不利因素；

（5）关于员工组成、劳动报酬制度、职业创伤和职业发病率指数以及空缺情况；

（6）关于雇主拖欠工资和其他社会款项；

（7）关于违反塔吉克斯坦共和国立法的行为和对实施此类罪行提起诉讼的事实；

（8）关于国有财产私有化、国家购买、劳动和服务私有化的竞争或拍卖条件；

（9）关于非营利组织的收入和结构、财产的数额和组成、雇员的数量和报酬、在非营利组织活动中使用公民无偿劳动；

（10）在没有委托书的情况下有权行动的人名单上，为法人实体的一半；

（11）塔吉克斯坦共和国其他法律规定的披露或禁止限制进入的义务。

2. 劳动关系保护框架内的信息的保密性

（1）为保护信息的机密性，雇主有义务：

① 根据签名，熟悉雇员必须查阅构成商业秘密的信息以履行其劳动义务，并熟悉构成商业秘密的信息清单，其持有人为雇主及其交易代理人；

② 根据签名，使雇员熟悉雇主制定的商业保密制度和违反该制度的责任措施；

③ 为雇员创造必要的条件，使其能够遵守雇主建立的商业保密制度。

（2）只有在雇主同意的情况下，雇员才能获取与其劳动义务有关的商业秘密信息。

（3）为保护信息的机密性，员工应有义务：

① 遵守用人单位建立的商业秘密制度；

② 不得披露构成商业秘密的信息，未经其同意，不得将该信息用于个人目的；

③ 在雇主和雇员协商一致的劳动合同终止后规定的期限内（包括劳动合同的有效期内，或在双方没有达成一致协议后的劳动合同终止三年内），不得披露雇主和他的交易代理人所持有的构成商业秘密的信息，并且未经他们同意不得为个人目的使用这些信息；

④ 如果雇员披露了与其履行劳动义务有关的构成商业秘密的信息，则赔偿所造成的损害；

⑤ 在劳动合同终止或解除时，将供雇员使用的包含构成商业秘密的信息的重要信息媒体转让给雇主。

（4）如果被解除劳动关系的人有泄露其因履行劳动义务而获得的构成商业秘密的信息的行为，如果该信息是在按照本条第3款第3项规定的期间内泄露的，雇主应有权要求赔偿其所造成的损害。

（5）构成商业秘密的信息的泄露是由于不可抗力、绝对必要或者用人单位未履行提供商业秘密制度的义务造成的，劳动者或者解除劳动关系的人不赔偿损害或者损失。

（6）与组织负责人签订的劳动合同，应当规定其为组织及其对手所掌握的信息保密的义务和保密的责任。

（7）该组织负责人应赔偿该组织因其违反塔吉克斯坦共和国商业秘密立法的犯罪行为所造成的损失。损害赔偿由持票人依据民事立法的行为确定。

（8）劳动者有权就其在履行劳动义务过程中所获得的信息，通过司法手段向非法的商业秘密制度机构提出申诉。

3. 民事法律关系框架内要注重用信息保密保护

（1）构成商业秘密的信息的持有人与其交易代理人之间的信息保密保护的关系，应当由法律和合同规定。

（2）合同应确定信息保密的保护条件，包括一方当事人根据民事法律进行重组或清算的情况，以及在该信息披露的情况下违反协议的情况。

（3）除非商业秘密信息所有人及其交易代理人之间的合同另有规定，否则根据塔吉克斯坦共和国的法律，后者有权决定商业秘密信息的保密措施，并按合同约定将这些信息移交给商业秘密信息所有人。

（4）交易代理人要立即通知商业秘密信息所有人关于交易代理人犯下的行为，或他已经知道的被第三方披露或有披露的风险，非法接收或非法使用商业秘密信息的行为。

（5）构成商业秘密的信息的持有人，不得披露构成商业秘密的信息，也不得在合同有效期终止前终止对其保密的保护。

（6）未按照合同规定对按照合同转让的信息保密的，有赔偿另一方损失的义务，合同另有规定的除外。

四、其他国家

（一）其他国家商业秘密立法整体概况

在上合组织成员国中，除了俄罗斯、塔吉克斯坦共和国、吉尔吉斯共和国三个国家有商业秘密专门立法，其他国家如中国、印度、哈萨克斯坦共和国都采取综合立法保护模式，乌兹别克斯坦共和国、巴基斯坦伊斯兰共和国和伊朗在商业秘密立法方面存在严重不足。

（二）印度商业秘密风险

印度没有足够的法律手段保护商业秘密，企业面临不确定性。截至2022年，印度没有任何民事、刑事法律专门涉及商业秘密保护，印度依靠合同法提供一部分商业秘密保护，但这种保护只适用于商业秘密所有人和被指控盗用一方有合同关系时才有效。❶

---

❶ 具体参见 2022 年度《特别 301 报告》第 55、61 页，https：//ustr.gov/issue–areas/intellectual–property/special–301/2022–special–301–review，最后访问时间：2023 年 12 月 1 日。

(三)哈萨克斯坦商业秘密风险

哈萨克斯坦没有专门的商业秘密法律,其主要在《哈萨克斯坦共和国法典——劳动法》中对雇员保密、政府官员保密(第 139 条)、劳动监察人员保密(第 194 条)问题及竞业禁止问题作了规定。

(1)雇员的保密义务:第 22 条规定不透露他在履行职责时了解到构成国家机密、官方机密、商业机密或其他受法律保护的机密的信息;并根据第 52 条规定,一旦雇员泄露,雇主有权主动解除合同。

(2)雇员竞业禁止的条件:第 29 条规定了竞业禁止的三个条件。根据雇主和雇员之间的协议,可以缔结一项不竞争协议,规定雇员有义务不采取可能对雇主造成损害的行动;竞业禁止协议规定了采用竞业禁止的限制和条件,并且可以在该条件期间确定补偿,除非哈萨克斯坦共和国法律规定了竞业禁止条件;可以签订竞业禁止协议的雇员所从事的岗位和工作清单由雇主法案批准。

另外,根据第 123 条规定,雇员违反竞业限制条件,给用人单位造成损害的,要赔偿雇主全部损失。

五、上合组织国家商业秘密风险防控举措

上合组织成员国中,有很多国家没有制定商业秘密法,也没有为商业秘密权利人提供有力的保护;有的国家商业秘密立法状态尚处于空白状态,对知识产权持有者的权利保护不充分;已有商业秘密立法的国家中,还存在商业秘密法律保护架构过时、无法为商业秘密权利人及其产品的海外市场提供利益保障的情形。作为走出国门、走向国际拓展海外业务的企业,正确认知上述风险,可以从以下方面进行有效应对。

(一)了解各国立法,正确认知企业自身商业秘密

企业系统梳理自身拥有的商业秘密是技术秘密、经营秘密,还是其他

商业信息形式的秘密。

通常梳理的法律依据有两类：第一类是企业所在国对商业秘密构成要件的法治要求；第二类是企业国际业务所涉及的国家关于商业秘密构成要件的法治要求。

如果符合企业所在国关于商业秘密构成要件的基本要求，同时要特别关注是否符合其国际业务所在国家商业秘密立法的法治要求，以便能使企业商业秘密得到最大限度的保护。

如果企业国际业务所在国商业秘密立法不足，这时企业要特别注意合理变通其技术类商业秘密国际输出的方式，例如可以通过相关国家申请专利保护或版权保护的方式，使商业秘密中部分可"以公开换保护"的内容得到更完善的法治保障。

（二）规范劳动用工，明确职务成果权利归属

企业在经营过程中，不可避免地会授权员工运用企业的技术信息、经营信息开展相应的业务活动，员工也因此掌握了技术信息、经营信息等商业信息的精髓，甚至在此基础上有了创新发展。这就会带来保密性的技术信息、经营信息的权利归属及其后续创新开发成果的权利归属问题。司法实务中的商业秘密纠纷绝大部分由此而产生。

在国际业务中，由于上合组织成员国对于企业劳动用工及其职务成果的权利归属各有规定，各国普遍规定职务成果归属雇主，但也有国家规定类似的成果可以归属雇主、员工甚至是国家共同所有。

在此背景下，企业开展跨国业务过程中，应提前了解相关国家商业秘密职务成果的权利归属与自身所在国的法律规定的不同，并提前做好风险防控。

（三）做好商业秘密过程保护，固定好过程证据

商业秘密案件是知识产权案件中举证最难、胜诉率最低的一类，其根本原因是商业秘密权利人自主享有的商业秘密不具有对外公示性，缺乏类

似于专利证书那样的具有国家强制力的外在权属证书保障，同时企业劳动用工流动性较强，一旦负有保密义务的员工离职，可能将原雇主的客户信息等经营信息或核心技术信息等保密信息一并带走，导致原雇主商业秘密泄露或受侵害。

如果在此过程中，雇主缺乏对商业秘密的过程性管控，一旦发生泄密事件，原雇主将因缺乏证据支持而无法追究侵权者的法律责任，严重的甚至导致企业破产或倒闭。

企业做好商业秘密过程性保密工作，可以从以下方面着手：

首先，与员工签订好劳动合同，包括保密协议、竞业限制协议等，明确商业秘密范围及保密要求，尤其是当员工到国外工作或在上合组织成员国招工，相关劳动合同及保密协议应该同时符合相关上合组织成员国的法律要求；

其次，提前设置好职务成果及技术开发、转让、许可合同中技术成果的权利归属条款，在与相关负有保密义务的员工签约或与技术合作的第三方签约时，将其有机融入，做好保密约定、权利归属约定等。

| 第六部分 |

经营信息与技术信息类
商业秘密案例分析

经过在裁判文书网以"商业秘密 + 2022""商业秘密 + 2023"为关键词搜索了 2022、2023 年的 100 份判决书（裁定书），其中只有 1 份判决书涉及技术秘密侵权，其余所有判决书都是关于客户信息或客户信息与投标书等其他信息综合构成的经营信息侵权。由此说明商业秘密侵权案件的特征，以客户信息为主的经营信息的商业秘密侵权案件是最普遍的，也说明了在企业经营过程中，客户信息对于企业生存、发展的重要性。以下便以此为基础，通过司法案例中的法院认定分析，从法官的角度整理出商业秘密案件风险防控应注意的问题，以便为元宇宙情境下区块链、大数据、人工智能等技术加持下的商业秘密保护提供借鉴。

一、客户信息被员工掌握并借用第三方资质侵权

【案例一基本案情】

原告某钢铁公司成立于 2011 年 3 月 28 日。2020 年 7 月 28 日，被告刘某入职原告处，担任业务员一职，从事销售工作。被告刘某于 2020 年 7 月 28 日签署了《员工入职承诺书》，于 2020 年 9 月 23 日签署了《员工保密协议》。《员工入职承诺书》载明"在公司工作期间，对于公司客户资料做到保密，不得泄露公司的机密文件、客户资料"。《员工保密协议》约定，被告刘某在原告工作期间负有保守工作秘密的义务，保密内容及范围包括"公司的所有客户信息、资料""公司所掌握的尚未进入市场或尚未公开的各类信息"；未经原告事先书面同意，刘某不得泄露、传播、发布、发表、传授、转让或者以其他任何方式使第三方知悉属于原告的各类秘密，也不得在履行职务之外留存或使用这些秘密信息，不得利用信件、电话、网络等通信手段泄露公司秘密，否则需承担赔偿不低于人民币 50 万元的违约责任。2022 年 1 月 6 日，被告刘某以选择转行或转业为由，自原告处离职。

某固实业有限公司系原告的客户，双方在 2021 年 6 月有过实际交易，

被告刘某负责对接该司的商务洽谈包括报价并组织签订合同、跟进交易细节，双方主要通过微信群"某管件供应商"进行沟通、下单。

2021年8月16日，在客户向被告刘某询价时，刘某向对方发送报价表并告知对方这次交易的货款定金支付至被告A公司名下的银行账户。被告A公司成立于2015年5月20日，在本次交易中，A公司在合同上加盖了公章，并向刘某提供了其公司收款公户。

2022年7月，客户通过微信群"某管件供应商"向原告主张上述交易的商品存在质量问题，原告方知存在上述交易。其后，客户向原告发送《索赔函》，要求原告、被告A公司向其赔偿损失8924元。

原告主张两被告与原告客户的交易侵犯了原告的客户信息及交易信息，侵犯了原告商业秘密，故向人民法院提起诉讼。❶

（一）以客户成功交易史＋合理的保密措施认定商业秘密

《中华人民共和国反不正当竞争法》第9条第4款规定："本法所称的商业秘密，是指不为公众所知悉、具有商业价值并经权利人采取相应保密措施的技术信息、经营信息等商业信息。"其中，不为公众所知悉是指被诉侵权行为发生时请求保护的信息不为其所属领域的相关人员普遍知悉和容易获得；保密措施是指权利人为防止信息泄露，在被诉侵权行为发生以前所采取的合理保密措施，即与其商业价值等具体情况相适应的合理保护措施。违反约定或者违反权利人有关保守商业秘密的要求，披露、使用或者允许他人使用其所掌握的商业秘密，构成侵犯商业秘密。

《最高人民法院关于审理侵犯商业秘密民事案件适用法律若干问题的规定》第1条第2款、第3款规定："与经营活动有关的创意、管理、销售、财务、计划、样本、招投标材料、客户信息、数据等信息，人民法院可以认定构成反不正当竞争法第九条第四款所称的经营信息。前款所称的客户信息，包括客户的名称、地址、联系方式以及交易习惯、意向、内容

---

❶ （2022）粤0604民初21885号。

等信息。"

在被诉交易发生前，原告已与客户成功进行过交易，代表原告负责与客户进行交易洽谈、跟进交易的是原告的员工被告刘某，被告刘某与客户的采购人员有固定、稳定的联系方式，故被告刘某应掌握有关于客户的交易意向及需求、价格承受能力、付款方式及习惯、经营能力、客户具体联系人及联系方式等信息。以上信息并非通过公众渠道即可获得的公开信息，是区别于相关公知信息的特殊客户信息，可提高相关主体与该客户进行交易的磋商能力，为相关主体带来竞争优势及交易机会，因此是具有商业价值、具备秘密性的经营信息。以上客户信息是刘某依据其职务行为获取，故上述信息应属于原告所有。原告在被告刘某入职时，已与刘某签订了《员工保密协议》，刘某亦向原告出具了承诺书，均明确刘某对原告的客户信息负有保密义务，刘某不得在履行职务之外使用原告的客户信息，故可认定原告已对涉案客户信息采取了保密措施。所以，上述客户信息已符合《中华人民共和国反不正当竞争法》第9条第4款规定的构成商业秘密的要件，属于受法律保护的商业秘密。

（二）职工借用第三方公司资质私自签约行为侵犯了原告商业秘密

《中华人民共和国反不正当竞争法》第9条第1款、第2款规定："经营者不得实施下列侵犯商业秘密的行为：……（三）违反保密义务或者违反权利人有关保守商业秘密的要求，披露、使用或者允许他人使用其所掌握的商业秘密；……经营者以外的其他自然人、法人和非法人组织实施前款所列违法行为的，视为侵犯商业秘密。"

该案中，被告刘某在原告公司任职期间，在客户向原告询价时，通过原告公司与客户的业务微信群、以原告公司的名义向客户报价，并促成被诉侵权交易，从中获利，实际是取代了原告进行该次交易，可认定被告刘某使用了其掌握的关于客户的客户信息进行交易，致使原告丧失了该次交易机会，遭受了损失，该行为违反了诚实信用原则，具有不正当性，根据上述法律规定，该行为构成对原告商业秘密的侵犯。

被告A公司根据被告刘某的要求，以供货方的名义在涉案《工业品买卖合同》上签章并向客户收取货款、开具发票。但是，根据查明的事实，A公司是应刘某的请求加盖公章，对与开具发票无关的合同内容其并未过问，涉案合同交易的商品并非由A公司提供，A公司收取客户支付的货款后，在扣除税点后实际向被告刘某返还了剩余货款，并未从中获利，在该案未有进一步证据证明A公司就该次交易与被告刘某有共同侵权的意思联络的情况下，无法认定两被告构成共同侵权。

但是，被告A公司的行为为被告刘某的侵权行为提供了帮助，应认定构成帮助侵权。故两被告辩称A公司不构成侵权的抗辩意见不成立，审判人员不予采纳。关于A公司主张其与客户签订的《工业品买卖合同》应为无效问题，该合同是否具有法律效力并非该案查明事实并作出侵权认定所必需的依据，故对该合同的效力，该案没有审查。

（三）侵权人应承担的民事责任顺序依法逐一审查

《中华人民共和国反不正当竞争法》第17条规定："经营者违反本法规定，给他人造成损害的，应当依法承担民事责任。……因不正当竞争行为受到损害的经营者的赔偿数额，按照其因被侵权所受到的实际损失确定；实际损失难以计算的，按照侵权人因侵权所获得的利益确定。经营者恶意实施侵犯商业秘密行为，情节严重的，可以在按照上述方法确定数额的一倍以上五倍以下确定赔偿数额。赔偿数额还应当包括经营者为制止侵权行为所支付的合理开支。经营者违反本法第六条、第九条规定，权利人因被侵权所受到的实际损失、侵权人因侵权所获得的利益难以确定的，由人民法院根据侵权行为的情节判决给予权利人五百万元以下的赔偿。"

商业秘密侵权案中，交易额不等于原告的直接利润损失或被告的获利，不能直接作为原告损失或被告获利的证据。

在原告没有证据确切证明其损失，被告也没有证据证明其获利的情况下，应综合考虑原告涉案商业秘密的性质及商业价值，被告侵权行为的性质、主观过错程度、期间及后果等因素，结合考虑原告支出的合理费用，其公证取证、委托律师参与诉讼，公证费、律师费应根据案件维权难易程度、律师费收费标准等在费用支出的合理性、必要性范围内予以酌定。

(四) 判决分析

客户信息的认定一直是商业秘密领域的普遍难点，企业很难搞清楚自身客户信息的具体内容，日常经营中也缺乏对客户信息的系统梳理，一般将客户信息交由市场销售部门去管理和维护，一旦市场销售部门人员离职或另起炉灶与企业竞争，企业就会陷入被动境地。从案例实践中，我们可以得出以下启示：

(1) 对于哪些可以作为客户信息内容，理论与实践领域一直没有统一的观点，虽然立法上给出了客户信息的列举性规定，但这仅仅是列举，而且是企业的可选择项列举内容。该案的客户信息能够得到法律确认，一是客户信息有既往合作成功的经历；二是掌握客户信息的刘某是公司与客户之间稳定的对接人员，掌握客户的联系方式、交易意向及需求、价格承受能力、付款方式及习惯、经营能力等信息，而这些信息不仅仅是客户的基本信息，还包括客户的深度信息，这些信息在本领域并不能公开获取，具有很好的商业价值；三是公司与刘某等都签有保密协议，采取了合理的保密措施。

(2) 该案中刘某在工作过程利用工作微信群，借用第三方的资质与客户签约并获利，刘某有违诚信原则，利用掌握的企业客户信息便利，侵犯了权利人的商业秘密；虽然被告A公司只是在合同上签约并盖章，收到货款扣除税点后将款交于刘某，没有获利，但是无形中实施了侵害商业秘密的"帮助"行为，应该承担相应的法律责任。

(3) 由于该案是侵权纠纷而不是合同纠纷，权利人必须根据案由选择适当的诉讼请求，在侵权案件中，不能以保密协议为由主张违约责任，这是司法实践中应该特别注意的事项。

(4) 还应该特别注意，虽然该案权利人与客户有稳定的、成功的交易经历,但作为商业秘密侵权案,以往的交易额与权利人的损失或被告获利不具有直接关系,不能将其直接作为原告损失或被告获利的证据。

(5)在区块链、人工智能领域,开源许可协议、区块链智能合约等都涉及跨国界沟通协作,调研过程中的众多企业对于区块链模式保护商业秘密并没有太大热情,其原因在于企业不了解区块链具体操作模式,担心使用区块链保护商业秘密会导致无谓的低效率和商业秘密泄密。尤其是客户信息、企业项目建设方案、投标书等经营信息,本身就是企业市场销售部门为主构建,如果采用区块链模式保护和管理,最好的办法是在企业内部搭建私有链,用于企业内部信息的共享和管理,并在不同节点设置不同的权限,通过共识算法、非对称加密和可追溯机制,保证数据的安全和保密,同时又可能实现经营信息全链条管理和留痕,起到证据链作用。但主要问题是在相关经营信息上链的同时并不能保证不会在链下被员工储存和使用,这种情况下,只有企业做好专门部门、专门人员负责专门信息,并保证全部上链,才能实现即使有员工私下留存并传播信息,也会根据链上记载,以证明企业相关经营信息的商业秘密化特征,为可能性的纠纷提供助力。

二、客户信息应内容具体、保密措施明确,否则有败诉风险

【案例二基本案情】

2020年8月3日,原告某财商公司(甲方)与蓝某(乙方)签订《劳动合同书》,载明了劳动合同期限及保守秘密条款,并签订了《员工保密协议书》。被告蓝某离职后,成立了某百财商公司。

原告认为蓝某与某百财商公司二被告共同侵害了包括原告的客户名单和经营信息在内的商业秘密,给原告造成了重大的经济损失,特向人民法院提起诉讼。

该案中,原告主张的商业秘密是指客户名单和经营信息。客户名单是指客户的微信号,还具体包括客户住址、联系方式、学习习惯、学习意向

和支付记录；经营信息是指原告的经营模式、范围、营销模式、教学内容。

（一）客户信息必须采取具体的保密措施，才可能成为商业秘密

人民法院认为，客户名单和经营信息是否能够成为符合法定条件的商业秘密，首先应确定是否存在法律意义上的客户名单和经营信息；其次要审查主张权利的一方是否就客户名单采取了相应、合理的保密措施。商业秘密是通过拥有者自己保密的方式产生的权利，若其自己都尚未采取保密措施，法律就更没有给予保护的必要。

该案中，原告就其主张的"客户名单"和"经营信息"所称采取的保密措施与被告签订的《劳动合同书》及《员工保密协议书》，但《劳动合同书》第9.1条约定的"乙方在本合同期间或本合同终止或解除后，不得以任何方式向个人（亦包括无工作上需要的甲方雇员）或公司泄露甲方或甲方关联企业的商业秘密（包括但不限于甲方的课程内容……）"，字面意思体现了保密要求及保密信息范围；《劳动合同书》第9.2条约定的"乙方在工作期间所得的与甲方业务和工作有关的记录及获得的有关资料或其他文件归甲方所有（包括但不限于乙方所取得的课程内容、课程体系、推广方案、推广数据、客户信息、软件、财务报表、销售资料）"仅体现了成果归属的约定，并未体现保密要求；《劳动合同书》第9.3条约定的"乙方在合同期限或离职后，若泄露甲方秘密对甲方造成经济损失的，甲方将追究乙方的经济赔偿责任"仅约定了违反保密义务的责任。《员工保密协议书》第1.1条"甲方的重大决策"、第1.2条"甲方的课程内容"、第1.7条"甲方客户名单及信息"、第2.1条"乙方在任职期间或离职后……"、第2.2条"乙方不得以公司资料、技术及相关数据……"、第2.3条"双方解除或终止劳动合同后……"、第2.4条"乙方必须严格遵守甲方的保密制度……"、第2.11条"乙方不得复制或公开……"也仅在字面意思上体现了保密要求及保密信息范围，上述约定的内容并未明确保密措施的具体方式，针对保密客体的具体、明确的保密措施，以及针对保密客体所

采取的保密措施的有效实施。

（二）员工离职成立新公司并不一定不正当

员工离职后设立与原告具有竞争关系的新公司，并不当然具有不正当性。如果只是因为被告是原告的前员工，原告就有理由怀疑被告现任职公司使用从原告处获得的客户信息和经营信息进行经营获利而构成不正当竞争是缺乏依据的，并不当然具有不正当性。只有当员工或新成立的公司的有关行为违反了约定或者法定的义务的情况下，才能认定相关行为本身具有不正当性。

（三）判决分析

该案关于客户信息的裁判及其依据分析，反映出以下几个问题：

（1）客户信息作为商业秘密，权利人要注意固定相应的载体，没有载体的商业秘密是不存在的，脱离载体，商业秘密就不能称其为商业秘密。例如，员工将技术内化为自己的技能，我们不能说技术信息的载体是员工或其大脑。如果不能明确客户信息的载体，说明企业对其客户信息没有清晰的认识。客户信息的载体一般表现为企业系统梳理后的、采取保密措施的客户名单（电子版、纸质版）或设置登录保护装置的在线管理系统或企业专门电子邮件等。载体可以简陋，但不能没有。

（2）对客户信息的保密措施不但要有，而且要具体，这是该案判决给出的明确信息。企业与员工签订笼统性的保密协议或要求员工签署的保密承诺书只是基础性的保密措施，远远达不到保密标准。该案企业只是在《劳动合同书》及《员工保密协议书》中笼统性地列举了保密事项和保密范围，法院认为达不到具体保密措施的要求，应该针对不同岗位有不同的保密措施。但在实践中这一要求对一般企业而言设立了高门槛，一般企业的商业秘密保护手段在制度层面和执行层面奉行的是简便、有效，如果措施比较周全但是执行程序比较复杂、完成环节众多、企业员工负担较重，那么企业的执行成本会较高，从企业到员工都会抵触，最终放弃。从目前国家立法举证原则来看，对商业秘密相关权利举证的标准在降低，这也是国际化趋势。从笔者在裁判文书网梳理的众多案例中可以看出，100 个判决（裁定）案例中，只有 1 例是关于技术信息的判决书，其余全部是以客户信息为主的经营信息纠纷。但是经营信息的保密措施具体到什么程度才可以呢？似乎没有一个固定的标准，不同的法官对此认知也大不相同。其实实践中的企业对于作为商业秘密的经营信息，也不是绝对的专人专岗原则，如销售总监，可能在掌握市场信息的同时，由于要代表企业对外招投标、对外进行业务演示，经常需要技术人员陪同，同时企业内部高层会议时，也可能技术人员汇报之时，销售总监也在场，所以技术与经营信息的相关掌握人员会经常出现交叉，但这并不妨碍商业秘密的存在，因为这仍然是小范围的信息共享，无论是技术信息掌握者还是经营信息掌握者都是与公司签订保密协议并负有法定保密义务的人，也就是说，只要商业秘密信息在负有保密义务的员工之间流转，就不能认为保密措施不完善。所以对企业保密措施的要求不能过高，否则可能过犹不及，扼杀掉企业的保密热情，对市场形成不良影响，最终会严重打击市场秩序。因此，该案对客户信息的商业秘密保密措施的判决值得进一步商榷。但在此给企业提个醒：在可能的条件下，可以对员工进行分类保密教育、制度管理与执行管理，增强保密措施的对内对外实效性和影响力。

（3）员工离职后设立与原告具有竞争关系的新公司，并不当然具有不正当性。这一判断没有问题。如果员工与企业没有签署竞业限制协议，员工本身不属于竞业限制人员或保密人员，离职后设立任何性质的公司，原公司都无权干涉。该案认为，只有当员工或新成立的公司的有关行为违反了约定或者法定的义务的情况下，才能认定相关行为本身具有不正当性，说明了商业秘密纠纷中，义务这一前提的重要性，有义务就有对应的权利限制。

但在元宇宙情境下，数据虚拟世界的特征，决定了数字人的多面性和多样性，数字人与现实世界真实人无法一一对应。尽管当前探讨元宇宙、区块链、人工智能、ChatGPT 的理论与实践研究如火如荼，而且随着数据社会的进一步发展，这一更替会指数级加速，从区块链、人工智能、元宇宙到 ChatGPT，更替的时间会不断加速。然而人们最担心的就是元宇宙下数字人与现实世界人的身份对应性，如同我们每一个人都有身份证，验证我们的真实身份，保证了现实世界的有序发展，虚拟世界目前应用最多的是游戏世界、比特币世界，以及对应的资本世界，真实的社会应用只停留在各国政府的规划之中，真正与人们生活工作相适应的数字世界并没有出现，相信在今后相当长一段时间内也不会出现，因为虚拟世界的数字身份的真实性和唯一性问题是最大的障碍。既然主体的真实性和唯一性无法保证，那么义务与权利的对应性也就无从谈起。在元宇宙情境下，甚至在当前区块链、人工智能、ChatGPT 模式下，每个现实世界的自然人都会衍生出自己的多个数字人，活跃在数字虚拟世界的各个角落，社会秩序对这些数字人虚拟化身没有任何约束性，坦白来讲，虚拟世界与现实世界不仅是两条线，而且目前还是平行的状态，只是已经出现有的员工在职期间将公司的商业秘密以不同的形式变现。在数据时代，成立公司不再是商事行为的唯一身份象征，很多自然人在虚拟世界中成立公司，甚至结婚、生子、开展经营。元宇宙情境下的商业秘密保护呈现出更多的可能，员工并不一定会以离职形式及单独成立新公司形式与原公司竞争，在线跨境输出数据将成为常态，但契约与诚信精神是必须有的，这是法治和社会秩序的基础。

三、客户信息诉求应包括深度信息并有侵权证据佐证

如仅能证明部分信息构成客户信息，但未举证侵权，败诉风险自行承担。

【案例三基本案情】

原告某艺公司，成立于 2021 年 2 月 3 日，被告胥某等 4 人均曾系原告某艺公司业务部员工，被告 B 公司成立于 2021 年 5 月 30 日，股东为胥某等四被告。某艺公司与 B 公司均经营玩偶、公仔商品业务。

2021 年 3 月，某艺公司分别与四被告签订了《劳动合同》《保密协议》《员工手机使用协议》。胥某等四被告在某艺公司工作期间，均使用某

艺公司提供的工作微信开展日常工作。2021年7月，胥某等四人分别从某艺公司离职。

某艺公司认为四被告在离职前就已暗中提前设立了B公司，四被告利用职务便利，大量实施各种侵害某艺公司商业秘密的行为，包括但不限于将微信中的供应商客户信息披露给其他同行，利用微信中的供应商/客户信息擅自与该供应商/客户进行交易，私自复制和保存微信中的供应商/客户信息，删除微信中的供应商/客户，以及清空相关聊天记录等。在盗取了某艺公司的商业秘密后，四人迅速离职，利用B公司的平台，用某艺公司的商业秘密开展生产经营，导致某艺公司客户量和营业额骤减，使某艺公司遭受巨额经济损失，商誉也遭受严重损害。

现某艺公司向人民法院起诉。❶

（一）经营信息只有系统整理成为深度信息方可作为商业秘密

《最高人民法院关于审理侵犯商业秘密民事案件适用法律若干问题的规定》第27条规定，权利人应当在一审法庭辩论结束前明确所主张的商业秘密具体内容；仅能明确部分的，人民法院对该明确的部分进行审理。

该案中，原告提交包含数百个各类文件的光盘，经审判人员多次询问，未对其中的电子文件具体内容及证明目的进行明确，故审判人员仅以其当庭明确所主张商业秘密具体内容的部分进行审理。

《中华人民共和国反不正当竞争法》第9条第4款规定："本法所称的商业秘密，是指不为公众所知悉、具有商业价值并经权利人采取相应保密措施的技术信息、经营信息等商业信息。"上述商业秘密司法解释第1条第2款规定，与经营活动有关的创意、管理、销售、财务、计划、样本、招投标材料、客户信息、数据等信息，人民法院可以认定构成《反不正当竞争法》第9条第4款所称的经营信息。其中所称的客户信息，包括客户

---

❶ （2022）粤0115民初2627号。

的名称、地址、联系方式以及交易习惯、意向、内容等信息；第3条规定，权利人请求保护的信息在被诉侵权行为发生时不为所属领域的相关人员普遍知悉和容易获得的，人民法院应当认定为《反不正当竞争法》第9条第4款所称的不为公众所知悉；第4条规定，具有下列情形之一的，人民法院可以认定有关信息为公众所知悉：（1）该信息在所属领域属于一般常识或者行业惯例的；（2）该信息仅涉及产品的尺寸、结构、材料、部件的简单组合等内容，所属领域的相关人员通过观察上市产品即可直接获得的；（3）该信息已经在公开出版物或者其他媒体上公开披露的；（4）该信息已通过公开的报告会、展览等方式公开的；（5）所属领域的相关人员从其他公开渠道可以获得该信息的。将为公众所知悉的信息进行整理、改进、加工后形成的新信息，符合《反不正当竞争法》第3条规定的，应当认定该新信息不为公众所知悉。

根据上述规定，客户信息构成反不正当竞争法意义上的商业秘密，除应由客户名称、地址、联系方式等基本信息及交易习惯、意向、内容等深度信息所构成外，还应当符合"不为公众所知悉""采取了相应保密措施""具有商业价值"三个方面的要件要求。

（1）关于原告主张的"客户成交账目表""每月客户成交账目统计模板""客户成交账目统计"以及"微信工作中的部分客户信息"文件夹中的"发货明细单"截图：上述表格、发货明细单截图中包含的主要为相关订单或商品信息，而其中所包含的客户信息基本为客户名称，且大部分名称不完整，仅为地域+姓的概括称呼，既不包含客户的具体联系方式、地址等基本信息，亦不包含其交易习惯、意向等信息，既无法准确指向某一特定交易客户，亦无法据此与客户直接产生联系，更不能反映客户的交易习惯、偏好等深度信息，因此不能作为反不正当竞争法意义上的客户信息予以保护。

（2）关于原告主张其根据客户的工作微信聊天记录在诉讼中自行整理制作的"合作客户删了，我司重新加回来，有原件记录，部分图片丢失""删了客户中合作客户"表格，以及"被告窃取我方微信的客户信息"文件夹中的相关微信账号：根据《最高人民法院关于审理侵犯商业秘密民事案件适用法律若干问题的规定》第 2 条的规定，当事人仅以与特定客户保持长期稳定交易关系为由，主张该特定客户属于商业秘密的，人民法院不予支持。该案中，原告仅提供相关微信聊天记录截图，未提交证据证明微信聊天记录的主体身份，且即便上述聊天记录系被告在原告的工作微信与客户的聊天记录，其中的相关信息杂乱、零散分布于长期且众多微信聊天信息中，原告并未对其进行系统整理，亦未从中进行分析加工，从而使之成为可以展示客户基本信息及交易偏好、意向、习惯的深度信息，直至诉讼中应法院要求方才对被告的相关微信聊天记录截图进行部分概括整理，故其所主张的上述表格信息及微信账户亦不构成反不正当竞争法意义上的商业秘密。

（3）关于原告主张的"自搜美团客户"表格信息：根据前述规定，商业秘密应当具有秘密性，即有关信息不为其所属领域的相关人员普遍知悉和容易获得，必须是区别于相关公知信息的特殊客户信息。而"自搜美团客户"信息系从美团平台搜索整理获得，而被告提交的相关美团店铺截图亦证明，相关店铺的地区、店名、地址、电话等信息均可在美团平台公开渠道获取，故该表格信息因缺乏秘密性，亦不构成反不正当竞争法意义上的商业秘密。

（4）关于原告主张的"客户明细表""客户资料表"7 份表格。首先，上述表格均包含了相关客户的名称、联系人、地址、联系电话等基础信息，且经系统整理，数量较多，可以作为潜在交易对象信息，为原告的经营带来竞争优势和利益，而被告并未举证证明上述信息均可从公开渠道获得；同时，"客户明细表""客户资料表"等表格还在"备注"列标明了部分客户对商品质量、订货量、寄送方式等的需求或评价，体现了客户特定的交易偏好、习惯和意向等深度信息，不易为同行业从业者从公开渠道知悉或获得；其次，上述表格系被告在原告任职期间制作，保存于原告为三人配置的工作电脑及手机上，而原告与员工签订了保密协议及手机使用协议，对员工工作手机及微信进行备案管理，采取了相应保密措施；最后，被告均确认代表原告与部分客户进行交易或沟通，其具有相应的商业价值。综上，审判人员依法认定上述 7 份表格符合反不正当竞争法及相关司法解释关于商业秘密的要件要求,构成反不正当竞争法意义上的商业秘密。被告主张前述商业秘密部分来自被告入职原告前积累的客户资源,但未提交充分证据予以证实;且即便其所述属实,三人在入职原告后将相关信息给予原告使用,以原告名义对外与客户交易,并在原告任职期间整理制作上述表格信息保存于原告的工作电脑及手机中,其行为属职务行为,上述表格应属于原告的商业秘密,审判人员对其该项抗辩不予支持;至于被告以原告的保密制度执行不严否认原告对上述客户信息采取了保密措施理据不足,审判人员亦不予采纳。

(二)原告指控被告侵犯其商业秘密应以其具有合法权权益为基础

《反不正当竞争法》第9条第1款、第2款规定,经营者不得实施下列侵犯商业秘密的行为:(1)以盗窃、贿赂、欺诈、胁迫、电子侵入或者其他不正当手段获取权利人的商业秘密;(2)披露、使用或者允许他人使用以前项手段获取的权利人的商业秘密;(3)违反保密义务或者违反权利人有关保守商业秘密的要求,披露、使用或者允许他人使用其所掌握的商业秘密;(4)教唆、引诱、帮助他人违反保密义务或者违反权利人有关保守商业秘密的要求,获取、披露、使用或者允许他人使用权利人的商业秘密。经营者以外的其他自然人、法人和非法人组织实施前款所列违法行为的,视为侵犯商业秘密。

(1)原告指控被告通过原告工作微信将前述商业秘密转发给其私人微信窃取其商业秘密问题。原告在该案主张的客户信息中,仅"客户明细表""客户资料表"等7份表格文件属于反不正当竞争法意义上的商业秘密。而原告确认其所提供的录屏视频或微信聊天记录截图仅反映了被告等人将其工作微信上的部分微信名片发送至其他账户的过程,并未显示被告从事了将前述7个表格中的客户信息进行私自复制保存、转发等窃取行为,而其证据显示的转发微信名片信息亦无法与前述表格所载客户信息对应;同时,单纯的微信名片信息本身不构成反不正当竞争法意义上的商业秘密,即便原告确能证明被告将部分客户微信名片从原告的工作微信转移至私人微信,亦不能证明被告构成窃取案涉商业秘密行为。

(2) 原告主张被告以在原告工作微信上删除案涉客户信息的方式窃取其商业秘密问题。首先,反不正当竞争法所规范的是公平竞争秩序,而非商业秘密权利人对商业秘密享有的物权等财产权利。故根据《反不正当竞争法》第 9 条第 1 项规定的以"不正当手段获取权利人的商业秘密行为"是以盗窃、贿赂、电子侵入等积极方式不正当地获取他人商业秘密,从而不正当地获得竞争优势的行为,而不包括以删除等消极形式的损毁、删除他人商业秘密的行为。因此,仅有删除行为本身不构成《反不正当竞争法》第 9 条第 1 项所规定的以"不正当手段获取权利人的商业秘密"的行为。其次,原告提供的视频仅能显示对手机进行恢复的过程,既无法显示文件恢复是人为删除造成,亦未显示删除的主体、时间及过程;而其提供的部分微信截图亦只能显示微信账户被加回的过程,无法证明删除的主体、时间、过程,且微信账号本身并不构成反不正当竞争法所规定的商业秘密,即原告的现有证据无法证实被告从事了窃取其商业秘密的行为,应承担举证不利的后果。若原告认为删除行为侵犯了其其他权利,可另行起诉向被告主张。

(3) 原告主张被告违反保密义务向 B 公司披露并使用案涉商业秘密,以及 B 公司明知而使用案涉商业秘密的行为。根据原告与被告签订的相关保密协议及手机使用协议,被告确应履行保密义务。然而,原告既未提交被告向 B 公司披露案涉商业秘密的相关证据,亦未提供被告实际使用案涉客户信息的相关证据,且确认无法提交 B 公司在实际经营过程中使用案涉客户信息的证据,其该项指控缺乏证据支持,应当承担举证不利的后果,法院对其该项主张不予支持。

综上,虽然原告主张的部分客户信息符合反不正当竞争法所规定的商业秘密要件,构成反不正当竞争法所规定的商业秘密,但其现有证据无法证实被告从事了窃取、披露、使用及允许 B 公司使用案涉商业秘密的行为,亦无法证实 B 公司存在明知而使用案涉商业秘密的行为,不能证明被告侵犯其商业秘密,原告就此主张被告停止侵权、公开道歉并赔偿损失缺乏事实及法律依据，法院不予支持。若原告认为被告违反案涉劳动合同及保密协定约定的竞业限制义务，可另寻法律途径向被告主张。

（三）判决分析

该案原告的诉讼请求没有被人民法院支持，其主要原因在于原告对客户信息类商业秘密的理解和证据整理不到位，没有将客户信息进行深度梳理和整合，在纠纷发生之前没有明确哪些是客户信息以及采取了哪些合理的保密措施，仅有的"客户明细表"等7份资料被认定为商业秘密但是没有证据显示被侵犯，而其举证被侵犯的反而不是商业秘密，最终导致败诉。

从该案来看，企业要保护好自己的商业秘密，应该在日常经营过程中将客户信息系统梳理并做好深度信息的内容界定和合理保护措施。法律保护的商业秘密权益中，要求权利人在"侵权行为发生前"采取保密措施才有效。同时对于侵权行为的取证也要紧密对接客户信息内容本身，做到对应性举证。一般来说，技术信息类商业秘密诉讼中，权利人要举证自己的密点以及侵权人侵权的具体密点范围，才能得到法律的保护。经营信息类商业秘密也有密点的概念，只是有的讲，有的不讲。在司法案例中很少见到经营信息类商业秘密有密点的阐述，一般就是讲具体的经营信息类商业秘密，如客户信息作为商业秘密包含哪些具体内容，这就需要权利人提前整理出类似于密点的具体内容作为支撑，并做好保密措施及侵权人的侵权点证据收集，才能在诉讼中得到法律的支持。

四、劳动争议前置程序不是侵犯商业秘密案件必经程序

【案例四基本案情】

原告C公司成立于2019年6月4日。2019年6月3日，C公司与被告徐某签订《劳动合同》及《保密及竞业限制协议》，约定C公司聘用徐某从事BD（业务开发）岗位工作，工作内容为开发客户、与开发成功的客

户进行交易对接；工作期限自 2019 年 6 月 3 日起至 2022 年 6 月 2 日止；徐某在 C 公司工作期间及其后的任何时间，均不得向 C 公司以外的任何人透露或为本人在 C 公司的工作以外的任何其他目的使用下列信息或秘密，包括但不限于 C 公司或其关联公司的任何保密或专有信息或商业秘密；C 公司或其关联公司从他方获得并有义务作为保密或专有信息处理的任何信息。2021 年 9 月 17 日，徐某申请离职，并于 2021 年 9 月 30 日与 C 公司办理离职交接手续。

徐某在职期间，通过 C 公司的公司邮箱 bd2@ project – sh. com 开发客户，其中包含对 JULBO 品牌公司工作人员 Emmanuel AUROUSSEAU（通过邮箱 Emmanuel. a@ julbo. fr）提供的意向订购产品（含眼镜图纸、样品）进行报价。C 公司与徐某双方确认如交易成功，利润为交易额的 20% 左右计 22000 余元。2021 年 9 月初，徐某到案外人温州某眼镜进出口有限公司应聘，过程中提出其与 JULBO 品牌公司工作人员有在接洽。徐某在提出离职前，将其与 JULBO 品牌公司工作人员 Emmanuel AUROUSSEAU 之间的电子邮件发送给 kc20@ kceyewear. com 及徐某个人邮箱 millerxu@ yeah. net，并将上述邮件从 bd2@ project – sh. com 邮箱中删除。徐某离职前未告知 C 公司其与 JULBO 品牌公司开发情况，交付内容亦不包含上述电子邮件。后经 C 公司催讨，徐某于 2021 年 10 月份将 JULBO 品牌公司提供的样品交还。徐某在某眼镜进出口有限公司工作期间，继续与 JULBO 品牌公司进行接洽，但目前仍处于接洽开发阶段，尚未达成合作。

现 C 公司向人民法院起诉，请求判令被告徐某立即停止其所在就职公司跟 C 公司客户 JULBO 公司新开发任何项目并承担 C 公司客户流失费用、项目开发费用等。❶

（一）符合深度客户信息标准的可构成商业秘密

根据《反不正当竞争法》第 9 条及相关司法解释的规定，商业秘密，

---

❶ （2022）浙 03 民终 2739 号。

是指不为公众所知悉、具有商业价值并经权利人采取相应保密措施的技术信息和经营信息等商业信息；商业秘密中的客户名单，一般是指客户的名称、地址、联系方式以及交易的习惯、意向、内容等构成的区别于相关公知信息的特殊客户信息。

该案被告与客户公司工作人员之间的电子邮件内容包含客户公司的需求意向、产品要求、供货范围、被告基于 C 公司的经营情况出具的报价信息等深度信息，不为公众所知悉。根据双方的庭审陈述，如该客户开发成功，根据被告的报价，C 公司将产生报价金额约 20% 的利润，故案涉信息具有经济价值。C 公司通过与被告签订保密协议、要求被告以公司邮箱与客户沟通的形式对案涉信息采取了合理的保密措施。综上，C 公司诉请的客户信息等符合商业秘密的认定。

（二）被告侵犯客户信息，可要求其赔偿但一般不包括停止交易

被告在 C 公司工作期间，将包含上述 C 公司商业秘密的电子邮件转发至其他单位与其个人邮箱，并将相关电子邮箱内容从 C 公司邮箱中删除，违反了双方关于保密条款的约定，构成侵害 C 公司商业秘密，被告应予停止侵害。对于被告侵害行为给 C 公司造成的损失，结合案涉信息的预期商业价值，被告及新任职单位与案涉客户洽谈情况（C 公司未举证证明被告及其新任职单位已经与案涉客户达成合作）、被告的主观过错，酌定被告赔偿 C 公司 20000 元，C 公司的该项诉讼请求合理有据，予以支持。反不正当竞争法虽然将客户名单作为一类商业秘密加以保护，但这并不意味着他方均不得再与所涉客户进行交易。反不正当竞争法将客户名单作为商业秘密加以保护的立法本意是保护经营者的客户名单等经营信息不被他人不当利用，而非保护经营者对客户资源的垄断。如果其他经营者系通过正当渠道与相关客户进行交易的，并不为反不正当竞争法所禁止。故 C 公司诉请被告立即停止其所在就职公司跟 C 公司客户新开发任何项目，依据不足，不予支持。

（三）纠纷是否需要经过劳动仲裁前置程序应以案由选择为准

劳动争议是劳动者与用人单位因劳动合同法律关系发生的争议，违反劳动合同的行为同时又构成侵权行为的，法律并不排除当事人针对侵权行为要求行为人承担侵权责任。该案系被告作为劳动者与 C 公司作为用人单位之间因保密约定引发的纠纷，受损害方有权选择要求对方承担违约责任或者侵权责任。现 C 公司选择以被告侵犯其商业秘密为由主张其承担侵权责任，该案纠纷不属于劳动争议。被告提出的该案应先经过劳动仲裁程序的抗辩理由不成立，法院不予采纳。

（四）判决分析

客户信息之所以是商业秘密案件的特殊难点，是因为客户信息的具体内容在实践中的表现形式多样，权利人自身有时都很少考虑，很多权利人认为只是客户的名称、联系人、联系方式等基本信息，殊不知这些基本信息单独来看，并不能作为商业秘密。企业名称单独是公知的，对于联系人和联系方式，只要是本领域范围内，都可能对这一客户适用，很难界定为商业秘密。但是如果上述基本信息结合客户的交易习惯、具体交易意向和内容需求等内涵，这些内涵区别于相关公知信息，是特殊客户信息，可以认定为非公知性。由于这些内涵本身对于权利人而言就是一种经营资源，一旦有业务发生就能实现其价值，因此这些内涵商业价值明显，权利人在实行一定的保密措施后，可以认定为商业秘密。

对于客户信息类商业秘密，侵权的主要表现形式在该案中比较典型，员工通过邮件泄露给他人，违反保密约定。该案被告行为尚没有因为泄露商业秘密使第三方公司形成竞争性业务而给权利人造成更大损失，在具体权利人损失和侵权人获利无法举证的前提下，法院适用法定赔偿原则是正确的。

对于原告提出的要求被告公司停止与客户交易的诉讼请求没有得到法院的支持，给了我们一个很好的启示：客户信息作为商业秘密，国家以反不正当竞争法进行立法的本意，是保护经营者的客户名单等经营信息不被他人不当利用，而不是保护经营者对这一客户信息资源的垄断。任何经营者都可以通过合法渠道与此客户进行交易，并不为法律所禁止。因此，客户信息类商业秘密案件中，原告一般不能诉求他人与其客户停止交易。

另外，对于员工违反保密义务引发的诉讼，这种保密义务可能是约定义务，也可能是法定义务，无论哪种性质的保密义务，只要发生纠纷，权利人面临案由的选择：要么是违约，要么是侵权。如果选择员工违约追究其法律责任，则因为劳动合同违约属于劳动争议，必须经过劳动争议前置程序；如果选择员工侵权，则可以直接在人民法院起诉，这时的劳动争议程序就不是案件的必备前置程序。

在实务中，当前企业在线办公、数据化应用情形非常广泛和普及，就连最基本的一般销售型企业，通过邮件、微信、在线 SVN 等形式与员工办公交流的也很普及，信息的保密工作环境越来越复杂，与外界的物理隔离界限也越来越模糊，尤其当企业使用区块链，无论是公有链、私有链还是联盟链，在秘密信息的内容界定、保护方法、侵权跟踪、纠纷解决等方面都缺乏系统的思维，这一点值得企业在日常经营中特别注意。

五、投标报价、客户资源成为商业秘密须具备法定要件

【案例五基本案情】

原告 D 公司成立于 2006 年 9 月 25 日，法定代表人孙某。2015 年 4 月 21 日，D 公司（甲方）与被告刘某（女）（乙方）签订《劳动合同》，约定由乙方在甲方市场部门担任经理岗位，工作内容为完成公司下达的工作任务及目标，遵从公司安排，完成上级领导交办的全部任务及事宜。2020 年 4 月 20 日，D 公司（甲方）与刘某（女）（乙方）再次签订《劳动合同》，约定由乙方在甲方市场部门担任市场销售经理岗位。

2019 年 2 月 28 日至 2020 年 4 月 13 日期间，刘某（男）在 D 公司技术部门担任技术工程师岗位。2020 年 4 月 13 日，刘某（男）因个人原因向 D 公司提出离职申请，D 公司于同日出具《离职证明》，双方解除劳动

关系。

刘某（女）、刘某（男）系姐弟关系。

2019年7月16日，本案第三方E公司成立，第三方E公司的法定代表人为刘某（男），刘某（男）为其唯一股东。

2014年、2015年、2017年，D公司分别中标广州农商行监控设备项目等或子包，成为广州农商行相关项目的成交供应商，D公司并提交了2018年、2019年广州农商行开具的增值税专用发票。其中，2015年的《监控安防设备项目》授权代表为孙某、刘某（女），经过两次投标报价中标；2017年的《监控设备项目》授权代表为孙某、刘某（女），经过三次投标报价中标。D公司在2017年中标广州农商行的项目后，与广州农商行签订了《广州农村商业银行监控安防设备采购框架合同》，合同有效期为2017年11月28日至2019年11月27日。

D公司、E公司均参加了2020年广州农商行"监控设备项目（第二次）（子包一）（子包二）"（以下简称涉案项目）的投标，D公司的授权代表为孙某、刘某（女），E公司的授权代表为刘某（男）、成某宇。经过两轮报价，该项目由E公司中标。

2020年6月29日，D公司向广州农商行发送了《投诉书》，其认为刘某（女）、刘某（男）两人在D公司任职期间知悉其重要商业机密和竞争优势的情况下，直接影响了中标结果，损害了其正当权益，对监控设备项目（第二次）的中标结果提出异议，希望广州农商行根据投诉内容展开调查。2020年7月1日，D公司出具《开除员工通知书》，立即与刘某（女）解除双方劳动合同关系。

2020年7月28日，广州农商行经调查，认为E公司在监控设备项目（第二次）投标过程中存在提供不实材料的行为，且E公司法定代表人与D公司本项目授权代表为姐弟关系。广州农商行取消E公司在监控设备项目（第二次）的中标资格，监控设备项目（第二次）采购失败。

原告D公司以被告刘某（女）、第三方E公司、第三方E公司法定代表人刘某（男）实施了侵害其商业秘密的不正当竞争行为为由向人民法院

提起诉讼。❶

商业秘密应当具有商业价值性、秘密性和保密性。商业价值性是指其能为权利人带来经济利益，它能使商业秘密的所有人因掌握商业秘密而获得竞争上的优势。秘密性是指不为公众所知悉，即不为社会公众包括通常处理所涉信息范围的人普遍知道或者容易获得。保密性是指采取保密措施，即所有人主观上将该信息视为秘密，并且采取适当的保密措施以维持信息的保密性。

（一）投标报价符合商业秘密构成要件可以作为商业秘密保护

投标文件一般系由投标人自行制作，在开标之前必然采取密封措施，这是招投标活动的题中应有之义。D公司在涉案项目的投标文件中的投标报价信息，是由其法定代表人决定后告知被告，由被告先通过电话回复客户，再在第二天通过邮件回复，并不为公众和其他投标单位所知晓，具有秘密性。

《最高人民法院关于审理不正当竞争民事案件应用法律若干问题的解释》（2020年修正）第11条第1款、第2款规定："权利人为防止信息泄露所采取的与其商业价值等具体情况相适应的合理保护措施，应当认定为反不正当竞争法第十条第三款规定的'保密措施'。人民法院应当根据所涉信息载体的特性、权利人保密的意愿、保密措施的可识别程度、他人通过正当方式获得的难易程度等因素，认定权利人是否采取了保密措施。"该案中，D公司主张的投标报价信息的制作、流转仅限于参与投标活动的人员范围，即法定代表人、被告，D公司在与被告的劳动合同中亦有约定被告对D公司的商业秘密负有保密义务，且投标文件的天然秘密属性也要求任何知道标书内容的人都应负有保密义务，故可认定D公司对包括报价在内的投标信息采取了保密措施，而且这种保密措施也达到了法律要求的标准，因此具有保密性。

---

❶ （2021）粤73民终5578号。

《最高人民法院关于审理不正当竞争民事案件应用法律若干问题的解释》（2020年修正）第10条规定，有关信息具有现实的或者潜在的商业价值，能为权利人带来竞争优势的，应当认定为《反不正当竞争法》第10条第3款规定的"能为权利人带来经济利益、具有实用性"。在客户涉案项目的招标活动中，投标报价是决定能否中标的重要因素，会影响到投标的最终结果。因此，在标书公开之前，竞标者的最终报价信息能使其保有一定的竞争优势，一旦中标就能给所有人带来经济利益，因此，具有实用性。据此，D公司主张的投标报价符合商业秘密的构成要件，属于商业秘密中的经营信息，应当予以保护。

（二）仅靠商业合同不能将客户资源认定为商业秘密

《最高人民法院关于审理不正当竞争民事案件应用法律若干问题的解释》（2020年修正）第13条第1款规定："商业秘密中的客户名单，一般是指客户的名称、地址、联系方式以及交易的习惯、意向、内容等构成的区别于相关公知信息的特殊客户信息，包括汇集众多客户的客户名册，以及保持长期稳定交易关系的特定客户。"根据《最高人民法院关于审理侵犯商业秘密民事案件适用法律若干问题的规定》第1条规定，与经营活动有关的客户信息，人民法院可以认定构成《反不正当竞争法》第9条第4款所称的经营信息。前款所称的客户信息，包括客户的名称、地址、联系方式以及交易习惯、意向、内容等信息。当事人仅以与特定客户保持长期稳定交易关系为由，主张该特定客户属于商业秘密的，人民法院不予支持。

D公司在该案中主张客户资源为其商业秘密，具体包括客户的联系方式、D公司与相应客户的合同内容、价格、客户的商业习惯，并提交了其与部分客户签订的商业合同。但仅依据D公司的以上陈述以及相关商业合同，不足以认定相关客户与其具备相对稳定的交易关系，D公司亦未能明确其通过上述交易活动所获知的特定客户信息内容。即现有证据尚不足以认定D公司所主张的客户资源具备商业秘密所需的商业价值性、秘密性和保密性要件。

当事人指称他人侵犯其商业秘密的,应当对其拥有的商业秘密符合法定条件、对方当事人的信息与其商业秘密相同或者实质相同,以及对方当事人采取不正当手段的事实负举证责任。其中,商业秘密符合法定条件的证据,包括商业秘密的载体、具体内容、商业价值和对该项商业秘密所采取的具体保密措施等。

该案中,对特定客户的名称、地址、联系方式、交易习惯、交易内容、特定需求等信息进行整理、加工后形成的客户信息,可以构成《反不正当竞争法》第9条第4款所称的经营信息。但原告仅提供其与常州贝斯特控制设备有限公司等11家公司签订的14份采购合同,主张上述供应商的信息,包括供应商名称、地址、联系人、联系电话等构成商业秘密,但并未就商业秘密的载体、具有的商业价值进行举证,不能形成反不正当竞争法意义上的经营信息。

(三) 对投标报价和客户信息构成商业秘密的二审分析

根据《最高人民法院关于审理侵犯商业秘密民事案件适用法律若干问题的规定》第1条第2款的规定,与经营活动有关的招投标材料、客户信息等信息,人民法院可以认定构成《反不正当竞争法》第9条第4款所称的经营信息。

该案中,对于涉案投标报价是否构成商业秘密,被告以涉案投标报价不具有实用性为由主张其不构成商业秘密。对此,法院认为,根据涉案项目招标文件的记载,涉案项目采用综合评分法进行评标,具体评分项包括测试和价格。从客户往年的项目评标规则来看,价格评分占项目的综合评分的60%,价格评分系根据投标人的有效报价与基准报价的偏离程度,对投标人的价格分数进行扣减后计算得出,分数由20分到60分。由此可见,投标人的有效报价直接影响其是否中标,而中标必然能为投标人带来经济利益。在投标人的有效报价被披露的情况下,投标人必然会丧失竞争优势,而竞标方获取另一方的报价必然增加了竞争优势。该案中,第三方E

公司的四项报价均低于 D 公司，从而成功中标的事实也印证了投标价格能为竞标人带来竞争优势。因此，涉案项目的投标价格具有实用性。故一审认定涉案投标价格构成商业秘密正确。

对于客户信息是否构成商业秘密，D 公司主张的客户信息载体为若干商业合同，但这些商业合同中，部分为 D 公司与客户签订，部分为第三方 E 公司与客户签订，这些合同没有体现 D 公司所主张的客户的交易习惯、意向等深度信息。D 公司亦未举证证明这些合同中的客户信息具有区别于公共信息的特定性，以及经过 D 公司花费相当的时间和经费获得。因此，D 公司上诉主张涉案客户信息构成商业秘密，理据不足，法院不予支持。

（四）被告与第三方 E 公司恶意串通侵害 D 公司商业秘密

《反不正当竞争法》第 9 条规定，经营者不得实施下列侵犯商业秘密的行为：……违反保密义务或者违反权利人有关保守商业秘密的要求，披露、使用或者允许他人使用其所掌握的商业秘密。第三人明知或者应知商业秘密权利人的员工、前员工或者其他单位、个人实施该条前款所列违法行为，仍获取、披露、使用或者允许他人使用该商业秘密的，视为侵犯商业秘密。

该案中，D 公司参与客户涉案项目投标工作的人员为被告，在案证据以及被告的陈述能够证实被告代表 D 公司多次参与了包括涉案项目在内的客户的多次投标活动，对于客户的招投标流程以及 D 公司的投标信息均较为了解。被告作为 D 公司的授权代表参与投标，理应尽到忠诚和保密义务。第三方 E 公司的法定代表人及唯一股东与被告系姐弟关系，且二人曾同时在 D 公司就职。被告对于第三方 E 公司也参与了客户涉案项目的招投标活动应当是知情的。其在明知 D 公司参与涉案项目招投标活动的情况下，还让其弟弟经营的第三方 E 公司参与竞标，难谓善意。D 公司的投标报价信息为被告知悉，考虑到被告的双重身份，虽然 D 公司、第三方 E 公司参与客户涉案项目投标所使用的产品品牌不同，但第三方 E 公司在第二轮投标报价中将全部四项报价均设定为小幅低于 D 公司的报价，难谓巧合。根据民事诉讼优势证据规则，基于逻辑推理和日常生活经验法则，可以推定被告将其知悉的 D 公司的投标报价信息向第三方 E 公司进行了披露，且第三方 E 公司在确定其报价时利用了上述信息。又根据《反不正当竞争法》第 32 条第 2 款的规定，商业秘密权利人提供初步证据合理表明商业秘密被侵犯，且提供以下证据之一的，涉嫌侵权人应当证明其不存在侵犯商业秘密的行为：（1）有证据表明涉嫌侵权人有渠道或者机会获取商业秘密，且其使用的信息与该商业秘密实质上相同；（2）有证据表明商业秘密已经被涉嫌侵权人披露、使用或者有被披露、使用的风险；（3）有其他证据表明商业秘密被涉嫌侵权人侵犯。虽然第三方 E 公司辩称被告未向其披露 D 公司投标报价信息，其只是在第一次投标报价的基础上降低了投标报价，但其未能提供证据证实其投标报价是如何具体确定或其他反驳证据，法院对其上述抗辩意见不予采信。第三方 E 公司通过略低于 D 公司的投标报价获得了较大的竞争优势，并最终中标。结合客户在接到 D 公司的投诉之后取消了第三方 E 公司在涉案项目的中标资格的事实，法院认为，可以认定被告存在违反保密义务向第三方 E 公司披露 D 公司投标报价信息的行为，第三方 E 公司亦存在明知被告违法披露仍然获取并使用 D 公司商业秘密的行为。被告、第三方 E 公司的被控侵权行为侵害了 D 公司的商业秘密，构成不正当竞争。

二审法院的认定：根据《反不正当竞争法》第 32 条的规定，商业秘密权利人提供初步证据合理表明商业秘密被侵犯，且有证据表明涉嫌侵权人有渠道或者有机会获取商业秘密，且其使用的信息与该商业秘密实质上相同的，涉嫌侵权人应当证明其不存在侵犯商业秘密的行为。该案中，各方当事人对于被告获得 D 公司涉案项目投标价格的事实没有争议，各方当事人二审争议的焦点在于被告是否将该投标价格披露给第三方 E 公司，以及第三方 E 公司是否获取并使用了该投标价格。对此，法院认为，D 公司已经提供了初步证据表明被告、第三方 E 公司侵害其商业秘密，理由如下：首先，被告的办公电脑中储存有被告在 D 公司任职期间，作为第三方 E 公司的授权代表人或者联系人，与客户签订销售监控产品的合同电子文档。虽然被告、第三方 E 公司均以相关合同无原件为由否认其真实性，但上述合同均系从被告办公电脑中发现，而且合同加盖了第三方 E 公司的公章，部分合同还有被告的签字，在被告、第三方 E 公司未提交反证的情况下，可以确认上述合同的真实性。通过上述合同可以证明，第三方 E 公司与 D 公司构成同业竞争，被告参与了第三方 E 公司的经营，知悉第三方 E 公司的经营情况。其次，被告和第三方 E 公司法定代表人系姐弟关系，其分别作为 D 公司和第三方 E 公司在涉案招投标项目的经办人，并在投标响应函中承诺与该项目其他谈判供应商不存在任何关联关系，考虑到被告多年从事招投标工作，应该清楚了解若招标方知悉其与第三方 E 公司法定代表人的姐弟关系，必然使 D 公司、第三方 E 公司丧失中标机会。在此情况下，D 公司和第三方 E 公司仍然同时参与涉案项目竞标，表明被告和第三方 E 公司法定代表人知悉两公司共同参与竞标。最后，D 公司与第三方 E 公司在第二轮报价中，第三方 E 公司的四项产品调整后的报价均小幅度低于 D 公司的报价，该差价足以使第三方 E 公司获得更高的评分从而最终中标。这说明被告将 D 公司的第二轮报价披露给第三方 E 公司法定代表人、第三方 E 公司，第三方 E 公司法定代表人、第三方 E 公司获取并使用了该报价具有高度盖然性。基于上述事实，D 公司已完成被告、第三方 E 公司法定代表人、第三方 E 公司侵害其商业秘密的初步举证责任，此时应当由被告、第三方 E 公司法定代表人、第三方 E 公司证明其不存在侵犯商业秘密的行为。被告、第三方 E 公司法定代表人、第三方 E 公司主张第二轮报价的价格下降幅度属于正常商业惯例，但第三方 E 公司与 D 公司参与投标的产品品牌、价格不同、D 公司往年产品报价也会下降等事实，均不足以证明两公司第二轮报价差价如此接近属于客观事实。被告还主张其穷尽举证证明未侵害 D 公司的商业秘密，但仅提交微信聊天记录、手机通话记录无法证明被告未向第三方 E 公司法定代表人、第三方 E 公司披露 D 公司的投标报价。因此，被告、第三方 E 公司法定代表人、第三方 E 公司未完成上述举证责任。至于被告、第三方 E 公司法定代表人、第三方 E 公司主张的 D 公司与第三方投标单位可能存在串通投标的问题，与该案无关，法院不予审查。综上，被告披露、使用，第三方 E 公司法定代表人、第三方 E 公司获取并使用 D 公司的商业秘密，侵害了 D 公司的商业秘密。

(五) 侵犯投标报价商业秘密法律责任，原告中标不能作为计算标准

根据《反不正当竞争法》第 17 条第 3 款、第 4 款的规定，因不正当竞争行为受到损害的经营者的赔偿数额，按照其因被侵权所受到的实际损失确定；实际损失难以计算的，按照侵权人因侵权所获得的利益确定。经营者恶意实施侵犯商业秘密行为，情节严重的，可以在按照上述方法确定数额的一倍以上五倍以下确定赔偿数额。赔偿数额还应当包括经营者为制止侵权行为所支付的合理开支。经营者违反该法第 6 条、第 9 条规定，权利人因被侵权所受到的实际损失、侵权人因侵权所获得的利益难以确定的，由人民法院根据侵权行为的情节判决给予权利人 500 万元以下的赔偿。被告、第三方 E 公司法定代表人、第三方 E 公司共同侵害了 D 公司的商业秘密，应当就 D 公司的经济损失共同承担赔偿责任。

关于赔偿数额的问题。D 公司主张按照 2018 年、2019 年其中标客户同一项目的销售毛利情况计算，两年合计 3363416.28 元，作为被告、第三方 E 公司法定代表人、第三方 E 公司侵害其投标报价商业秘密的赔偿数额。对此，一审法院认为，虽然 D 公司在涉案项目之前连续中标客户的项目，但不能据此认定其必然中标涉案项目，且即使其中标了涉案项目，也不能以此前项目的获利来推断涉案项目的获利，因此，D 公司的上述主张依据不足，一审法院不予支持。因 D 公司未能举证证明其因被侵权所受到的实际损失或被告、第三方 E 公司法定代表人、第三方 E 公司因侵权所获得的利益，亦未能举证证明其为制止侵权行为所支付的合理开支，一审法院综合考虑 D 公司参加客户的投标情况，被告、第三方 E 公司法定代表人、第三方 E 公司在该案中的侵权情节以及就涉案项目未实际获利，D 公司维权的合理费用等因素，酌情确定被告、第三方 E 公司法定代表人、第三方 E 公司的赔偿数额为 10 万元（含合理开支），超出部分，一审法院不予支持。

二审法院关于该案责任的认定：根据《反不正当竞争法》第 17 条的

规定，经营者违反本法规定，给他人造成损害的，应当依法承担民事责任。因不正当竞争行为受到损害的经营者的赔偿数额，按照其因被侵权所受到的实际损失确定；实际损失难以计算的，按照侵权人因侵权所获得的利益确定。赔偿数额还应当包括经营者为制止侵权行为所支付的合理开支。经营者违反本法第 6 条、第 9 条规定，权利人因被侵权所受到的实际损失、侵权人因侵权所获得的利益难以确定的，由人民法院根据侵权行为的情节判决给予权利人 500 万元以下的赔偿。

该案中，被告、第三方 E 公司法定代表人、第三方 E 公司共同侵害了 D 公司的商业秘密，应承担赔偿损失的民事责任。关于赔偿数额，D 公司主张若没有上述侵权行为，必然由 D 公司中标，故应以其往年通过中标客户同一项目的获利情况来计算损失。但根据 D 公司与招标方的约谈记录以及第三方 E 公司的取消投标（响应）资格通知书可知，由于被告与第三方 E 公司法定代表人系姐弟关系，第三方 E 公司的中标资格被取消后，D 公司也不能取得中标资格。由此可见，该案现有证据无法证明 D 公司未能中标涉案项目，系由于被告、第三方 E 公司法定代表人、第三方 E 公司侵害 D 公司的商业秘密所致。对于被告涉嫌违反劳动合同造成 D 公司损失的问题，D 公司可另行主张。此外，从 D 公司提交的涉案项目的投标报价来看，该项目的报价为 497177.52 元，D 公司据此主张该项目可获利 300 多万元缺乏证据证实。因此，D 公司主张的损失计算方式缺乏事实依据，法院不予支持。D 公司还主张按被告 2018 年、2019 年从 D 公司取得的提成收入计算赔偿数额，但被告往年的提成收入属于工作报酬，与该案侵权事实无关。第三方 E 公司由于被取消中标资格，亦没有违法获利。至于被告、第三方 E 公司法定代表人、第三方 E 公司上诉提出，由于第三方 E 公司参与投标增加 D 公司获利可能性的问题，法院认为，涉案项目系采用邀请招标方式确定供应商，即使第三方 E 公司不参与竞标，亦会有其他供应商参与，故该主张明显不能成立。鉴于上述情况，一审法院适用法定赔偿确定 D 公司的赔偿数额符合法律规定。一审法院综合考虑 D 公司参加客户的投标情况，被告、第三方 E 公司法定代表人、第三方 E 公司在该案中的侵权情节以及涉案项目未实际获利，D 公司维权的合理费用等因素，酌定赔偿数额并无不当。二审审理中，D公司未能举证证明一审判决酌定的赔偿数额存在畸低的情形，故法院对一审判决赔偿数额予以维持。

（六）判决分析

该案反映了投标书中的商务信息——投标报价的秘密性问题。

根据我国现行法律规定，招投标书属于商业秘密范畴，但招投标书具体有哪些内容可以成为商业秘密，需要企业作为权利人自行界定，只要符合商业秘密法定构成要件即可。

该案的投标报价泄密发生的场景是具体负责招投标的员工本身和另一家投标公司法定代表人是直系亲属关系，而且两个公司都有投标行为。特定场景构成了侵犯商业秘密这一事实，原告举证相对来说困难不是很大。还有很多场景更加复杂，如员工另外成立公司并利用其任职公司的资料投标，并将客户招标的情况对任职公司隐瞒，导致其任职公司丧失交易机会。

对于该案串通投标报价而泄密的法律责任承担，权利人主张以本公司中标利润为标准计算损失，没有得到法院的支持，其主要原因是招投标业务是一种商业机会，有很大的不确定性，即使侵权公司不参加投标，还有其他企业参加，权利人不一定确定中标。在这种情况下，权利人并没有就其损失做出充分的证据支持，最终人民法院使用了法定赔偿模式的综合考量。实务中，建议企业等权利人应尽量就侵权行为给自己造成的具体损失提供证据，以更好地维护自身合法权益。

在数据化越来越普及的今天，后续企业在线跨国跨区域业务会越来越多，众多业务可能不一定都是面对面业务，在线业务会急剧增长。这种情况下，元宇宙虚拟世界中的在线招投标业务也会提上日程，这种在线招投标业务涉及的各方投标人、招标人之间是否存在泄密、串通等不法行为的举证、鉴定会越来越多，凡事必留痕，在线招投标涉及的相关事项引发的商业秘密案件举证责任及举证能力也会发生相应的改变，立法层面应提前做好调研和预案。

六、员工在职期间成立竞争性公司侵犯商业秘密

【案例六基本案情】

2021年1月19日，F公司向一审法院起诉请求：（1）判令被告1、被告2、被告3、被告4、被告5、莱恩斯智能公司立即停止利用F公司的商业秘密，销毁被告1、莱恩斯智能公司的客户名单、产品说明书、产品设计图纸；（2）判令被告1、被告2、被告3、被告4、被告5、莱恩斯智能公司共同赔偿F公司损失50万元。

F公司成立于2011年1月6日。被告1成立于2019年5月20日。莱恩斯智能公司成立于2020年1月8日。

2018年6月22日，F公司与被告2签订《营销总监聘用合同》，约定F公司聘任被告2为营销总监。2019年5月4日，被告2从F公司离职，后成立被告1、莱恩斯智能公司，负责公司运作。

2018年7月3日，F公司与被告3签订了《办事处经理/销售工程师聘用合同》，约定F公司聘任被告3为广州办区域销售工程师。2019年5月5日，被告3从F公司离职，在被告1成立后就在该公司任华南区销售经理，负责该区域客户的开发和维护。

2018年7月2日，F公司同意被告5试用业务助理一职。2019年1月1日，F公司与被告5签订《劳动合同书》，约定被告5应按F公司保密制度对其所知的F公司规定的技术秘密、商业秘密及财务数据严格保密，本保密义务在本合同终止后两年内继续有效。2019年5月25日，被告5向F公司提出离职申请，2019年5月31日从F公司离职。2019年6月1日，被告5在被告1任财务一职，负责对账、支付，莱恩斯智能公司成立后亦有任职。

2018年8月16日，F公司同意被告4试用。2019年1月3日，F公司与被告4签订《劳动合同书》，约定被告4工作部门为业务部，职位系业务员。2019年6月1日，被告4在被告1担任生产主管，负责生产管理、制作，于2019年9月29日从被告1离职。

F公司认为产品设计图纸、产品说明书和产品图片参数属于其技术信息类商业秘密,报价方案、客户需求等客户信息属于经营信息类商业秘密。2019年6月12日,被告4从F公司离职后,与被告2微信聊天时打开的电脑页面显示,其离职后带走了其在F公司任职期间所完成的报价方案、客户需求等客户信息,并且其按照被告2的要求将其中一家企业的报价方案发送给被告2。被告5作为被告1的股东和财务人员,亦应当对被告1侵害F公司商业秘密的事实知情。F公司以被告1与G公司签订的《购销合同》打印件作为证据,证明被告2、被告3、被告4、被告5违反约定披露并允许被告1使用F公司的客户信息。F公司认为上述6被告侵犯了其商业秘密,故诉至人民法院。[1]

(一)客户信息构成商业秘密需符合基本构成要件

《反不正当竞争法》第9条第4款规定:"本法所称的商业秘密,是指不为公众所知悉、具有商业价值并经权利人采取相应保密措施的技术信息、经营信息等商业信息。"判断是否构成商业秘密,应当从秘密性、商业价值性、保密性三个方面审查。

具体到该案,F公司提交证据显示大部分客户信息仅登记有公司名称、地址、联系方式等内容,该部分信息不具有秘密性,可通过其他公开渠道获取,不符合商业秘密的秘密性要件,不宜被认定为商业秘密。客户信息中有登记报价方案、客户需求的部分,系F公司经过自身努力,投入人力、财力开拓市场,争取客户而取得的商业信息,该部分特定的经营信息不为其他同行业竞争者所知悉,具有秘密性。F公司对该部分信息的掌握,使其占据市场先机,具有竞争优势,并为后续的交易节约成本,具有商业价值性。此外,F公司使用加密系统储存该信息,公司人员需特定的账号密码方可录入、查看对应权限的内容,F公司亦与公司人员签订合同约定保密义务,F公司已对该部分信息采取保密措施,具有保密性。综上,F

---

[1] (2021)粤20民终7777号。

公司客户信息中记录报价方案、客户需求的内容，属于反不正当竞争法保护的商业秘密。

（二）员工以成立侵权公司形式侵犯原公司商业秘密应担责

即使 F 公司一审提交的客户信息只有企业名称、地址和联系方式等可从公开渠道获得的信息，但从二审中 F 公司提供的微信聊天记录可知，F 公司的业务人员也能接触到报价方案、客户需求等客户信息，而该信息属于不为公众所知悉的信息，且对促成交易具有重要的商业价值，具有秘密性和商业价值性。

关于保密措施：F 公司与员工签订的劳动合同包含保密条款，对员工提出了保密要求，并采用 CRM 管理系统对其客户信息进行管理，只有享有相应权限的人员才可以凭借账号、密码登录该系统进行查看。根据《最高人民法院关于审理侵犯商业秘密民事案件适用法律若干问题的规定》第 6 条"具有下列情形之一，在正常情况下足以防止商业秘密泄露的，人民法院应当认定权利人采取了相应保密措施：（一）签订保密协议或者在合同中约定保密义务的……（五）对能够接触、获取商业秘密的计算机设备、电子设备、网络设备、存储设备、软件等，采取禁止或者限制使用、访问、存储、复制等措施的……"的规定，审判人员认定 F 公司对其客户信息采取了保密措施。因此，F 公司主张的含有报价方案、客户需求的客户信息属于商业秘密。

关于 F 公司主张六被告实施侵犯其商业秘密的行为是否成立问题：首先，被告 1 与 G 公司签订的《购销合同》打印件，被告 1 仅确认其与 G 公司签订过《购销合同》，交易货物为检重机，但对 F 公司的合同打印件内容未予确认，因被告 1 作为合同当事人，其有能力而未提供其与 G 公司实际签订的《购销合同》，故对 F 公司提供的《购销合同》打印件予以采信。F 公司与 G 公司于 2019 年 4 月 11 日签订合同购买的检重机（型号 JLCW – 1200g）单价为 32000 元，被告 1 于 2019 年 10 月 14 日与 G 公司签订合同以单价 31000 元购买检重机（型号 LECW – 1200g）。显然，被告 1 以低于

F公司1000元的价格与G公司达成交易。其次，被告4录音中陈述被告2有盗取三千多条客户资料的行为，又于一审庭审过程中陈述其在被告1处见过三千多条客户信息，被告4虽表示不清楚该三千多条客户信息是否从F公司处窃取，以及表示其录音陈述的内容有些是假的，但被告4系该案被告以及被告1股东，其庭审陈述内容于己不利，且结合被告2在F公司任职可接触到客户信息，第三方公司以低于F公司1000元的价格与G公司达成交易的事实，故有理由相信被告2掌握有F公司的客户信息并向被告1披露、使用，被告2、被告1构成对F公司商业秘密的侵犯。至于被告5、被告4、被告3，F公司现有证据无法证明被告5、被告4、被告3存在窃取F公司客户信息的行为，但该三人与被告2共同成立被告1，且均在被告1任职并担任股东，应当知悉被告2向被告1披露并使用F公司商业秘密的行为，根据《反不正当竞争法》第9条第3款"第三人明知或者应知商业秘密权利人的员工、前员工或者其他单位、个人实施本条第一款所列违法行为，仍获取、披露、使用或者允许他人使用该商业秘密的，视为侵犯商业秘密"的规定，被告5、被告4、被告3亦构成对F公司商业秘密的侵犯。至于第三方智能公司，F公司未举证证明涉案行为与第三方智能公司有关，故F公司要求第三方智能公司承担责任的诉请，无据可依，法院不予支持。关于F公司主张被告1使用从F公司处获取的产品设计图纸、参数、说明书用于生产、销售的行为，F公司现仅有F公司法定代表人与被告4的录音提及被告2存在偷图纸行为，且被告4表示陈述内容不一定属实，该录音证明力较弱，在无其他证据佐证的情况下，对F公司的该主张不予采信。

（三）法定赔偿实践应用

双方均未提供证据证明F公司所受的实际损失及侵权人的获利情况，经综合考虑F公司客户信息中构成商业秘密部分的商业价值、F公司的投入，被告2、被告1的主观过错程度，不正当竞争行为性质、情节、持续时间、造成后果的严重程度等因素，酌定被告1、被告2、被告5、被告4、被告 3 应支付 F 公司经济损失 20 万元。

(四) 判决分析

该案原告对客户信息的商业秘密保护是有专门的商业秘密信息登记管理系统的。

虽然 F 公司提交证据显示大部分客户信息仅登记有公司名称、地址、联系方式等内容，该部分信息不具有秘密性，这也是很多企业对客户信息的认识误区，将客户信息等同于名称、联系人、联系方式。但该案中 F 公司的客户信息中的登记报价方案、客户需求的部分，是 F 公司通过业务来往获取的特定的经营信息，不为其他同行业竞争者所知悉，该公司同时使用加密系统储存该经营信息，并与公司特定人员签订保密合同，证明该信息对该公司具有商业价值，属于商业秘密。

该案中的经营信息有一个重要的证据点，即登记报价方案、客户需求虽然是客户信息，但是这些报价方案的载体在哪里？很多权利人往往在商业秘密载体上举证不能，没有载体，意味着商业秘密无法落地保护，载体是商业秘密有形可见的一个标准。该案 F 公司设置的存储经营信息的保密系统，对特定员工设置了特定权限，成为该经营信息的载体，很好地证明了该商业秘密的秘密性、商业价值性、保密性，值得其他权利人学习。

在众多的科技型企业中，数据保密系统已开始应用，有使用开源软件设立的公司管理系统，有使用区块链设置的内部运营系统等，这里的关键点就是管理系统针对的特定员工、特定事项是否做到了一对一，如果一对多是否符合商业秘密的"三性"要求。如前所述，由于开源软件的各类软件许可协议不同，带来的使用者权利范围不同，因此在使用开源软件前，权利人要明晰哪类开源软件允许使用人闭源且商用，才可以作为商业秘密保护。虽然目前众多的开源软件许可协议是美国版，但是国内司法案例已有部分案例从合同或契约的角度认可这些开源许可协议的法律效力，企业应引起注意。

七、客户信息应有适当载体为依托

【案例七基本案情】

被告陈某系原告某网络公司员工,可接触原告公司系统总后台账号及密码。原告认为其系统总后台的客户信息是由其员工通过网络渠道发帖或跟帖收集的潜在客户信息,属于其商业秘密。被告将上述客户信息窃取后以第三方公司的名义促成客户与第三方签订合同,侵犯了其商业秘密,故诉至人民法院。❶

(一) 客户信息后台管理系统有助于明确商业秘密载体

《反不正当竞争法》第 9 条第 4 款规定:"本法所称的商业秘密,是指不为公众所知悉、具有商业价值并经权利人采取相应保密措施的技术信息、经营信息等商业信息。"根据此规定,该案原告主张的客户信息构成商业秘密的信息应当具备秘密性、保密性和价值性三个要件。

1. 关于秘密性

《最高人民法院关于审理侵犯商业秘密民事案件适用法律若干问题的规定》第 3 条规定,权利人请求保护的信息在被诉侵权行为发生时不为所属领域的相关人员普遍知悉和容易获得的,人民法院应当认定为《反不正当竞争法》第 9 条第 4 款所称的不为公众所知悉。据此,客户信息的秘密性应当包括不为相关人员普遍知悉和并非容易获得两个要件。首先,该案原告主张的系统总后台客户信息包括姓名、性别、电话、住所、意向项目,"备注"及"详情"中还详细写明经过原告员工电话或微信聊天后该客户具体的要求、喜好、预算等情况。此类客户信息包含客户的个人隐私,且经过原告的收集、加工、整理,属于不为相关人员普遍知悉的信

---

❶ 重庆法院民营经济司法保护典型案例(第十批),https://www.thepaper.cn/newsDetail_forward_23669360,最后访问时间:2023 年 7 月 30 日。

息。其次,原告陈述了系统总后台的经营信息是由原告"推广"员工通过小红书、抖音等网络渠道发帖或跟帖收集潜在的整形客户,然后私信客户索要电话、询问意向项目,再由原告"客服"员工为这些客户推荐整形医院,并将通话或聊天内容录入系统"详情",形成信息,该信息录入后不能变更。从客户信息的获取过程来看,原告主张的系统总后台客户信息不是通过公开渠道就可以获得的,特别是电话号码、住所、意向项目甚至具体要求等信息并非他人能够轻易获取的信息,原告建立系统总后台的客户信息时投入了大量的人力、物力,且体现了原告的经营智慧和努力成果。

2. 关于保密性

《最高人民法院关于审理侵犯商业秘密民事案件适用法律若干问题的规定》第5条规定,权利人为防止商业秘密泄露,在被诉侵权行为发生以前所采取的合理保密措施,人民法院应当认定为《反不正当竞争法》第9条第4款所称的相应保密措施。人民法院应当根据商业秘密及其载体的性质、商业秘密的商业价值、保密措施的可识别程度、保密措施与商业秘密的对应程度以及权利人的保密意愿等因素,认定权利人是否采取了相应保密措施,即客户信息是否具有保密性,关键是从原告采取保密措施的合理性进行判断。首先,原告为系统总后台设置了密码,该密码只给予相关工作岗位人员使用,员工离职时适时更改密码。从原告对系统总后台客户信息的保密措施来看,原告的竞争对手通过正当手段无法获取该信息。其次,就被告而言,被告知晓一般员工无权知晓系统总后台密码,被告负责与合作医院对账故需要使用总后台密码,曾在 2021 年 8 月及 9 月询问原告管理人员系统总后台密码,由此可见,被告知晓系统总后台客户信息是保密对象。另外,原告管理人员在微信群"商务与客服沟通群"中,向被告陈某某及其他员工强调:"工作手机不能加私人微信,这个是违规操作,有什么都是加工作微信号。"由此可见,原告已告知被告客户微信等信息属于保密对象,被告不能私自添加微信,被告更应知晓该客户信息属于保密对象。被告辩称原告未在劳动合同中约定被告的保密义务。但即便劳动合同未约定被告有对原告相关信息的保密义务,原告主要从事的经营项目为促成潜在客户与医疗美容医院签订协议，原告的客户信息是其主要竞争资源，且原告采取了相应的保密措施，被告应当知晓原告系统总后台的客户信息是保密对象。所以，从原告采取的保密措施判断，原告已对其主张的系统总后台客户信息采取了合理保密措施。

3. 关于价值性

《最高人民法院关于审理侵犯商业秘密民事案件适用法律若干问题的规定》第 7 条规定，权利人请求保护的信息因不为公众所知悉而具有现实的或者潜在的商业价值的，人民法院经审查可以认定为《反不正当竞争法》第 9 条第 4 款所称的具有商业价值。该案原告主要从事的经营项目为促成潜在客户与医疗美容医院签订协议，原告通过各种渠道开发潜在客户，其岗位"推广""客服"的工作人员都是从事收集、整理、维护客户信息，原告此类中介型服务行业对潜在客户依赖性较大，潜在客户信息对其竞争优势影响较大。原告主张的系统总后台的客户信息能够带来竞争优势，并能形成经济效益，该信息具有商业价值性。

综上，原告主张的系统总后台客户信息是不为相关人员普遍知悉和容易获得的，是能为原告带来竞争优势和经济效益的，并已采取了合理保密措施的商业秘密。原告是该系统总后台客户信息的经营主体，有权对侵犯该商业秘密的行为主张权利。

被告辩称原告客户信息并非长期稳定交易客户的信息。《最高人民法院关于审理不正当竞争民事案件应用法律若干问题的解释》第 13 条规定，商业秘密中的客户名单，一般是指客户的名称、地址、联系方式以及交易的习惯、意向、内容等构成的区别于相关公知信息的特殊客户信息，包括汇集众多客户的客户名册，以及保持长期稳定交易关系的特定客户。特别需要指出的是，不能认为交易次数少或没有交易的客户信息就不可能构成商业秘密，没有交易的客户不意味与竞争优势无关。如前所述，原告系统总后台的深度客户信息符合上述商业秘密的构成要件，使原告取得经营资源上的竞争优势，仍应按商业秘密进行保护。反之，即便客户信息具备了相对稳定的交易关系，也不一定当然成为商业秘密意义上的客户信息。故对被告认为原告客户信息并非长期稳定交易客户的抗辩意见，法院依法不予采纳。

（二）以接触＋实质性相同原则确定被告侵权行为

《反不正当竞争法》第 9 条第 1 款规定，经营者不得实施下列侵犯商业秘密的行为：（1）以盗窃、贿赂、欺诈、胁迫、电子侵入或者其他不正当手段获取权利人的商业秘密；（2）披露、使用或者允许他人使用以前项手段获取的权利人的商业秘密；（3）违反保密义务或者违反权利人有关保守商业秘密的要求，披露、使用或者允许他人使用其所掌握的商业秘密；（4）教唆、引诱、帮助他人违反保密义务或者违反权利人有关保守商业秘密的要求，获取、披露、使用或者允许他人使用权利人的商业秘密。第 32 条第 2 款规定，商业秘密权利人提供初步证据合理表明商业秘密被侵犯，且提供以下证据之一的，涉嫌侵权人应当证明其不存在侵犯商业秘密的行为：（1）有证据表明涉嫌侵权人有渠道或者机会获取商业秘密，且其使用的信息与该商业秘密实质上相同；（2）有证据表明商业秘密已经被涉嫌侵权人披露、使用或者有被披露、使用的风险；（3）有其他证据表明商业秘密被涉嫌侵权人侵犯。

首先，被告可以接触原告系统总后台的客户信息。被告工作岗位为"商务"，其中一项工作内容为与合作医院核对成交量及对账，故需要原告系统总后台的客户信息。结合原告举示的被告与原告管理人员微信聊天内容，以及被告在 2021 年 10 月及 11 月发送的对账表的情况，被告在 2021 年 8 月至 11 月均为原告核对合作医院成交量，故此期间被告可以接触原告系统总后台的客户信息。

其次，被诉侵权信息与原告客户信息实质性相同审查。原告举示的系统总后台客户信息 1：2021 年 11 月 23 日 11：23：45 录入客户电话"1730287××××"、地区"四川成都"、意向项目"隆鼻"、备注"咨询隆鼻，面诊过眼睛，说要去朋友介绍的渠道医院做双眼皮，大姨妈来了还没去（微信大小号待验证），微信不存在了"。被告陈某某在 2021 年 11 月 23 日 11：41 通过其私人微信（微信昵称为 Destiny）向重庆 H 医院对接人员（微信昵称为@追求品质生活-姣）询问"1730287××××查询隆鼻，双眼皮"，该条信息中电话号码、意向项目与原告系统客户信息1中的电话号码、意向项目、备注信息完全重合，并且客户电话号码、意向项目、备注信息均为原告系统客户信息的核心秘密，不为相关人员普遍知悉，所属领域相关人员应当容易想到被告提供的客户信息与原告系统客户信息是一致的。被告陈述5条信息系被告向原告提供的自有客户信息，被告先向原告公司提供该客户信息，再将该客户信息用于其他第三方平台，亦能说明被告认可原告系统总后台5条客户信息与被告向第三方机构发送的信息的一致性。

最后，关于被告的保密义务，如前所述，被告知晓系统总后台客户信息是原告的保密对象，根据原告对被告的员工管理要求以及社会一般的职业道德和操守，被告有义务保守原告系统总后台客户信息的商业秘密，不得披露和使用该商业秘密。

综上，被告违反权利人即原告有关保守系统总后台客户信息商业秘密的要求，披露、使用其所掌握的商业秘密，侵犯了原告对系统总后台客户信息商业秘密的权利。

关于被告辩称，被告被诉侵权信息为其自有信息，被告先向原告公司提供客户信息，原告公司未能成功交易，被告再将该客户信息用于其他第三方平台。《反不正当竞争法》第32条第1款规定，在侵犯商业秘密的民事审判程序中，商业秘密权利人提供初步证据，证明其已经对所主张的商业秘密采取保密措施，且合理表明商业秘密被侵犯，涉嫌侵权人应当证明权利人所主张的商业秘密不属于本法规定的商业秘密。现原告已提供证据证明被告违反权利人即原告有关保守系统总后台客户信息商业秘密的要求，披露、使用其所掌握的商业秘密，被告主张被诉侵权信息为其自有信息，被告负有证明其如何获得被诉侵权信息的举证责任。尤其是，被告陈述其系在原告公司工作期间获得这些客户信息，并在原告公司工作期间以其他公司名义使用这些客户信息。被告作为原告的员工，在职期间使用这些客户信息，被告更应当证明这些客户信息的来源，并证明获得这些客户信息并非利用原告提供的物质条件、交易平台等获取。被告未说明其具体如何获得涉案客户信息，更未举示证据证明涉案客户信息系其自有信息并非工作期间的职务行为，故被告抗辩事实不成立，法院对被告上述抗辩意见不予采纳。

（三）以停止侵害＋赔偿损失方式界定侵权人的民事责任

《反不正当竞争法》第17条第1款、第2款规定，经营者违反本法规定，给他人造成损害的，应当依法承担民事责任。经营者的合法权益受到不正当竞争行为损害的，可以向人民法院提起诉讼。被告违反权利人即原告有关保守系统总后台客户信息商业秘密的要求，披露、使用其所掌握的商业秘密，侵犯了原告对系统总后台客户信息商业秘密的权利。被告应当立即停止侵害原告商业秘密，即不得披露、使用或允许他人使用原告享有的涉案商业秘密。

关于赔偿损失的诉讼请求，根据《反不正当竞争法》第17条第3款、第4款规定，因不正当竞争行为受到损害的经营者的赔偿数额，按照其因被侵权所受到的实际损失确定；实际损失难以计算的，按照侵权人因侵权所获得的利益确定。经营者恶意实施侵犯商业秘密行为，情节严重的，可以在按照上述方法确定数额的一倍以上五倍以下确定赔偿数额。赔偿数额还应当包括经营者为制止侵权行为所支付的合理开支。经营者违反本法第6条、第9条规定，权利人因被侵权所受到的实际损失、侵权人因侵权所获得的利益难以确定的，由人民法院根据侵权行为的情节判决给予权利人500万元以下的赔偿。鉴于该案权利人因被侵权所受到的实际损失、侵权人因侵权所获得的利益等均难以确定，法院综合考虑涉案商业秘密的性质、商业价值、信息开发成本、能带来的竞争优势以及侵权人的主观过错、侵权行为的性质、情节、后果等因素酌情确定被告陈某应承担的赔偿数额及合理开支为1万元。

（四）判决分析

该案也是关于客户信息的载体的很好案例，通过该案例明确了一般的客户信息通过企业后台管理，一样可以作为商业秘密对待。

该案法官对客户信息的交易标准作了评判和分析。很多企业认为，客户信息作为商业秘密应该针对有过成功交易的客户，最好是长期稳定交易的客户。这其实是一个误区，首先客户信息的商业秘密认定，并不以该客户是否以长期稳定客户为标准，而且最高人民法院司法解释也明确，仅仅以长期稳定交易关系为理由主张客户信息是商业秘密，得不到法律的保护。其次客户信息的商业秘密认定也不是仅以成功交易历史的客户为标准，无论是理论还是实务中，都不能认为交易次数少或没有交易历史的客户信息就不是商业秘密，没有交易的客户不意味与竞争优势无关，也不意味着权利人后续没有交易的可能。客户信息本身就是一个蓄水池，只要有，就有成功的可能。很多客户虽然被企业跟踪服务很长时间，对客户的需求、交易习惯等有了深刻了解，尽管当前企业不具备交易条件，但根据客户的特定需求和交易习惯，企业可以调整自己的业务方向、提高自己的业务标准，调整自己的业务习惯来适应客户，时机成熟，一样可以将其发展为自己的业务对象，这样的客户信息只要符合商业秘密"三性"要求，必然可以作为商业秘密来对待。

八、技术秘密纠纷应重视诉讼时效与重复起诉等程序问题

【案例八基本案情】

2014年4月27日，原告远程公司与被告1天遂公司签署案涉《合作协议》，双方同意合作自动分药器、药物管理和远程医疗，医疗疗效监测系统类产品的开发和生产；双方同时签署《保密、不规避、竞业禁止协议》，作为前述《合作协议》的附件。被告3华某作为被告1天遂公司的授权代表在协议签名。

《合作协议》《保密、不规避、竞业禁止协议》签署后，被告5何某及时任被告1天遂公司开发部经理的被告4王某平、业务部经理的被告3华某均代表被告1天遂公司参与合作项目的研发。2016年12月8日，原告远程公司与被告1天遂公司签订《付款协议》，约定因终止合作协议，被

告 1 天遂公司须归还的物品、原告远程公司须支付的款项等内容。

被告 1 天遂公司系自然人投资的有限责任公司，于 2014 年 4 月 3 日设立，彼时公司投资人为朱某玲（被告 3 华某之配偶）、被告 4 王某平。2021 年 7 月 9 日，被告 7 华某某、被告 8 王某某签署对被告 1 天遂公司的简易注销承诺书，被告 1 天遂公司于 2021 年 7 月 30 日经核准被简易注销。

被告 2 巨烨公司系自然人投资的有限责任公司，于 2017 年 2 月 7 日设立，彼时公司投资人为被告 5 何某、占某发，何某为法定代表人、执行董事兼总经理。

原告远程公司主张，根据原告远程公司与被告 1 天遂公司签署的《合作协议》《保密、不规避、竞业禁止协议》约定，双方开发合作的知识产权归属原告远程公司，开发过程中的信息双方应予以保密；因开发的药袋属于合作协议和保密协议约定的范畴，此过程中产生的技术信息属于其所有的技术秘密，理应得到保护；被告 1 天遂公司、被告 3 华某、被告 4 王某平、被告 5 何某违反保密约定，以侵权为目的设立被告 2 巨烨公司、将技术秘密交由被告 6 陈某华作为发明人申请为被诉专利，此种非法获取、披露和使用并允许他人使用案涉技术秘密的行为，已经侵犯原告远程公司合法权利，被告 1 至被告 6 等六名被告系共同侵权，应承担连带赔偿责任。❶

虽然《民法典》自 2021 年 1 月 1 日起施行，但依据《最高人民法院关于适用〈中华人民共和国民法典〉时间效力的若干规定》第 1 条第 2 款的规定，《民法典》施行前的法律事实引起的民事纠纷案件，适用当时的法律、司法解释的规定，但是法律、司法解释另有规定的除外。被诉专利申请日、授权公告日及案涉协议的签订、履行及被诉侵权行为均发生在《民法典》施行前，故该案仍应适用《中华人民共和国合同法》（以下简称《合同法》）、《中华人民共和国侵权责任法》（以下简称《侵权责任法》）的有关规定。原告庭审时仅保留技术秘密部分的主张，故该案案由应为侵害技术秘密纠纷。

---

❶ （2020）闽 02 民初 918 号。

（一）重复起诉及诉讼请求已过诉讼时效应依法排查

《最高人民法院关于适用〈中华人民共和国民事诉讼法〉的解释》第247条第1款规定："当事人就已经提起诉讼的事项在诉讼过程中或者裁判生效后再次起诉，同时符合下列条件的，构成重复起诉：（一）后诉与前诉的当事人相同；（二）后诉与前诉的诉讼标的相同；（三）后诉与前诉的诉讼请求相同，或者后诉的诉讼请求实质上否定前诉裁判结果。"经查，该案与前案的当事人、权利基础、诉争范围均不相同，不属于前述司法解释所规定的重复起诉情形，被告1、被告2关于该案构成重复起诉的主张不能成立。另外，原告在前案对被告3提起违约之诉时，也对包括被告3在内的被告提起该案侵权之诉问题。法院认为，两案所诉不是对同一权利的损害，不属于法律规定的权利竞合，被告1、被告2的此节抗辩，缺乏事实及法律依据，法院不予支持。至于维权支出在两案重合部分，法院将结合审理情况，予以综合判断。

被告1、被告2还主张，被诉专利于2016年12月7日公布申请，原告理应知晓被诉专利存在，但其直至2020年7月9日方才提起诉讼，已超过诉讼时效。对此，法院认为，诉讼时效的适用对象通常是债权请求权，停止侵害、排除妨碍、消除危险、返还财产等绝对权请求权不适用诉讼时效，故原告关于各被告停止侵害其技术秘密的诉讼请求不适用诉讼时效。另外，侵权损害赔偿请求权的诉讼时效应当自权利人知道或者应当知道其被侵害的权利范围、侵害人及侵害行为之时开始计算。经查，被诉专利于2016年12月7日公布申请，但2018年9月28日才授权公告，权利要求的保护范围才相对固定，技术方案亦相对稳定，且此期间申请人（权利人）多次发生变更，原告对于其技术秘密受到侵害的范围、途径和具体侵权主体的认知实际上存在一个渐进的过程。在此种情况下，要求原告从专利申请日起便知晓权益受到侵害，不具有合理性，亦有悖于民事诉讼时效制度的本旨，故对被告1、被告2的此节抗辩，法院不予支持。

综上，该案不构成重复起诉，原告的诉讼请求亦未过诉讼时效。

（二）技术信息合作开发后权属归属及密点确定标准

首先，《最高人民法院关于审理侵犯商业秘密民事案件适用法律若干问题的规定》第 1 条第 1 款规定："与技术有关的结构、原料、组分、配方、材料、样品、样式、植物新品种繁殖材料、工艺、方法或其步骤、算法、数据、计算机程序及其有关文档等信息，人民法院可以认定构成反不正当竞争法第九条第四款所称的技术信息"。该案原告主张的秘密点为：（1）卷带式出药机芯设计技术；（2）药袋分药器结构技术；（3）扫描头和药袋上二维码和黑标的印刷位置技术；（4）送药机技术；（5）装置结构图技术。

经查，因原告举示的往来邮件上所谓的"（4）送药机技术"，是其与吉景公司对产品开发进度的沟通，内容笼统，无法指明具体技术特征，故不属于前述规定的技术信息。其他四项技术点（1）卷带式出药机芯设计技术；（2）药袋分药器结构技术；（3）扫描头和药袋上二维码和黑标的印刷位置技术；（5）装置结构图技术（以下简称四项技术点），具有设备技术思路、设备及其组合的形状、构造，以及设备完成特定功能的参数特征等，构成相对独立的技术单元，符合前述规定的情形，属于技术信息。

其次，根据《反不正当竞争法》第 9 条及《最高人民法院关于审理侵犯商业秘密民事案件适用法律若干问题的规定》第 3 条规定，受反不正当竞争法保护的技术秘密应当具有秘密性和价值性，并被权利人采取保密措施；技术秘密所具有的秘密性，应当同时具备不为公众"普遍知悉"和"并非容易获得"两个法定条件，权利人对此应负举证责任。经查，从案涉协议约定来看，前述四项技术点均为保密对象，且协议对能够接触、获取到的"（被告3）本人及其附属分支机构、下属公司、代理人及雇员等"对象有明确、具体的保密要求，表明原告对此具有保密意愿且采取了保密措施，此保密措施在正常情况下已经足以防止信息泄露，可以认定达到了合理程度。另外，原告举示的往来邮件可以反映案涉四个技术点系由原告组织人力，投入资金，经过研究开发而得的阶段性成果，足以证明其不为相关公众所普遍知悉，且不容易获得。此外，案涉四个技术点的主要目的是用于医疗产品的生产经营，且原告还举示了研发费用的支付票据，亦足以证明其具有商业价值。据此，原告举示的证据足以认定前述其他四项技术点构成技术秘密，法院对其该部分主张予以支持。

最后，根据《合同法》第6条、第8条的规定，依法成立的合同，对当事人具有法律约束力，各方应当遵循诚实信用原则加以履行。从原告举示的往来邮件及票据内容上看，其他四项技术秘密均形成在合作、保密协议履行期间，且属于协议约定的合作开发项目范畴，在各被告均未提供反驳证据的情况下，应当推定属于开发合作中所产生的技术成果，根据案涉《合作协议》第3条的约定，知识产权应归属原告所有。关于被告2主张的争议的技术内容为公知常识或者来源于其他案外人问题，对此，法院认为，即便被告2的前述主张成立，但是其及被告3均为从事商事活动的主体，在事先知晓的情况下，仍自愿将案涉技术约定归原告所有，此系被告2、被告3对其权利的自我约束，其应合理回避，尤其不得加以披露、使用，更何况，被告2提交的答辩意见尚不足以证明案涉技术为公知技术或来源于案外人，对其主张法院不予支持。

（三）技术秘密实质性相同比对应以秘密点为比对标准

经查，被告4、被告3、被告5参与了案涉合作项目的研发工作，结合各自在被告1、被告2的身份、履职内容，可以认定被告4、被告3、被告5、被告2、被告1具有接触、掌握案涉技术秘密的高度可能性。被告6系被诉专利发明人，结合专利起初的申请人（权利人）为被告2等情况来看，被告6亦具有接触、掌握案涉技术秘密的高度可能性。据此，在6名被告未能进一步提供反驳证据的情况下，根据《最高人民法院关于适用〈中华人民共和国民事诉讼法〉的解释》第108条第1款关于"对负有举证证明责任的当事人提供的证据，人民法院经审查并结合相关事实，确信待证事实的存在具有高度可能性的，应当认定该事实存在"的规定，法院综合认定六名被告存在接触、掌握案涉技术秘密的事实。

《最高人民法院关于审理侵犯商业秘密民事案件适用法律若干问题的规定》第9条规定:"被诉侵权人在生产经营活动中直接使用商业秘密,或者对商业秘密进行修改、改进后使用,或者根据商业秘密调整、优化、改进有关生产经营活动的,人民法院应当认定属于反不正当竞争法第九条所称的使用商业秘密"。第13条规定:"被诉侵权信息与商业秘密不存在实质性区别的,人民法院可以认定被诉侵权信息与商业秘密构成反不正当竞争法第三十二条第二款所称的实质上相同。人民法院认定是否构成前款所称的实质上相同,可以考虑下列因素:(一)被诉侵权信息与商业秘密的异同程度;(二)所属领域的相关人员在被诉侵权行为发生时是否容易想到被诉侵权信息与商业秘密的区别;(三)被诉侵权信息与商业秘密的用途、使用方式、目的、效果等是否具有实质性差异;(四)公有领域中与商业秘密相关信息的情况;(五)需要考虑的其他因素。"

经查,首先,被诉专利权利要求1,与技术秘密点"(1)卷带式出药机芯设计技术""(2)药袋分药器结构技术"所要解决的技术问题均为"利用卷带式连续药袋实现的服药提醒设备",相同的技术特征是:一到设定的服药时间,由药袋传送机构读取、识别卷带式药袋上的信息来自动输出完整药袋一个,然后由药袋切断机构切割药袋,继而由药袋分流机构执行分药,设备能接收远程指令和上报设备数据。虽然两者之间还有其他未重合的技术部分,但基于重叠技术特征分别属于两者的实质性内容,已可认定被诉专利权利要求1使用了上述两处秘密点。被诉专利权利要求5,在引用权利要求1的基础上,限制药袋印有二维码或者条形码、药袋传送机构设有读头,此技术特征与案涉技术秘密点"(1)卷带式出药机芯设计技术""(2)药袋分药器结构技术""(3)扫描头和药袋上二维码和黑标的印刷位置技术"所载明的对扫描头、二维码的技术要求相比,无实质性区别,故可认定被诉专利权利要求5使用了上述三处秘密点。其次,被诉专利文件[0015]、[0016]、[0017]、[0018]所载附图1、2、3、4,与案涉技术秘密"(5)装置结构图技术"所载四个视图相比,虽然被诉专利在内部构造上更为具体,但两者的外观设计并无实质性区别,故可认定被诉专利说明书使用了此秘密点。案涉专利文件实施例[0050]段的上述所载内容，其反映的工作原理、对药袋信息的设计，与技术秘密点"（1）卷带式出药机芯设计技术"所载工作机制、药袋技术特征相比，无实质性区别，故可认为被诉专利说明书使用了此秘密点。综上，因被诉专利包含与案涉四项技术秘密实质性相同的内容，在各被告未提供反驳证据的情况下，应认定其使用了原告案涉技术秘密。

（四）以专利形式侵犯商业秘密导致其公开应予以严厉打击

基于发明专利的特点，被诉专利相关内容公开后，应推定案涉技术秘密已成为所属领域技术人员普遍知悉和容易获得的技术方案。原告据此主张六名被告共同侵犯其技术秘密。对此，法院认为，根据《反不正当竞争法》第9条及《侵权责任法》第8条的规定，侵犯技术秘密，是指行为人未经权利人的许可，以非法手段获取技术秘密并加以利用的行为。共同侵权应该具备以下要件：加害主体为两人或者两人以上；各加害人主观上具有共同意思；各加害人彼此的行为之间客观上存在相互利用、配合或者支持；各加害人行为造成的损害后果在其共同意思的范围内。

在被诉专利有使用案涉技术秘密、被告未举证证明该使用具有正当理由的情况下，基于以下三个方面考虑，足以认定六名被告构成共同侵权：一是从主观方面分析，被告2、被告1均为经营医疗器械企业，与原告具有直接竞争关系，被告4、被告3、被告5先后在被告1、被告3处工作，被告4、被告3、被告5、被告6均从事与案涉技术研发相关的工作，各方具有较为便利的意思联络条件，故六名被告理应知悉案涉技术秘密属于原告所有，但仍继续使用案涉技术秘密，具有明显的主观恶意。二是从客观行为方面分析，被诉专利起初申请人（权利人）为被告3、发明人为被告6，后均变更为被告6；被告1成立1个月左右，被诉专利申请人（权利人）在无合理理由的情形下，由被告6变更为被告1；被诉专利授权后，权利人由被告1变更为被告3，该案诉讼中再变更为被告1。被告4、被告5、被告3为被告1的高级管理人员，应了解包括专利运营在内的正常公司活动，但仍参与其中，故从整个证据链条上看，各方互相配合、分工合作，共同实施了获取、披露、使用、允许他人使用涉案技术秘密的行为。三是从结果方面分析，案涉技术秘密已在被诉专利中被使用、披露，各方的案涉行为最终造成了技术秘密被擅自公开这一损害结果，且该结果的发生在各方共同意思范围内。据此，六名被告主观上具有共同侵权的意思联络，客观上具有通力合作的行为协作性，结果上具有导致损害后果发生的同一性，其各自行为已结合构成一个具有内在联系的共同侵权行为，构成共同侵权，依法应当承担停止侵害、共同承担赔偿损失的民事责任。

关于该案赔偿数额的确定。根据商业秘密司法解释第20条第2款的规定，人民法院依照《反不正当竞争法》第17条第4款确定赔偿数额的，可以考虑商业秘密的性质、商业价值、研究开发成本、创新程度、能带来的竞争优势，以及侵权人的主观过错、侵权行为的性质、情节、后果等因素。具体到该案，因原告未提交证据证明其因被侵权所遭受的实际损失，也未提交证据证明各被告因侵权所获得的利益，该案亦无可供参考的许可使用费，原告庭审主张适用法定赔偿方式，法院予以准许，在综合考虑案涉技术秘密的性质及商业价值，被告侵权行为的性质、主观过错程度等因素，以及原告主张的合理费用与前案有部分重合等情形，酌定赔偿数额（含维权合理开支）为10万元。因被告1已被注销，其作为民事责任主体已不存在。华某某、王某某明知被告1尚有未决诉讼，却在诉讼期间注销被告1，且在清算报告上承诺企业债务已经清偿完毕。根据原告申请，审判人员依法追加华某某、王某某为被告参与诉讼。原告庭审中诉求另案再对华某某、王某某主张权利，系其起诉权利的选择，审判人员予以尊重。被告4、被告5、被告6、华某某、王某某经法院合法传唤，无正当理由拒不到庭参与诉讼，该案经开庭审理，现已查明事实，依法应当缺席判决。

（五）判决分析

该案是笔者在裁判文书网梳理的100例商业秘密案例中唯一的技术秘密类民事判决书，具有典型性。

典型表现之一是该案的重复起诉和诉讼时效争议问题。理论上这样的程序案件看似不多，但是在司法实务中，由于企业等权利人对商业秘密认知不多，了解不够，明明知道员工跳槽或员工另立公司侵犯了自己的合法权益，但对于侵犯的到底是哪一类合法权益了解不够，甚至很多律师也不清楚，导致在初期会以职务侵占、劳动竞限、侵犯著作权等案由诉讼维权，但往往得不到很好的诉讼效果。而真正回到商业秘密诉讼路径上时，往往距离被侵权已过多年，此时的诉讼内容可能会与既往诉讼内容存在一定重合，这也成为众多被告提出重复诉讼和已过诉讼时效的主要原因。

典型意义之二是该案的技术秘密特征，秘密点及统一性比对成为该案的主要判案依据。企业在技术信息开发及合作过程中应对技术秘密的秘密点做好界定，并做好保密措施。该案当事人在知悉其商业秘密被侵权人以申请专利的形式公开后，在损失计算与举证方面没有做好对应的准备工作，对其实际损失与未来收益损失缺乏明确的预期和估算，最终法院以法定赔偿的方式支持了 10 万元的赔偿。实践中，企业可以参照《反不正当竞争法》第 17 条第 4 款以"商业秘密的性质、商业价值、研究开发成本、创新程度、能带来的竞争优势以及侵权人的主观过错、侵权行为的性质、情节、后果等因素"确定损失赔偿额的规定为参考，做好日常商业秘密的研发成本资料、竞争优势资料、商业许可资料及其他商业价值资料的梳理、准备工作，一旦发现商业秘密被侵犯，能主动适用权利人损失计算标准，对维护自身权益最为有利。

| 第七部分 |

检察视角下区块链保护商业秘密典型问题与对策研究

2021年9月通过实施的《知识产权强国建设纲要（2021—2035年）》要求建设面向社会主义现代化的知识产权制度，特别提出要求构建响应及时、保护合理的新兴领域和特定领域知识产权规则体系；建立健全新技术、新产业、新业态、新模式知识产权保护规则；探索完善互联网领域知识产权保护制度；研究构建数据知识产权保护规则；完善开源知识产权和法律体系；研究完善算法、商业方法、人工智能产出物知识产权保护规则；加快大数据人工智能基因技术等新领域新业态知识产权立法；处理好数据开放与数据隐私保护的关系；充分实现知识产权数据资源的市场价值。

早在2019年10月24日，中共中央政治局第18次集体学习明确将区块链作为核心技术自主创新的重要突破口。2020年11月30日中共中央政治局举行第25次集体学习的主题是加强我国知识产权保护，习近平在会议上指出，知识产权保护工作关系国家治理体系和治理能力现代化，关系高质量发展，关系人民生活幸福，关系国家对外开放大局，关系国家安全。全面建设社会主义现代化国家，必须从国家战略高度和进入新发展阶段要求出发，全面加强知识产权保护工作。中国当前正从知识产权引进大国向知识产权创造大国迈进，要健全知识产权评估体系，加强地理标志、商业秘密等领域立法。至此，区块链与知识产权保护上升为我国国家战略重点之一。2020年12月，中共中央印发《法治社会建设实施纲要（2020—2025年）》，提出健全互联网技术、商业模式、大数据等创新成果的知识产权保护方面的法律法规。确保商业秘密得到有效保护，是不断优化我国营商环境、推动我国经济高质量发展的重要保障。2021年10月9日，国务院发布《"十四五"国家知识产权保护和运用规划》，提出完善知识产权保护政策的要求，健全大数据、人工智能、基因技术等新领域新业态知识产权保护制度；研究构建数据知识产权保护规则；完善开源知识产权和法律体系；提高知识产权公共服务供给水平；加强知识产权数据标准制定，提高数据质量，维护数据安全，完善知识产权基础数据资源管理和服务规范，并将商业秘密保护作为全面加强知识产权保护，激发全社会创新活力的重要工程之一。

在中美贸易摩擦频发的今天，美国早已将商业秘密列为国家战略，每年的美国《特别301报告》都将中国列为优先观察对象，将包括中国在内的商业秘密法律立法与执法情况列为重点观察目标，体现了商业秘密的关键地位。中兴与华为事件实际上是新业态背景下知识产权数据化，尤其是商业秘密数据化保护面临的重大课题，区块链技术作为算法与大数据的有机融合，成为理论界与实务界研究用来保护商业秘密的热点问题。

中国也在一定范围内得到了应用：2017年，中国工商银行利用所属脱贫攻坚基金区块链平台管理扶贫资金的新模式拨付扶贫资金；深圳和杭州的地铁公司分别联合腾讯、支付宝实现了区块链技术开具电子发票。2020年5月25日，时任最高人民法院院长周强在第十三届全国人民代表大会第三次会议所作的最高人民法院工作报告中表示，2019年主要工作成绩包括推动大数据、区块链等技术深度应用及建成了全国统一司法区块链平台，创新了在线存证方式，推动了电子证据取证难、存证难与认证难问题的解决；在执行中应用区块链智能合约技术，提高了执行的规范化水平。

这一切预示着区块链不再单纯是一种理念，也不仅仅是加密货币这一单纯的金融领域的应用，而正一步步走向社会治理的各个领域。

在某种意义上，商业秘密保护与国家秘密保护及国家安全具有内在的紧密关系，到达一定程度后可以互相转化，因此可以说，商业秘密保护是平安中国建设的重要内容。

2020年10月26—29日，中国共产党第十九届中央委员会第五次全体会议在北京召开，平安中国建设达到更高水平成为该会议提出的2035年远景目标之一。

2020年11月10日，以认真学习贯彻习近平总书记关于平安中国建设的重要指示精神、深入学习贯彻党的十九届五中全会精神及总结交流平安中国建设工作经验为引领，平安中国建设工作会议在北京召开，研究部署建设更高水平的平安中国重要工作。

建设更高水平的平安中国要求我们始终坚持党的绝对领导、坚持以人民为中心、坚持总体国家安全观，这也是实现"两个一百年"奋斗目标的坚强保障。

近年来，我国商业秘密立法工作取得了举世瞩目的成就：《中华人民共和国民法总则》于 2017 年 10 月 1 日实施，该法第 123 条将商业秘密列入知识产权八大客体之一，这是中国在基本法律层面首次确认商业秘密属于知识产权领域范畴；2021 年 1 月 1 日实施的《中华人民共和国民法典》第 123 条延续了相同的内容。2019 年 4 月 23 日《中华人民共和国反不正当竞争法》对商业秘密定义、构成要件、侵害相关内容、举证责任等进行了全面修正。2020 年 1 月 15 日，中美双方在美国华盛顿签署《中华人民共和国政府和美利坚合众国政府经济贸易协议》，将商业秘密保护作为知识产权首要内容予以确认，对商业秘密在民事程序中的举证责任转移、降低刑事执法门槛、加大刑事处罚力度、确保商业秘密不被非法披露等内容进行了详细约定。在这之后，《最高人民法院关于全面加强知识产权司法保护的意见》《商业秘密保护规定（征求意见稿）》《关于审理涉电子商务平台知识产权民事案件的指导意见》《最高人民法院关于审理侵犯商业秘密民事案件适用法律若干问题的规定》《最高人民法院、最高人民检察院关于办理侵犯知识产权刑事案件具体应用法律若干问题的解释（三）》《最高人民法院关于依法加大知识产权侵权行为惩治力度的意见》《关于修改侵犯商业秘密刑事案件立案追诉标准的决定》《最高人民法院关于知识产权民事诉讼证据的若干规定》先后落地实施，这为我国今后知识产权尤其是商业秘密立法与执法提供了很好的建设思路及法律依据。

建设更高水平的平安中国应全面深入推进网络社会综合治理，加大对涉及国家秘密、商业秘密、个人隐私等重要数据的保护力度，依法严厉打击相关违法犯罪活动，完善对新技术新应用的安全监管与保护体系。其中对区块链国家战略的贯彻落实并在企业商业秘密管理与保护中强化应用是基础性的重要工作。

2021 年 8 月生效实施的《人民法院在线诉讼规则》是我国首次对区块链技术存储证据形式审查与核验最为全面的法律规制，体现了司法实践中区块链证据存储技术应用的广泛性与问题多发性，这也将成为区块链技术储存方面的检察业务今后一段时期内重点关注的内容。

其实，区块链作为大数据、算法有机融合的电子数据类知识产权证据存储技术，除在金融等领域广泛应用之外，在司法实践中也已被广泛应用：作为电子证据存储形式，在杭州互联网法院2019年审理的著作权案件中首次被认定为诉讼证据，被视为中国司法实践全面应用区块链技术的开端；全国统一司法区块链平台也在最高人民法院主导下推广应用，创新了证据的在线存储方式，推动电子证据取证难、存储难、易篡改与认证难问题的解决，在执行中通过应用区块链智能合约技术，提高了执行的规范化水平。区块链技术的实质是去中心化的分布式数据库应用，其四大核心成熟技术，包括分布式P2P账本、共识机制、非对称性加密技术以及智能合约，分别从数据的安全保存、安全处理及依法安全应用等方面解决了传统交易双方信息不对称和点对点的信任机制的问题，将传统的依靠信誉建立和维持信任的偏主观化标准客观化为以技术保障信任，大大降低了信任的成本。

知识产权领域的区块链应用有其特殊性：一方面区块链运用开源代码撰写并发布，需要对开源代码撰写者赋予版权保护，才可能考虑让渡其权利给后来的区块链修改完善者；另一方面区块链本身也为专利、商标、版权、商业秘密和地理标识等知识产权提供了更为完善的保障。但是，由于区块链技术自身当前尚存在局限及不完善之处，依然还有很多技术和法律问题需要克服和解决。相比其他知识产权，商业秘密保护的区块链应用场景更具有典型性与特殊性。商业秘密的最终落脚点是保护经营者等商业秘密权利人的优势竞争地位或市场竞争优势。作为企业的核心资产，商业秘密的保护至关重要，但同时也要考虑成本与收益比，实务中众多企业对商业秘密保护的畏惧感来自保护的成本远远高于其收益，只有企业认为商业秘密应该保护而且通过保密措施可以实现一定程度的收益之时，才会激发企业保护商业秘密的热情和持续动力，区块链就成为目前保护商业秘密成本较低、保护措施较为完善的最佳可选路径。

根据课题组对山东省市场监管局商业秘密行政执法、公安机关侦查、检察机关审查起诉及人民法院司法审判等不同环节的调研，发现在当前网络与数据化社会背景下，商业秘密作为典型的知识产权并没有在企业这一商业秘密权利人范围内被充分认知并有效保护，导致山东省市场监管领域商业秘密行政执法部门更多地承担了行政服务的职能，公安侦查与检察起诉及法院审判均呈现出商业秘密案件立案难、取证难、鉴定难、胜诉难、赔偿难的现象。

检察官在办理区块链技术保护商业秘密案件过程中，面临着多个难题：一是对商业秘密本身的理论与实践认知和法律适用能力参差不齐；二是对区块链技术保护商业秘密的基本原理与风险的认知不足，等等。实践中，首先亟须解决的应该是包括检察干警在内的办案人员接受系统培训，加深对大数据、算法、区块链等技术背景下商业秘密保护的基础知识的了解，才能提升类似专业知识技能与敏感度，培养起实务案件办理过程中的系统思维。课题组认为，办理区块链技术保护商业秘密检察业务首先要解决的典型难题就是了解区块链技术保护商业秘密的基本原理和现实难题，形成对应的有效解决思路，具体表现如下。

一、学理基础：商业秘密以合法性为基础要件

当前，国内理论学界及司法实务领域普遍认可商业秘密构成要件为"三要件说"。依据《反不正当竞争法》第9条及《最高人民法院关于审理侵犯商业秘密民事案件适用法律若干问题的规定》的精神，商业秘密以技术信息和经营信息等商业信息为保护对象，必须具备以下三个要件：秘密性——不为所属领域相关人员普遍知悉和容易获得；商业价值性——包括现实及潜在商业价值，能为权利人带来竞争优势；保密性——与商业秘密的商业价值等实际保护需求相适应的保护措施。社会各界对于商业秘密的普遍认知来自《民法典》第123条规定，商业秘密属于知识产权八大客体之一，这是中国在基本法律层面对商业秘密性质归属的确定，肯定了商业秘密保护适用知识产权保护的一般原理，该法第440条、第444条规定的知识产权中的财产权可以出质、质权设立的时间标准及设立后的使用标准

等问题对于商业秘密同样适用，很好地体现了商业秘密的商业价值性。

就广义范围而言，商业秘密表现为自然形式与法定形式：自然形式的商业秘密属于企业等权利人主观认知的、实质意义上的商业秘密，包括合法与非法等一切形式的商业机密信息，它们并非都会受到法律保护；只有法定形式的商业秘密才能被依法保护，其中的合法性要件应被充分认知，其对于商业秘密认定不可或缺。尽管现行立法并未将"合法性"作为商业秘密的显性构成要件，但是不合法的商业秘密不会得到法律的保护，这在中国以往的司法实践中早已有相关案例：在上海市第一中级人民法院（2006）沪一中民五（知）初字第95号与上海市高级人民法院（2006）沪高民三（知）终字第92号判决书中，安客诚信息服务（上海）有限公司与上海辰邮科技发展有限公司等企业之间发生了侵犯客户信息形式的商业秘密争议的情形，一、二审法院对此作出了完全不同的判决，一审认为以海量自然人个人信息作为公司客户名单的商业信息属于当事人商业秘密，二审法院则以当事人未能举证合法获取自然人同意将其个人信息作为企业客户名单的证据而否认了此类客户名单属于商业秘密的可能性。该案二审法院裁判法理与英美衡平法中"手脚不干净者不得诉诸衡平"规定的来源合法法理异曲同工，很好地说明了法律保护的商业秘密的合法性要求。无论是技术秘密还是经营秘密或其他需要保密的商业信息，合法性要件（包括内容合法、来源合法等）应成为商业秘密认定的必要隐形要件，而且应是构成要件中的首要考量要素。这一案例发生在2006年，可以说该案二审法院的办案理念非常先进，因为一直到2021年《民法典》实施，才对自然人隐私权及个人信息保护在第六章作了专章规定（2017年实施的《民法总则》仅在第五章第120条和第121条对隐私权和个人信息作了概括性规定），随后2021年9月实施的《数据安全法》与2021年11月实施的《个人信息保护法》也对个人信息及数据安全进行了详尽规定，至此个人信息与数据商用及作为专用客户信息使用具有了严格、明确的法律界限，企业再以海量个人信息主张为自己的商业秘密，对于来源与内容合法性的举证就成为必需。

就这个意义而言，商业秘密构成的"四要件"（三要件+合法性）标准优于传统的"三要件"标准,更有利于准确认定商业秘密秘密点与商业秘密权。

二、实践基础:区块链技术保护商业秘密安全优势明显

(一) 区块链以"零知识证明"、低成本保障商业秘密安全

随着大数据与人工智能技术的快速发展,商业秘密数据化保护已经成为各个商业秘密权利人的优先选择。数据化现象拓展了商业秘密等知识产权的存储、交易方式,但同时也因数据化知识产权内容的获取方式表现为"所有人对所有人的传播"模式而导致风险剧增:载体的数字化与网络的虚拟化,权利人难以控制自己的作品在多处被复制和传播,更难以确定侵权因果关系及侵权人;同时网络技术使得数字版权侵权形式多样化,而多样化侵权形式并未全部纳入现行法律规范范围,这也会导致权利人向侵权人追究责任时无法可依。区块链技术作为"第四次工业革命"的核心技术,具有完整性、透明性、保密性和全程可追溯性,在信息时代的重要资产——数字内容的交易环境下,能够很好地解决数据的非法复制、伪造及利润分配等典型问题。这一切也是人类在历史上首次创造出了不可复制和伪造的数据库,同时不需要依靠任何第三方中心机构就可以独立完成身份验证。去掉中间环节,由商业秘密权利人直接将商业信息上链完成登记,区块链呈现的并非商业信息本身,而是经过哈希算法加密后的哈希值,不会暴露其内容,实现了保密性的基本要求。因此区块链为商业秘密提供的是"零知识证明"。后续关于这些商业信息的一切变动都完整呈现并可追溯,很好地解决了商业秘密的存续和保管难题。区块链哈希值保证了商业秘密权利人上链后商业秘密的秘密性,链上所看到的唯一信息是固定长度的代码及表明交易信息的时间戳。这种方式具有效率高、成本低、保密性强、可追溯等特点,很好地解决了商业秘密保密难、保护成本高的传统难题。

以区块链技术保护商业秘密形式在免除知识产权的传统注册确权的复杂和昂贵过程、打破知识产权的地域性限制、确保自身安全管理及直接面向用户收费等方面提供了全新的安全体系的支持，用其管理与保护商业秘密，为实现商业秘密的存储、取证、侵权鉴定等方面的电子证据最优化提供了更好的技术支持。

（二）区块链底层特殊存储结构优势有助于保障商业秘密稳定与安全

区块链技术依靠著名的非对称性加密算法技术形成其自身的典型特性，如抗篡改性和全程可审核性，或可表述为分散性、责任制及安全性。基于区块链产生的交易是以智能合同的形式完成的，具有完整性、可验证、透明性，篡改和伪造变得异常艰难，从而证明了其在商业秘密等知识产权管理中的巨大潜力，并有助于解决法律纠纷，对法律实践产生重大影响。区块链上述特质可以归结为"不变性"，所有参与者都可以拥有完整而精确的事务（或交易）日志，使其可以成为商业秘密存储的有效证据，形成商业秘密举证的证据闭环，证明商业秘密的权属来源、变动过程、侵权范围、价值界定等关键问题，为商业秘密权利人提供了综合高效的技术保护及举证质证凭证。

在区块链存储技术中以哈希值形式加密存储信息保证的是信息内容的内在安全，其作为有效证据的外在安全稳定性来源于区块链技术特有的纵向与横向双重保障机制：纵向保障机制表现为持续扩容的链式结构，每一个区块中的哈希值均包含了本区块以前的哈希值及区块形成时间，单个或部分区块的自行更改难以实现；横向保障机制表现为区块链存储技术的多点分布存储机制，单点或部分点位的自行更改也难以被最终确认。随着电子证据在诉讼中越来越广泛的应用，也正是基于区块链技术的这一天然技术优势，很好地解决了电子诉讼"不稳定""易篡改"的天然劣势，从而被《人民法院在线诉讼规则》确认并重点推广规范使用，在该规则关于电子证据的九条直接规定中（第11—19条），区块链的规定就占了四条（第

16—19 条），相比 2018 年 9 月生效实施的《最高人民法院关于互联网法院审理案件若干问题的规定》只在第 11 条电子数据审查"通过电子签名、可信时间戳、哈希值校验、区块链等证据收集、固定和防篡改的技术手段或者通过电子取证存证平台认证，能够证明其真实性的，互联网法院应当确认"简单的单款规定，充分说明区块链技术存储形成的证据已成为中国当前司法实践中的电子证据之王。正是区块链存储技术的纵向链式结构与横向多点式分布机制保证了在此基础上形成的证据的稳定性与难以篡改性。

三、现实难题：区块链技术难以全链条保证商业秘密绝对安全

区块链作为一种开源技术，不属于任何的个体，而且区块链基于其数字内容的性质，其作者很难获得权利与对应的收益，同时还可能被恶意用户篡改数字内容，因此基于区块链技术场景应用模式保护商业秘密也面临着诸多风险。从司法实践视角来看，商业秘密保护的难题包括证明商业秘密的本质属性、商业秘密被侵权、商业秘密被侵权后的损失计算依据等。区块链的过程透明性、全程可追溯性、不变性在一定程度上仅仅解决了部分问题，整体的安全性、稳定性和可伸缩性差等目前依然是区块链领域亟须关注和解决的主要风险。

（一）商业秘密（信息）上链前与上链后产生的泄密、虚假存储等风险

1. 上链前的虚假存储及泄密风险

商业秘密信息在上链前存在很大的虚假存储及泄密风险，这类风险可能来自商业秘密被非法窃取与篡改，也可能是由区块链与网络数据服务的固有技术缺陷造成的。

上链前虚假存储的风险，在《人民法院在线诉讼规则》第 18 条有明

确规定：一方当事人有权就电子数据上链储存前的真实性依据证据提出异议，另一方当事人有义务就该电子数据上链存储前真实性提供相应证据供人民法院审查、确认。此规定很好地说明了电子数据上链过程中（存储前）的真实性并非绝对安全，存在虚假信息存储的风险。

上链前泄密风险主要包含两类：第一类是权利人在上链过程中对数据库后台自动开放造成的。因为商业秘密数据在区块链平台运用哈希值表示，所以对这个过程的公钥持有人员而言是保密的，除非拥有密钥者可以依法获取其内容，但有一个不可避免的问题就是所有保密的数据对于提供服务的云数据库后台而言都是透明的，就如同我们在网络上设置的访问密码，对一般访问者而言是保密的，但对于服务提供商而言是透明的。这种透明不能说是服务商非法获取，因为提供者主动提供并同意了网络服务协议，因此一旦发生此类泄密，提供者要追究网络数据库后台的法律责任是很难的，我们可以称之为主动提供信息发生的自然风险。第二类是区块链技术的"共识"算法机制造成的系统性风险。"共识"的初衷是为了交易的顺利进行而设定的统一标准，带来的弊端则是所有节点的计算机系统，尤其是商业竞争对手的计算机系统，都可以显示并且获取交易所有细节，包括用户的关键信息。这对商业秘密保护极为不利，因此尝试构建可以屏蔽商业秘密的共识模式成为区块链技术的一个建设目标。这类风险与数据提供商的透明风险不同，属于数据上链存储与交易过程对所有参与者的透明风险，根据这类透明机制，别有用心者可以通过研究比对链上签名与交易信息，与现实地址、签名等形成对应，从而可能导致商业秘密权利人的客户名单等信息泄露。

2. 上链后因数字内容（交易）被篡改致"虚假存储"等风险

就实质上而言，存储与泄密风险属于区块链技术中的全链条系统性风险，并非在某一个时间段才能存在，需要多方的共享融合和技术支持，并非只有在人民法院主导构建的区块链技术存储平台才能做唯一的合法平台。就理论上而言，区块链上的商业秘密（信息）本质上也属于电子数据，在司法诉讼等纠纷解决过程中可以作为电子证据使用。经过对商业秘密进行哈希计算后，因哈希算法单向不可逆，上链后无法还原为原始电子数据，因此一般不存在泄密风险。但是，电子数据在存续过程中也存在由于人为因素和技术因素而被攻击和篡改且难以留痕的风险。一般来说，区块链作为分布式数据库特征的技术去中心化本质导致数据很难篡改，但并非不可能，当黑客的攻击成功掌控超过50%的分布式数据节点，并将其篡改至入侵之前的代码版本，不但能逃避监管检测，而且可以随心所欲地控制交易的确认、取消、更改。这类风险属于区块链数据存储与交易环境的信任与安全被人为破坏从而形成实体化的数据内容被篡改的风险。

在《最高人民法院关于互联网法院审理案件若干问题的规定》第11条中规定当事人"通过电子签名、可信时间戳、哈希值校验、区块链等证据收集、固定和防篡改的技术手段或者通过电子取证存证平台认证"提交的电子数据，并非具有当然的证明效力，还需要证明其真实性，得到互联网法院的确认之后才能发挥其应有的证据效力。在《人民法院在线诉讼规则》第15条规定"当事人作为证据提交的电子化材料和电子数据"，也只有经人民法院依法查证属实后，才能作为认定案件事实的根据。这些规定很好地说明了区块链技术存储的商业秘密信息在上链后并非完全没有任何风险，如果存储平台和当事人具有利害关系，双方之间存在"联盟链"的"不正当关联"关系，恶意强行篡改链上信息，"虚假信息"成为"法律事实"将会在现实发生。《人民法院在线诉讼规则》第17条列举的四项情形就是针对区块链技术存储的电子数据上链后的真实性审查的标准和依据，其中就包括了因存储平台资质不合法导致的区块链技术存储信息证据力丧失的风险、当事人与区块链存储平台存在利害关系并利用技术手段不当干预证明过程的风险、存储平台存储信息技术规范标准不达标的风险等。

（二）加密密钥（密钥）丢失、被窃取及商业秘密被篡改与恶意上链的风险

1. 密钥失控风险

商业信息只要以数据化的形式上链后，在任意节点间的传输和存储都

是受非对称性加密技术的严格保护的，但是密钥在存储、传输及显示之时，被窃取的风险都很大。一旦密钥丢失或被窃取，区块链再无安全性可言，窃取者或掌握密钥的任何人都可以将其货币化并进行价值的恶意转移，这种转移后果很严重，通常是即时且不可逆转的。尤其是一旦黑客掌握密钥并攻击了超过 50% 的节点或终端，攻击的风险会转变为成功的现实——谎言成为事实。这类风险属于区块链数据存储与交易环境的信任和安全问题体现在程序化内容泄露方面的风险，它可能会发生不需要进一步更改数据内容、依据外泄的密钥即可以实现获取商业秘密的目的。最典型的事件发生在 2020 年 3 月 24 日，DragonEX 交易所价值 602 万美元的数字资产（几乎是该交易所内所有主流虚拟货币资产）被黑客通过修改密钥的方式窃取，给区块链以去中心化和安全性的标签蒙上了阴影。

2. 商业秘密被篡改与恶意上链风险

在各种现代型诉讼中，涉知识产权类诉讼，尤其是涉及商业秘密侵权诉讼、电商平台反垄断与不正当竞争侵权诉讼等新类型知识产权诉讼，证据结构性偏在现象较为突出，且证据分布极不均衡。商业秘密的非法定授权性、非公示性等决定了商业秘密权利人保护商业秘密只能采取自我保护的方式，由于缺乏法定授权与公开，商业秘密很容易被窃取和侵犯，传统上商业秘密权利人遭遇这种情况时主要面临举证难的艰难境地，而区块链的出现，使这种风险在某种程度上更加突出。商业秘密窃取人或侵权人可能借助区块链将所窃取商业秘密的完整资料或相关证明资料上链存储，并可以制造相关的后续研发、使用或其他相关凭证，以证明其对商业秘密的权利，这些工作并不一定由窃取人自己完成，可能由其关联的人或企业完成，也不一定在商业秘密权利人所在地或业务领域范围内操作，这使得商业秘密权利人追究侵权的取证工作更加难以进行，等到真正的商业秘密权利人发现商业秘密被窃取时，由于缺乏相关证据，这就等于给商业秘密的侵权人提供了侵权的反证帮助，严重侵害了真正权利人的合法权益。

（三）区块链自身可伸缩（扩展）性差及对区块链高位阶法律规制不健全的风险

1. 可伸缩（扩展）性差风险

区块链具备了安全性和去中心化的优势，却丧失了速度和效率的可伸缩（扩展）性特质，可伸缩（扩展）性成为区块链行业实现保密性之后的最大痛点。当前，一般区块链技术面临的基本问题就是运用区块链技术处理其数据库中事务的速度不快，一旦商业秘密（信息）全面上链，要比之前版权上链的数据规模大得多，随着分布式数据库数据几何倍数的膨胀，区块链的处理速度相比传统模式要慢得多，这种可伸缩（扩展）性差的风险极大地限制了区块链的发展进程。

2. 高位阶法律规制不健全风险

区块链的发展历史短暂，当前无论是技术层面还是应用层面都处于早期阶段。而商业秘密关系着权利人的存续命运，运用区块链技术管理和保护商业秘密在理论上具有可行性，在应用中具有存储的重要功能，前景也很广阔，但是当前区块链领域呈现出从事区块链业务的公司多、标准不统一等现实问题，所以对其予以法律的监管尤为重要，尤其是在中国、英国、德国等都将区块链视为国家战略的前提下，法律监管如何有效发挥作用则更为关键。因为处于早期的区块链市场存在太多的未知，区块链应用可能出现的问题可变性太大，所以法律监管的规范不是一蹴而就，应该是漫长的逐步规范的过程。国家互联网信息办公室2019年公布实施的《区块链信息服务管理规定》对区块链信息服务活动有所规范，最高人民法院2021年8月实施的《人民法院在线诉讼规则》对推进和规范区块链形式的在线诉讼活动，完善在线诉讼规则等作出了明确规定，这是我国目前关于区块链服务资质及司法证据应用最直接和详尽的规范。但是，在区块链技术应用过程中暴露出来的智能合约现实使用与

《民法典》规制存在法律错位问题，主要表现为现行法律规定的合同要约、承诺阶段的划分与实际执行，合同效力与违约责任等法律条款在智能合约案件中无法形成对应关系，这给实践办案人员带来困扰；区块链保护商业秘密案件在《刑法》适用中容易造成罪名适用竞合与选择难的困扰。

区块链技术保护商业秘密在司法程序中的侵害事实证明与损失鉴定问题属于新业态电子数据表现形式，各方当事人的权利义务界限与侵害行为认定等都需要根据个案灵活把控，有可能形成自由裁量权利与司法释明权的界限问题。在这一过程中，对于区块链这一国家战略的执行应更多地考虑如何在法律允许的范围内最大限度支持这一技术的利用效率，而不是对其进行一味的限制，法定权利的界定尤为重要，这个法定权利既涉及商业秘密权利人、诉讼当事人，也涉及司法承办人等各个层面。

（四）区块链技术保护商业秘密案件稀少、鉴定意见不权威的风险

1. 鉴定机构多元化

包括商业秘密在内的知识产权案件，司法鉴定是办案的重要证据参考依据和来源。但是在实践中，公检法司系统对鉴定机构与鉴定人的资质认定标准多元化。当前，我国主要包括以下几个并行的鉴定资质认定体系：一是根据《全国人民代表大会常务委员会关于司法鉴定管理问题的决定》第2条规定，承接"四大类"鉴定业务的司法鉴定机构与人员属于国务院司法行政部门登记管理、编造名册并公告。二是根据《全国人民代表大会常务委员会关于司法鉴定管理问题的决定》第7条规定，还有两类司法鉴定资质认定标准体系：一类是公安系统、人民检察院系统作为侦查机关，有权根据侦查工作的需要设立自己的鉴定机构，这些鉴定机构不得面向社会接受委托从事司法鉴定业务；另一类是人民法院和司法行政部门不得设立鉴定机构，人民法院可以委托有资质的鉴定机构为诉讼服务。《司法鉴

定程序通则》第 2 条规定："司法鉴定是指在诉讼活动中鉴定人运用科学技术或者专门知识对诉讼涉及的专门性问题进行鉴别和判断并提供鉴定意见的活动。司法鉴定程序是指司法鉴定机构和司法鉴定人进行司法鉴定活动的方式、步骤以及相关规则的总称。"而公安系统与检察院系统都有自己独立的鉴定规则及鉴定机构、鉴定人登记管理办法，在这两个系统的鉴定规则与管理办法中没有采用司法鉴定的定义，都直接使用了鉴定的概念，并且都突出强调鉴定机构与鉴定人需要公安、检察院核准登记并取得资格后才能开展鉴定工作。因此，鉴定机构与鉴定人资质认定在不同的系统内有不同的界定标准。三是除此之外，还有上述鉴定机构与鉴定人范围无法涵盖的其他专业检验、检测、评估等机构，虽然没有专门鉴定资质的要求，但有专业检验检测与评估等方面的能力，符合相关的机构注册基本条件即可，这是由随着社会发展衍生出来的专业分工越来越细的现实情况决定的。

2. 商业秘密司法鉴定问题突出

（1）司法鉴定意见未被采用。有的鉴定虽然出具未公开的结论或者同一性的结论，但是结合案件其他证据材料，不能就全案事实认定为侵犯商业秘密。这主要是由于不同层级的办案人员的专业素养差异以及鉴定机构与鉴定人员的专业鉴定能力不同造成的，也是我国司法鉴定机构与鉴定人员资质不统一、鉴定标准不统一的消极效果的反映，某种程度上造成了司法资源的浪费。

（2）司法鉴定程序争议较大。有的案件所涉及生产技术比较冷门，相关鉴定机构没有相关领域的专家，或者相关专家不具有鉴定资格，辩护人以程序违法为由提出鉴定结论无效的辩护意见。或者因为商业秘密要求具备不为公众所知悉性、商业价值性和保密性三个要件，辩护人会结合其他证据提出涉案信息不具有其中一个要件的意见，进而提出涉案信息不是商业秘密的辩护理由，这主要是由于知识产权司法鉴定程序不统一造成的。

（3）多份司法鉴定意见矛盾，对案件办理产生障碍。有的案件会委托多个鉴定机构进行鉴定，出具多份鉴定意见，鉴定意见得出的结论不尽一致，辩护人会以此为由认为案件不符合侵犯商业秘密罪的构成要件。

（4）司法鉴定出现问题导致案件撤回，责任不好确定。在山东省人民检察院系统历年受理的侵犯商业秘密案件中，其中最终决定不起诉或者被公安机关主动撤回的案件，多是由于司法鉴定存在问题，但因此产生的责任该由谁承担不好确认。

3. 区块链技术等新型网络安全背景下商业秘密案件稀少

现有法律法规在处理商业秘密案件的行政与司法实践中，针对如何运用司法鉴定这一手段出现了许多问题，尤其是在算法等新型网络信息被法律纳入商业秘密保护范畴之后，类似新型网络安全背景下的数据化、电子化商业秘密司法鉴定的难度更大，而且包括商业秘密在内的知识产权司法鉴定业务被司法部明确排除在司法行政审批管理范围之外后，相关司法鉴定机构与人员的资质认定、鉴定标准不统一问题，鉴定程序不统一问题，鉴定内容不权威等问题持续存在而没有得到很好的解决。

涉及算法、大数据、区块链等信息的商业秘密点的固定及鉴定标准存在一定空白。课题组在调研中发现，所调研的公检法及市场监管单位尚未有涉及算法与大数据类的商业秘密司法鉴定案件；对于知识产权业务的司法鉴定单位而言，它们对一般意义上的商业秘密司法鉴定业务具有丰富的鉴定经验，对于算法、大数据、区块链等新型网络信息中商业秘密的司法鉴定却极少接触，只有一家司法鉴定中心目前有一例正在洽谈的网络安全信息鉴定业务。相关负责人表示，涉及算法、大数据等新型网络安全风险的商业秘密鉴定，基本原理都是一致的，都需要在确定秘密点的基础上，进一步鉴定同一性问题，价值与损失的鉴定原则也是一致的。

大数据是新型网络安全信息的基础因素，无论是算法还是区块链等都是以大数据为基础的。大数据背景下的商业秘密司法鉴定面临更多的不确定性。❶ 对于被窃取大数据类商业秘密的价值评估问题，特别是对高科技公司来说维持网络数据安全的代价高昂，为了减轻或防止盗窃，投资网络安全是必需的，权衡网络安全和商业机密的风险、成本和好处对公司决策和学术分析都很重要。然而，量化这些元素并非易事❷，尤其是对于尚未发生纠纷的商业秘密权利人而言，让他们主动去申请鉴定，对于研发成本、商业秘密构成要件及商业价值进行前置性鉴定则是难上加难，也缺乏这样的权利意识和风险防控意识，一旦发生商业秘密泄密，给检察等办案机关带来的就是侦查难、举证难、起诉难。

四、实践调研："区块链+知识产权"模式普及尚需一定时间

从 21 世纪初的比特币开始的理论概念到当前的实践应用，区块链在中国虽然只有十几年时间，截至目前却诞生了接近两万家区块链业务企业。经过笔者对区块链业务公司的调查发现，大多数区块链业务公司提供的是以"数据存储、取证"为核心的数据业务，主要应用场景是版权保护与电子数据的存储。知识产权中的专利、注册商标由于法定授权性特征，在区块链应用场景中并不多见，商业秘密由于社会公众认知度低及秘密性，也不多见，地理标识等其他知识产权目前也不是以区块链为存储主渠道。

以笔者对浙江某科技有限公司的调研数据为例，这家公司以区块链业务为主营，并基于区块链技术开发了保全网以开展数据保护业务，主要服务领域是知识产权、电商维权，以及金融存储，可以提供在线签名、数据

---

❶ 2021 年 6 月通过、9 月 1 日实施的《中华人民共和国数据安全法》对包括数据商用、政用等过程中的安全问题进行了总体规定。数据化的商业秘密及其认定标准在此法规范范围之内，商业秘密法治化又有了新的发展，但是具体的规制准则还需要其他法律法规配合实施才能真正见效。

❷ Atin Basuchoudhary、Nicola Searle (2019). Snatched secrets：Cybercrime and trade secrets modelling a fifirm's decision to report a theft of trade secrets. https：//www.sciencedirect.com/science/article/pii/S0167404819300616? via%3Dihub，access on 5 May，2020.

的在线存储与取证、在线出具司法鉴定意见书等业务。该公司得到了公安部的信息安全等级认证证书和质量管理体系认证证书,加入了区块链保险联盟,积极参与《电子证据标准》的立法工作,公司业务已成功与司法鉴定中心、公证处、互联网法院实现业务对接与直认,可以说,在业务安全、业务专业化方面已经非常完善。该公司主推业务是版权区块链保护业务,从原创作品的确权保全、对确权作品实时动态监测、向版权人反馈到在线取证、一站式司法出证一整套流程,实现了预防保护与诉讼证据保护的全方位保护体系,相比传统版权保护,具有确权流程简便高效、维权过程动态全面、证据固定实时便捷等突出优势,在2018年度完成在杭州互联网法院审理的全国首例区块链版权侵权存储案的证据存储、取证与验证工作。在调研关于商业秘密的区块链保护问题时,该公司存在两个典型问题:一是该公司及保全网在日常业务中确实有关于技术秘密的区块链上链业务,但是不多,而且公司对于商业秘密领域并不是很熟悉。涉及客户的隐私保护,公司后台只负责数据的加密存储工作,没有相关数据的业务量及业务类型的汇总统计工作。二是就网络系统的本身特征决定了客户提交的隐私数据对于其他客户、链上交易人等主体而言确实属于没有公开的秘密数据,但是对于区块链业务后台及数据库后台而言,这些数据都是透明的,对他们的约束一方面来自职业道德的内在自我约束,另一方面来自与客户的保密协议的外在约束。对于上述第一个问题,公司反馈,商业秘密涉及公司客户的技术秘密与经营秘密,很多客户宁愿通过企业内网与公共网络之间的物理隔断来进行保密运行,也不愿冒险通过区块链进行保密工作,即使通过区块链平台提供了商业秘密保密工作,但目前对于如何防止二次泄密问题,公司表示还没有更有效的解决方法,于是上述内外约束机制是目前同行的解决方法。

通过笔者对另一个区块链专业公司——北京某天平科技有限公司的调研显示,该公司对于商业秘密区块链保护业务有涉及但也不是很多,对于防止二次泄密的问题,通常对客户公司通过钉钉软件系统分配一个内部账号来确定身份,这个身份与员工本身没有完善的验证和绑定,对于员工接触商业秘密的范围也没有进行一个限定。其中存在一个很大的问题,此公司作过研究，很多公司不希望留痕，更倾向于通过物理隔断方式，因为通过类似摆渡机的方式成本很高，使用起来很麻烦，有效隔断问题尚未解决。如果确实需要上链又要为客户数据保密，那么只需要客户在链下做好数据保密工作即可解决，但对于如何在链下做好数据化信息的保密工作依然是一个现实的课题。

笔者在对某省两家市级市场监管局调研中发现，有一家实现了在其知识产权服务平台中单独设立企业自主进行商业秘密前置性登记的网络数据平台，据其介绍，该市场监管局是目前在全省市场监管局中唯一设立商业秘密前置性登记平台的。但经过深入交流发现，该平台仅仅是为企业商业秘密存储提供数据平台而并非典型的区块链数据平台，这是由行政管理机关为企业提供的一项免费行政服务，由企业自主注册、登录、录入，一旦有纠纷或争议发生，可以引导公证机关取证。可以说，市场监管机关的这一公益性免费平台服务为企业商业秘密存证提供了很好的辅助和证明，作为纠纷解决的证据，虽然同样无法解决数据后台安全保障问题，但基于行政机关的权威性，相比一般区块链企业，该市场监管局的安全性提高很多，然而一旦发生数据泄密，行政管理机关有可能因为提供数据平台不安全而成为责任方，这是当前无法克服的一个系统性风险。

五、解决思路：强化对区块链保护商业秘密理论的学习与实践规制能力

立法的完善与执法的严格落地是当前商业秘密保护的重点工作和发展趋势，但要从根本上解决商业秘密的取证问题，应更多地关注商业秘密保护的技术问题。在探讨制定统一的商业秘密法或继续完善《反不正当竞争法》的同时，新兴和逐步完善的区块链技术未尝不是商业秘密管理和保护更为便捷可行的一条路径。基于上述风险，区块链技术保护商业秘密领域的检察业务完善可以考虑以下要素。

（一）强化专门培训，积极探索"标准共识＋兼容共识插件"模式

检察官办理区块链保护商业秘密案件，不要求检察官成为区块链技术专家，但是对于区块链保护商业秘密基本原理、问题及可能性解决路径应有一个系统的认识，这就需要加强系统培训与学习，尤其是对司法区块链及其平台的学习、认识及应用。

2018年9月7日，《最高人民法院关于互联网法院审理案件若干问题的规定》正式实施，该规定第11条认可了区块链作为电子存储的证据地位，这是中国对区块链作为电子存储法律地位的首次确认：允许以区块链技术来收集、固定和防篡改数据并作为证据。截至2019年底，中国已建成杭州、北京、广州三家互联网法院，最高人民法院基于蚂蚁区块链技术已建设"人民法院司法区块链统一平台"，完成超过1.94亿条数据上链存储固证工作。但之后各个地方法院的区块链建设被叫停，最高人民法院的意图很明显，即要在区块链电子存储方面高起点、高标准地建设和开展司法应用，同时允许各地方人民法院已经建成的司法区块链平台继续运行，没有建成的暂停建设。这实际上很好地表明了最高人民法院的态度。区块链技术是作为电子存储的新兴数据技术应用在司法实践中，建设司法区块链统一平台是为了使共识机制在更广范围内普遍适用，允许地方法院已建成的区块链平台继续运行，表明了统一区块链与地方区块链之间有一个衔接机制，以形成新的兼容共识模式。这在一定程度上充分利用了资源，符合区块链作为证据技术支撑的普遍应用性特征，可以为当事人提供更多的选择和便利，这也代表了中国司法区块链以后发展的大趋势。

《民法典》第440条规定的知识产权中财产权的出质问题，规定质权从办理出质登记时设立，这个条款采用列举式模式列举了专利权、注册商标专用权、著作权等知识产权。对于有国家统一登记平台和系统的这三类知识产权而言，该条款适用简单明了，就是在国家统一登记机构办理即可。但是对于商业秘密这种非法定公示性和非绝对独有性的知识产权而

言，鉴于目前没有国家统一的登记平台，一般都是企业等商业秘密权利人自己持有，在容易被侵权的同时，一旦涉诉，举证难已是长期以来的问题。最高人民法院在区块链平台的统一工作对于商业秘密更具有现实意义，检察业务可以考虑与法院系统实行此类业务对接，必要时可以构建检察领域的区块链系统与其衔接。商业秘密权利人的商业秘密一旦上链，就被纳入全国统一的登记平台，涉及商业秘密出质，则在这个平台办理一下登记手续，即可以完成出质登记，无论是时间的效率还是成本的效率都实现了最优化。但实现此效果的前提是最高人民法院的司法区块链平台涵盖范围普遍、有高效存储与处理一般商业秘密的业务功能而不仅仅是用于司法存储。同时笔者建议，对于符合《区块链信息服务管理规定》要求的区块链服务企业，扩大它们参与司法证据存证等业务的机会，可以采取兼容共识插件并入模式或采取筛选入库模式等，保证司法实践中电子数据证据来源的多元性与司法过程中的举证与质证公平。

（二）强化对密钥窃取行为的刑事责任分类追责能力

截至目前，尽管国内外理论界与实务界都在研讨区块链技术应用的社会意义和重大价值，但是还没有任何一种方案能够完全兼顾保障区块链上的数据安全与保障数据及数据权利人所希望的保密需求。保护密钥（加密密钥）仍然是区块链技术面临的首要问题。密钥的风险来自上链前与上链后保管、存储、交易全过程，目前运输传递加密密钥多采取在线或云端形式，极容易被窃取，尤其是云存储形式下的窃取更隐蔽和难以举证，这在当前众多企业将自己的技术经营秘密，包括技术信息、客户信息等放置在云端保存的背景下，相当于对云服务商自动开放，探索适当的法律保护显得尤为迫切，这既是保护企业利益的需要，也是为云服务商提供保护的现实需求。既然是加密密钥，除传统密码外，可以考虑开发一些专属于加密密钥提供方的身份，或者生物信息的认证环节，点对点交易时彼此开放这些信息，一旦交易完成，认证信息可以根据需要随时更改，而且更改也是基于上述身份或生物信息，以加强保护，例如提供方的脸部表情变化、手势变化等。

关于密钥被窃取如何救济的问题,有学者认为密钥不具有独立的经济价值,不是虚拟财产,建议立法层面增设智能合约犯罪单独罪名,具有一定合理性。笔者认为,密钥对于权利人而言,是保证区块链网络相关法律行为顺利进行的基础,属于个人隐私或商业秘密范畴。尽管密钥在形式上表现为随机字符的字母与数字组合,但其具有当然的财产属性,一旦密钥被非法获取,在尚未用其控制或损害受害人财产的情况下,除非权利人及时发现、采取救济措施使密钥丧失其应有功能外,可以按照《中华人民共和国刑法》第 285 条规定的非法侵入计算机信息系统罪,非法获取计算机信息系统数据、非法控制计算机信息系统罪,提供侵入、非法控制计算机信息系统程序、工具罪,或者依据《中华人民共和国刑法》第 287 条规定的非法利用信息网络罪、帮助信息网络犯罪活动罪等予以追究刑事责任;对于造成受害人虚拟财产损失或计算机信息系统破坏的,可以依据《中华人民共和国刑法》第 219 条侵犯商业秘密罪、第 286 条破坏计算机信息系统罪、第 264 条盗窃罪、第 266 条诈骗罪等规定追究其刑事责任。上述现行法律规定可以在立法层面起到规制作用,具体到行政执法与司法办案过程中,需要在犯罪构成、证据链闭环等方面针对区块链及密钥特性予以细化的证据举证与质证方面的应对,必要时及时做好相关补充性的立法与司法解释工作。

(三)完善区块链诉讼证据提交与审查机制

区块链本身属于电子数据的一个分支,依据《中华人民共和国民事诉讼法》第 63 条规定,电子数据属于八大类民事诉讼证据之一。与其他电子数据一样,诉讼中使用的区块链证据仍须经过举证和质证程序,接受人民法院对证据"三性"审查,而不能仅仅因为某一电子证据是区块链证据就认为其效力万无一失,因此加强对提交的区块链诉讼证据的审查至关重要。

1. 明确区块链保护商业秘密过程中的侵害方式、权利人范围及证据形式审查重点

首先,关于侵害方式的认定问题,区块链技术保护商业秘密过程中发生的侵害方式与传统侵害有本质不同,最典型的是对"以盗窃等不正当手段侵害区块链技术保护商业秘密"方式的理解与取证应用。根据《最高人民法院、最高人民检察院关于办理侵犯知识产权刑事案件具体应用法律若干问题的解释(三)》第 3 条规定,《中华人民共和国刑法》第 219 条第 1 款第 1 项规定的以"盗窃"或"其他不正当手段"侵害商业秘密主要表现为"采取非法复制、未经授权或者超越授权使用计算机信息系统等方式窃取商业秘密"与"以贿赂、欺诈、电子侵入等方式获取权利人的商业秘密",这也是诉讼过程中举证质证的重点。其次,关于受害人的确认问题,作为受害方的区块链技术保护下的商业秘密权利人的认定也与传统领域不同。2020 年 9 月实施的《最高人民检察院、公安部关于修改侵犯商业秘密刑事案件立案追诉标准的决定》将商业秘密刑事案件追诉一般标准降为 30 万元,其中第一个标准是"给商业秘密权利人造成损失数额在三十万元以上"。这里的"商业秘密权利人"在传统刑事案件中可能表现为单一主体,但是在区块链刑事案件中,如以太坊上一个众筹 Dapp(去中心化应用)"The DAO"系统漏洞被黑客利用,直接导致了价值 6000 万美元的数字货币被攻击者窃取的案件,受害的权利人来自区块链上智能合约的众多节点,以一个受害整体的损失数额作为刑事责任起刑点认定标准较为合理:单一受害人可能受损失数额不大,但是众多区块链节点的受害人叠加的损失数额巨大,这也是区块链案件的典型表现。最后,关于提交的证据真实性及其审查标准问题。区块链技术保护下的商业秘密一旦受到侵害,由于网络数据的虚拟性与可跨境性特质,对侵害方的确定与责任追究呈现难度大、复杂程度高、取证难的典型特点,因此加强对电子数据类证据的认定标准的规范至关重要。根据 2020 年 5 月 1 日实施的《最高人民法院关于民事诉讼证据的若干规定》第 14 条、第 15 条、第 90 条、第 93 条、第 94 条的规定,电子数据也必须符合证据"三性"标准,有疑点的电子数据不能

单独作为认定事实的依据；认定电子数据真实性有五类直接认定标准与七类审核性标准，必要时可借用鉴定与勘验方法予以验证。区块链属于其中"其他以数字化形式存储、处理、传输的能够证明案件事实的信息"的证据形式。当事人提交的电子数据形式的证据一般应该是原件或电子数据的制作者制作的与原件一致的副本，或者直接来源于电子数据的打印件或其他可以显示、识别的输出介质等可被视为电子数据原件的形式。区块链证据多以"可显示、识别的输出介质"为主，对"可显示、识别"的证据力把握成为提交与审查的重点。

2. 证据审查补强措施：必要时提交委托鉴定或勘验

根据《最高人民法院关于民事诉讼证据的若干规定》第93条及《最高人民法院关于知识产权民事诉讼证据的若干规定》第19条的规定，对于电子数据的真实性、完整性等待证事实，司法机关可以将其中的专门性问题委托鉴定或勘验。鉴于当前我国知识产权鉴定机构及其司法鉴定业务已被2020年4月1日实施的《司法部办公厅关于开展司法鉴定机构和鉴定人清理整顿工作的通知》排除在外，公检法各单位没有统一的知识产权司法鉴定名册。因此，实践中容易发生不同阶段的知识产权司法鉴定的鉴定意见相冲突，严重阻碍了案件的正常进行，浪费了大量的行政与司法资源。由此委托鉴定时尽可能以行业内公认的权威鉴定机构或鉴定人员作为备选对象，以保证鉴定意见的权威性与证据效力。

（四）完善对智能合约等电子数据的检察业务法律规制

以区块链技术存储的商业秘密等商业信息在链上各用户之间形成一种智能合约关系，即属于《民法典》第469条规定的"以电子数据交换、电子邮件等方式能够有形地表现所载内容，并可以随时调取查用的数据电文"订立的合同，被视为书面形式的合同。由于智能合约"合约+执行"不可逆特性，相比传统合同而言，当事人一般不存在违约的机会，当然也不存在救济的可行性。而一旦有违约情况发生，如智能合约虽然在国际商事领域中适用智能合约具有提高交易效率的速度优势,智能合约的自动执行性使得当事人的违约成本大大提高,这是智能合约的效率优势。但是同时智能合约的缺陷也非常明显,最典型的表现是智能合约的订立是以写入计算机代码形式完成,存在无法完整表达当事人意思的缺陷;智能合约不可逆转的自动性和执行性容易使它成为犯罪行为的"完美"载体,犯罪分子可以利用区块链智能合约的无第三方中立机构以及自动触发执行的特性,将犯罪信息输入并将法定货币转换为数字货币汇入区块链虚拟托管账户而完成委托,一旦犯罪行为完成,触发智能合约执行条件,合约自动完成,没有任何延迟。由于智能合约匿名保护等特质使得非法活动更难被执法部门监控,即使案发也很难被侦破,所以其社会危害性范围会更加广泛,危害会更深。上述智能合约的缺陷是由计算机代码与算法撰写人的主观倾向及客观网络治理缺陷共同导致的,国家立法与执法层面应致力于将法律与代码、算法深度融合,强化对代码、算法等计算机语言的依法治理与全面规范。例如,检察机关是否可以根据智能合约的优势特征与客观缺陷,与其他行政与司法部门协同,专门就智能合约性质的合同出台一个专门司法解释或相关立法,与现行民事、行政与刑事法治规范有机衔接,保证电子数据持续安全。

(五) 以区块链应用为场景,探索协同推进商业秘密统一立法

区块链应用可以很好地将现有实践中经常发生的、本应属于商业秘密或个人隐私而又缺乏应有法律保护的数据信息加以规范保护。例如,我们在手机上下载的跑步软件、金融软件、购物软件等,都需要我们点击同意获取手机中照片、视频、访问通讯录、获取位置等协议内容才可以正常使用。我们也会经常收到我们的位置信息被某一款软件后台获取的提示,但我们很少有人会在意被获取的位置信息的价值,更没有人会由此收到企业发给的获取位置信息的报酬。企业后台获取自然人的位置信息,说明这些信息具有价值,有价值就应付费,但是被获取人没有收到报酬,加上国家相关立法缺乏强制性规定,使得数据外泄和非法使用猖獗,即使有自然人

想通过诉讼方式维权,可是依据现行的《数据安全法》《个人信息保护法》,依然会面临取证难(无法有效证明哪家企业在哪一个期间获取了哪些信息,侵权和损失的证据均难以获取)而放弃的无奈情形。这种无成本的获取数据是一种典型的暴力掠夺和暴力营利行为,完善的法律规制势在必行:一是探索加强普法宣传,推动将区块链技术由现在的司法领域、金融领域等专业领域积极拓展并深入电子数据存储与传输功能的各个行业领域,将电子数据的原始获取、中间变动、过程使用、权利归属等逐步实现全程可追溯,可以为可能发生的数据外泄取证、数据付费使用诉讼与纠纷解决提供完整证据链;二是在立法方面协同推进探索制定商业秘密统一单独立法的可行性。当前,中国商业秘密法律规范虽然有《民法典》《反不正当竞争法》《最高人民法院关于审理侵犯商业秘密民事案件适用法律若干问题的规定》等实体法与程序法规定,但是整体特点依然是分散立法。从具体执行层面来看,中国商业秘密法治保护体系存在一定的缺陷,尤其是关于商业秘密权利主体。虽然按照《民法典》第123条规定,所有民事主体都可成为商业秘密的权利人,但是按照《反不正当竞争法》第9条规定,商业秘密权利人的商业秘密仅限于"商业信息",这与"经营者"商事主体的身份是相符的,排除了一般民事意义上的自然人。但从上文可以看出,一般自然人在网络中被获取的个人位置、购物喜好等信息具有较大的商业价值,其原始权利人应该属于数据提供者,作为数据使用者应该通过协议授权合法使用。从当前形势来看,这种授权确实属于合法使用,但是无报酬,从根本上而言对提供者是不公平的,这是因为上网需要被动同意,缺乏自主选择权,而且对于这些数据的最终取消和再次被转移授权使用缺乏监督和掌控,对于提供者而言是不公平的。实际上,在个人信用信息制度较为完备的国家,商业机构利用消费者的个人信息是需要付费的。如在日本的用户下载了EverySense公司研发的一款手机程序后,其位置信息、购物喜好信息等都被公司获取,消费者3个月的个人位置数据被获取后可以获得500日元的对应价值酬金。这很好地说明了一般自然人的个人信息已超出了传统民事意义上的隐私属性,具有了商事营利的本质。但在我国《个人信息保护法》及《数据安全法》中没有体现"经权利人同意背景下的有偿或付费使用个人信息"这一点。

我国《民法典》的出台，说明中国坚持了民商合一的立法模式，在商事方面继续实行单行法的立法模式。《反不正当竞争法》第 9 条将商业秘密界定为"商业信息"范畴，这个"商业信息"有两个层面的理解：一是基于商事主体享有的主观理解；二是基于商事行为享有的客观理解，《反不正当竞争法》的立法精神显然属于第一个层面，这在一定程度上缩小了《民法典》第 123 条的民事主体范围。但是从上述个人信息数据化价值层面来看，它显然突破了商事主体的范畴，以商事行为来界定商业秘密的"商业信息"更为恰当与合理，即个人信息的数据化虽然不是法律规定的商事主体提供，但是其提供信息的行为本身在当前全民皆可商的时代背景下，以商事行为本身来理解"商"更为恰当，一般自然人作为消费者通过区块链或其他形式向商家提供的数据化个人信息并非将其公开化，而是依然存在点对点之外的保密要求，这些信息具有商事营利的价值，从客观方面符合商业秘密的基础要件并符合现实情况，这也就意味着一般自然人在这方面可以成为实质上的商业秘密权利人，这在当前《反不正当竞争法》范畴内是不可能实现的，因此未来选择商业秘密的统一单行立法是很好的选择，必要时可以在国内部分条件成熟地区先行先试。办理区块链保护商业秘密检察业务的检察机关及检察官，可以侧重积累相关案例经验，必要时可以根据案件反映出的典型问题，凝练出新时代、新业态背景下商业秘密单独立法可能性价值取向的解决思路。

（六）鼓励引导开展前置性商业秘密鉴定业务，强化证据举证能力

区块链技术保护商业秘密案件稀少，商业秘密案件司法鉴定案件数量同样稀少，这一方面是因为商业秘密社会普及认知情况不理想，另一方面也是因为商业秘密案件举证难，企业畏难心理大，很多案件无法进入司法程序，或者司法程序刚开始企业畏难撤诉等。因此，检察机关通过典型案例宣讲之际，通过鼓励推广前置性商业秘密鉴定，强化企业商业秘密保护

基本认识和保护能力及证据收集能力，可以提升企业商业秘密保护意识和社会的商业秘密保护氛围，提高商业秘密案件的成案率、起诉率等。

1. 前置性商业秘密鉴定基本内涵

前置性商业秘密鉴定是指所有行政执法类案件、公安侦查案件、审查起诉案件、司法审判案件之外的商业秘密鉴定业务，包含两个层面：一方面是企业在日常商业秘密管理过程中对自身商业秘密的非公知性、保密性、商业价值性、损失等所作的鉴定，既包括企业对自身商业秘密管理体系的构建、保护、发展及规划的合理性与可行性评估，也包括企业因首次公开募股、商业秘密质押融资等，为提高无形资产的价值而作的鉴定等；另一方面是企业在发觉员工有违反保密协议或保密制度，或竞业限制协议的意图或实际行为时，在向市场监管部门投诉前，或向公安侦查机关报案前，或向人民法院起诉前所采取的主动性的商业秘密委托鉴定行为，包括商业秘密的非公知性、保密性、商业价值性、同一性、直接与间接损失鉴定等。通过权威机构出具的商业秘密鉴定意见，在对员工起到制止和警示作用的同时，也能够使企业自身的商业秘密得到更好的保护。当然，相比传统诉讼中的商业秘密司法鉴定机构，前置性商业秘密鉴定机构可以是经各主管单位认定的知识产权鉴定单位，也可以是律师事务所、知识产权代理公司等业务单位，他们所做的是动态的反复鉴定的过程，因此对于鉴定范围不需要特别限定，主要目的是发现企业商业秘密保护的漏洞，提供商业秘密保护的对策，收集商业秘密被侵害的证据，做好企业商业秘密风险防范。

2. 前置性商业秘密鉴定的意义

（1）前置性商业秘密鉴定有利于企业等商业秘密权利人构建高效有力的商业秘密管理体系，提升其市场竞争力。

除了极少数企业等商业秘密权利人对知识产权有比较系统的管理，大多数企业还未从战略上对知识产权进行规划，更谈不上合理的风险防控体系的构建问题。即便已有知识产权管理体系的企业，其保护的重点也只是聚焦在商标、专利和著作权领域，很少涉及商业秘密保护问题。一套完整有效的知识产权管理体系必须包含对商业秘密的全面保护功能。在当下社会商业秘密保护意识尚未全面普及提升的情况下，前置性商业秘密鉴定有助于企业梳理、整合自身的商业秘密，从企业核心资产与无形资产的高度做好基础管理与风险防控，既能填补企业知识产权管理体系中的空白，又使其整体的知识产权在市场上具有更强的竞争力。

（2）前置性商业秘密鉴定有利于商业秘密权利人的涉密规章制度、保密协议、竞业限制协议等的有效执行，提升风险防控力。

商业秘密权利人具备应有的保密意识、维权意识，这是商业秘密风险防控的前提。构建完备的商业秘密管理体系与制度是商业秘密风险防控的基础，有效执行各项制度是商业秘密风险防控的保障，是商业秘密风险防控效能最终得以顺利完成的关键。

在这一关键环节中，哪些属于商业秘密，商业秘密点怎么落实，如何做好保密工作和商业价值固定与延展工作等都是需要具体化并确定的，而前置性商业秘密鉴定则是实现这一功能的最好选择。

实践中众多被侵犯商业秘密的权利人，都是发现商业秘密被侵害之后才着手收集证据和准备诉讼的，不但时间紧、任务重，而且很多证据是无法取得的。例如企业商业秘密点的固定、保密人员的范围确定、面向特定人员开展的保密手册的宣讲、保密协议的签订等证据，都应该是平时积累存档的，如果缺少这一环节，临时的证据突击是无法完成的，这也是众多企业不能起诉或起诉后主动撤诉，甚至一味坚持起诉最终只能败诉的主要原因。前置性商业秘密鉴定可以将商业秘密权利人技术信息或经营信息等商业信息的非公知性、保密性、商业价值性，甚至发现侵权萌芽阶段时的同一性及可能的损失的相关证据作为前期证据很好地固定下来，同时也可以有计划地就商业秘密研发成本等基础性证据做好准备，成为商业秘密权利人的"防火墙"，有效地提高商业秘密权利人抵御商业秘密被侵害的能力。

（3）前置性商业秘密鉴定有利于强化程序正义。

程序正义是实体正义的先行保障。商业秘密司法鉴定的程序包括：第一，启动程序，指哪些主体可以启动；第二，鉴定程序，包括鉴定要求如何规范、秘密点固定的规范标准、检材固定与提供标准、鉴定人员回避与工作标准等；第三，鉴定意见出具标准和鉴定人员出庭接受质询程序，包括鉴定意见出台的内部监督程序、提交行政机关与司法机关的衔接程序、鉴定人员出庭的规则程序等。

上述程序的统一建设与完善是商业秘密司法鉴定制度体系科学、可持续的基础保障，但限于行业领域及专业能力，企业对此并不清楚或无法知晓，一定程度上限制了企业对商业秘密的风险防范能力及证据完善能力。可以考虑探讨在国家层面构建统一的商业秘密司法鉴定标准的基础上开拓商业秘密司法鉴定部门主动有序为企业开展基础性、前置性的商业秘密标准认证工作的可行性与具体路径，这有助于从根本上解决商业秘密司法鉴定的现实难题。

笔者在调研过程中发现，已有相关知识产权司法鉴定机构实际开展了相关业务，但是也面临着鉴定的公信力、证据力、泄密责任承担等诸多问题，需要在普及过程中逐一解决这些问题。

随着我国经济的高速发展，市场竞争日益加剧，商业秘密成为企业竞争的重要优势。商业秘密作为知识产权的一个组成部分，具有秘密性、复杂性、跨领域渗透交叉性等特点，但同时又不具有法定授权性，企业在构建知识产权管理体系时，对商业秘密进行梳理和规划的过程中面临很多困难。因此，商业秘密的鉴定成为企业知识产权保护的重要前提，前置性商业秘密鉴定则可为企业解决基础性的困难。

目前，司法鉴定机构受理的商业秘密鉴定中90%以上为诉讼服务，企业由于商业秘密涉嫌被侵权向公安机关报案或向法院提起诉讼，公安机关或法院委托司法鉴定机构进行商业秘密鉴定，并以其鉴定意见书为立案或确权的技术支撑。商业秘密司法鉴定较好地解决了客观的技术问题，使涉案的技术信息或经营信息能够得到相对客观的确认。因此，商业秘密鉴定是司法机关处理商业秘密案件普遍借助的手段，在司法实践中存在必然需求。但是，诉讼过程中的商业秘密司法鉴定本身的程序规定，不可避免地产生时间延长，甚至会导致审判周期长、影响审判进程、降低诉讼效率等问题。因此，将商业秘密司法鉴定前置、论证商业秘密前置性鉴定的可行性以及在实践中可能面临的问题成为解决商业秘密司法鉴定难题的重要考量标准之一。

3. 前置性商业秘密鉴定实践路径

从实践来看，前置性商业秘密鉴定对企业等商业秘密权利人而言存在"投入成本高、实际见效慢""鉴定意见难以作为行政执法、公安侦查、审查起诉、司法审判的有效证据"的不足。前置性司法鉴定根本上不是一个简单的结论性的鉴定意见就能概括的，本质上，前置性商业秘密鉴定是一个过程加结果的鉴定：鉴定机构可以先对企业等商业秘密权利人的商业秘密做一个基础性的鉴定意见，发现优势、不足与漏洞，进行有针对性的指导和帮助，构建好完善的商业秘密保护制度、体系、部门、机制，并能有效执行，之后再就这一过程的结果进行二次鉴定，后续可以根据实际需要反复进行上述程序直至商业秘密风险防控体系构建完备。因此，前置性商业秘密司法鉴定本质上带有"咨询+评价+建设+第三方证明"的综合功能。从这种功能的顺利实现出发，以下工作应重点突出：

（1）多种途径加强宣传，有效提高商业秘密权利人保护自身商业秘密的意识。

以企业为典型代表的绝大多数商业秘密权利人对于自身的商业秘密认识是不完整，甚至是无意识的，一旦发生侵害商业秘密案件，很多被当作违反劳动合同约定的一般侵权案件处理，商业秘密权利人的合法权益未能得到全面保护。从课题组调研中发现，无论是各级市场监管部门、公安侦查机关，还是人民检察院或人民法院等，在进行行政执法与司法活动的同时，都不断加强服务与普法能力，走入一线企业，进行商业秘密保护的典型案例分析研讨、分发保护手册以及构建保护体系等不同形式的活动，大大提升了企业等商业秘密权利人的商业秘密保护意识。除此之外，社会各层面包括司法鉴定机构也应该走入一线企业，进行相关普法宣传，全社会整体发力，形成合力，这样才能从根本上促使企业等商业秘密权利人有效提高自身商业秘密保护意识，共建好整体社会保护商业秘密的氛围。

（2）适当扩大商业秘密司法鉴定队伍，建好前置性商业秘密鉴定的"保险箱"，构建起司法鉴定机构与商业秘密权利人之间的良性关系。

前置性商业秘密鉴定推进困难的一个关键是企业等商业秘密权利人本身处于保密的需要，不会主动将商业秘密完全与司法鉴定机构"交底"，企业这种顾虑完全可以理解。同时，当前我国行政司法部门各自认定的商业秘密司法鉴定机构与人员总体数量少，不能涵盖全国各个地区，而且分布严重不均，很多省市还处于空白，这对于商业秘密等知识产权的知识普及与司法鉴定业务开展而言是一个重大阻碍，也不符合我国知识产权国家战略的全面推广。

建议构建合理机制，适当扩大我国商业秘密司法鉴定队伍，实现各地区普遍覆盖，并采取多项措施激励鉴定机构与鉴定人员主动与企业等商业秘密权利人对接，做好前置性商业秘密鉴定的准备工作。例如准备好相关保密协议、对企业做好鉴定过程中如何为它们保密并不泄密，以及一旦泄密会如何赔偿等相关交流沟通工作，取得企业等商业秘密权利人的信任后，以保密协议的签订、合同联系人的指定等具体措施，建好前置性商业秘密司法鉴定的"保险箱"，同时跟进全程，做好后续的企业前置性商业秘密司法鉴定活动所有关键工作，在锻炼鉴定机构与鉴定人员实践能力的同时，也能为企业等商业秘密权利人构建起完善的商业秘密保密体系并做好相关基础性证据固定工作，能够很好地将企业商业秘密被侵害风险降到最低。而且一旦发生后续的行政或司法案件，这些证据与其他前置性鉴定工作成果会保证成案率、破案率、胜诉率等，更好地维护权利人合法权益及我国知识产权发展的整体秩序。

附录　前置性商业秘密鉴定标准规范（建议稿）

第 1 条　【鉴定宗旨】

保护商业秘密权利人的商业秘密权，在诉讼等争议发生之前对可能的包含算法、大数据、区块链等新型网络信息在内的商业秘密进行合法性、非公知性、保密性、商业价值性的统一性前置认定，并设定相应实体认定标准。

第 2 条　【鉴定对象】

包括对包含算法、大数据、区块链等新型网络信息在内的属于商业秘密的非公知性鉴定、同一性鉴定、商业价值或损失鉴定三部分。

第 3 条　【鉴定要求】

目前我国在包含算法、大数据、区块链等新型网络信息在内的商业秘密的研究和法律保护方面并不十分完善，鉴定数量稀少，相应鉴定标准与结果更是差异性较大，前置性鉴定过程中需要掌握：

（1）知识产权保护制度、知识产权司法体系以及知识产权权利的法律性质和特征；

（2）在研究基础上，亲身实践企事业单位管理、市场运营模式、人力资源管理等与包含算法、数据、区块链等新型网络信息在内的商业秘密保护密切相关的知识；

（3）结合运用民法典、反不正当竞争法、劳动合同法、保守国家秘密法等相关法律及其具体条文；

（4）引导申请鉴定人圈定包含算法、数据、区块链等新型网络信息在内的商业秘密"秘密点"，必要时引进相关技术专家辅导咨询。需要了解基本技术知识和企业管理常识，争取对涉案商业秘密信息的市场状况和竞争优势有基本的了解。

第 4 条 【法律、法规、司法解释、部门规章依据】

《中华人民共和国民法典》

《中华人民共和国刑法》

《中华人民共和国密码法》

《中华人民共和国网络安全法》

《中华人民共和国电子商务法》

《中华人民共和国保守国家秘密法》

《全国人民代表大会常务委员会关于司法鉴定管理问题的决定》

《最高人民法院、最高人民检察院关于办理侵犯知识产权刑事案件具体应用法律若干问题的解释》（一、二、三）

《最高人民法院关于审理不正当竞争民事案件应用法律若干问题的解释》

《最高人民法院关于审理技术合同纠纷案件适用法律若干问题的解释》

《最高人民法院关于审理侵害知识产权民事案件适用惩罚性赔偿的解释》

《最高人民法院关于全面加强知识产权司法保护的意见》

《最高人民法院关于涉网络知识产权侵权纠纷几个法律适用问题的批复》

《最高人民法院关于审理侵犯商业秘密民事案件适用法律若干问题的规定》

《最高人民法院关于依法加大知识产权侵权行为惩治力度的意见》

《最高人民法院关于知识产权民事诉讼证据的若干规定》

《最高人民法院印发〈关于审理涉电子商务平台知识产权民事案件的指导意见〉的通知》

《最高人民检察院、公安部关于印发〈关于修改侵犯商业秘密刑事案件立案追诉标准的决定〉的通知》

《最高人民法院关于印发〈人民法院司法鉴定人名册制度实施办法〉的通知》

《最高人民法院关于印发〈人民法院司法鉴定工作暂行规定〉的通知》

《最高人民法院、司法部关于建立司法鉴定管理与使用衔接机制的意见》

《区块链信息服务管理规定》

《网络信息内容生态治理规定》

《工业和信息化部关于工业大数据发展的指导意见》

《国家发展改革委、中央网信办、工业和信息化部、国家能源局关于加快构建全国一体化大数据中心协同创新体系的指导意见》

《国务院办公厅关于运用大数据加强对市场主体服务和监管的若干意见》

《促进大数据发展行动纲要》

《人民法院对外委托司法鉴定管理规定》

《司法部、国家市场监督管理总局关于加快推进司法鉴定资质认定工作的指导意见》

《司法部、国家市场监管总局关于规范和推进司法鉴定认证认可工作的通知》

《司法部办公厅关于开展司法鉴定机构和鉴定人清理整顿工作的通知》

《司法鉴定程序通则》

《司法鉴定执业活动投诉处理办法》

《司法部办公厅关于进一步加强司法鉴定收费管理的通知》

《司法部关于发布实施〈司法鉴定行业标准体系〉等 20 项行业标准的公告》

第 5 条 【鉴定主体】

有关商业秘密的专业鉴定，属于知识产权鉴定，应当委托具有合法鉴定资质的鉴定机构或鉴定人或承办知识产权相关业务的律师、专利代理师等进行前置性鉴定及整改完善。

第 6 条 【鉴定内容】

一般是针对申请人提交的声称属于商业秘密的商业信息进行鉴定：商业秘密，是指不为公众所知悉、具有商业价值并经权利人采取相应保密措施的技术信息、经营信息等商业信息。鉴定内容包括非公知性鉴定和同一性鉴定两个部分。申请人应当明确鉴定的对象及其范围，主要包含权利人所申请的商业秘密是否不为公众所知悉；被侵权人使用的信息与权利人商业秘密是否相同或实质性相同等。

申请人只能就专业技术事实和专业经营事实提出鉴定委托，权利人的技术信息、经营信息是否构成商业秘密，被委托申请侵权人是否侵权等是法律问题,不属于委托鉴定的范围,应由人民法院根据相应证据在审判程序中作出判定。

第 7 条　【非公知性鉴定】

非公知性,即不为公众所知悉,又称为"秘密性"。作为商业秘密的技术信息和经营信息是不能轻易从公开渠道直接获取的,需要依靠商业秘密的"创造者"利用公知的知识、经验或技巧经过创造或探索,和/或人力、财力、物力的投入方能获得。非公知性又被称为秘密性,其核心是确定秘密点的定性及其数量。

作为商业秘密的技术信息和经营信息,是在某地区、某阶段不可直接知悉的。因此,商业秘密的"秘密性"是"相对的"而不是"绝对的":

(1) 商业秘密的"秘密性"不同于专利技术对"新颖性"的绝对要求,对专利技术的要求是对比"现有技术",而对商业秘密的要求是对比"暂未为他人知悉";

(2) 商业秘密的秘密性,又不同于著作权对独创性的要求,著作权保护的是构思的表达形式,对构思本身不加以保护,而对商业秘密的要求是因一种构思并使其依附于某种有形的载体,形成一种技术方案、程序、工艺、产品、客户名单等,并可能使这一载体具有价值。

第 8 条　【商业价值性鉴定】

商业价值性,即权利人请求保护的信息因不为公众所知悉而具有现实的或者潜在的商业价值。商业秘密必须具有商业价值或者经济价值,能给商业秘密权利人带来市场竞争优势,是商业秘密权利人追求商业秘密保护的目的和需求法律保护的目的。

价值性的体现:

(1) 商业秘密的价值性可能是现实的,也可能是潜在的,比如客户名单;

(2) 商业秘密的价值性可能是正价值,也可能是负价值,比如失败实验的记录;

(3) 生产经营活动中形成的阶段性成果符合法律规定,也可被鉴定为具有商业价值。

第 9 条　【保密性鉴定】

保密性，即权利人采取保密措施，是指权利人为防止商业秘密泄露，在被委托申请侵权行为发生以前所采取的合理保密措施。

鉴定商业秘密权利人是否采取了相应的合理保密措施，应当根据所申请鉴定的商业秘密及其载体的性质、商业秘密的商业价值、保密措施的可识别程度、保密措施与商业秘密的对应程度、他人通过正当方式获得的难易程度以及权利人的保密意愿等因素综合认定。具体可以参考权利人是否已建立了完备的管理制度、合同制度、人员流动制度、预警和防范机制。

采取保密措施不要求是绝对的、无缺陷的措施，只要是在被委托申请侵权行为发生以前采取的合法的、合理的、适当的即可。

第 10 条　【商业秘密的合法来源取得方式鉴定】

商业秘密的合法来源取得方式：

（1）企事业单位或个人自主研制、开发取得；

（2）经过商业秘密权利人许可、转让而合法取得；

（3）通过"反向工程"取得："反向工程"是指通过技术手段对从公开渠道取得的产品进行拆卸、测绘、分析等而获得该产品的有关技术信息。被委托申请侵权人以不正当手段获取权利人的商业秘密后，又以反向工程为由主张未侵犯商业秘密的，鉴定不予支持；

（4）通过分析、研究公开资料、信息、技术组合取得；

（5）因商业秘密权利人自己的疏忽，造成商业秘密泄露使他人获得；

（6）其他合法渠道取得。

商业秘密的不合法取得方式：

（1）被申请的侵权人以违反法律规定或者公认的商业道德的方式获取权利人的商业秘密；

（2）被申请的侵权人在生产经营活动中直接使用商业秘密，或者对商业秘密进行修改、改进后使用，或者根据商业秘密调整、优化、改进有关生产经营活动的；

（3）其他不合法渠道取得。

第 11 条 【保密协议的鉴定】

企事业单位与员工之间、企事业单位与其他企业或组织之间均可以签订保密协议，可以在劳动合同或一般合同中约定保守商业秘密和与知识产权相关的保密事项，也可以单独签订保密合同。

保密义务可以约定，申请人根据法律规定或者合同约定所承担的保密义务；也可以是法定，申请人未在合同中约定保密义务，但根据诚信原则以及合同的性质、目的、缔约过程、交易习惯等，被申请鉴定侵权人知道或者应当知道其获取的信息属于权利人的商业秘密的，应当认定被申请侵权人对其获取的商业秘密承担保密义务。

保密协议的签订范围以接触商业秘密的人员为主，保密协议的相对人可以是正式聘用的员工、特邀的技术人员、技术顾问、离职或退休人员、为特定技术项目的研发的合作人员或其他企业或组织人员等。

第 12 条 【竞业限制协议鉴定】

竞业限制，是指企事业单位与知悉商业秘密实质性内容的员工签订协议，约定员工在离开本单位后一定期限内不得在生产同类产品或者经营同类业务且有竞争关系或者其他利害关系的单位从事与原单位任职相同或者类似的工作，或者自行生产、经营与原单位有竞争关系的同类产品或者业务，企业以向员工支付一定数额的补偿金为代价，限制员工的就业范围，以防止原单位商业秘密泄露的一种预防措施。

企事业单位可以与知悉或接触商业秘密的高级管理人员、高级技术人员或其他负有保密义务的员工签订竞业限制协议。用人单位应当给予该员工一定数额的经济补偿，在竞业限制期限内按月给付该员工补偿金。该员工违反竞业限制约定的，应当按照约定向用人单位支付违约金。

对符合《中华人民共和国公司法》第一百四十七条规定的董事、监事、高级管理人员的竞业限制义务属于法定义务。

竞业限制协议的期限不得超过两年。对于没有约定竞业限制期限的，目前各省市的规定不同，应参照相应规定或各省高级人民法院颁发的司法解释、批复等规范性文件执行。

第 13 条 【技术秘密合同鉴定】

技术秘密合同属于技术合同的一类。技术合同是申请人就技术开发、转让、许可、咨询或者服务订立的确立相互之间权利和义务的合同。技术秘密合同可以分为开发合同、转让合同和许可合同。利用商业秘密提供技术服务或技术咨询的，参照技术服务合同和技术咨询合同的规定。

涉及技术秘密的开发合同是指申请人之间就新技术、新产品、新工艺或者新材料及其系统的研究开发项目，可能形成技术秘密或者拟定以技术秘密方式予以保护所订立的合同。申请人之间就具有实用价值的科技成果实施转化订立的合同，参照适用技术开发合同的有关规定。

涉及技术秘密的转让合同是指合法拥有技术秘密的权利人，包括其他有权对外转让技术秘密的人，将专利申请中涉及的技术秘密或不涉及专利的技术秘密的相关权利让与他人所订立的合同。

涉及技术秘密的许可合同是指合法拥有技术秘密的权利人，包括其他有权再许可技术秘密的法人、组织或者个人，许可他人实施、使用技术秘密所订立的合同。

第 14 条 【商业秘密同一性鉴定】

同一性鉴定主要就实质性相同的侵犯事实进行鉴定，对于设计的主观认定部分可以提供专业建议，但不作为鉴定意见，由于是前置性鉴定，主要作为权利人风险预防的一个举措，因此，对于前置性鉴定机构的人员的综合要求相对更高。

同一性鉴定包括申请人主张的商业秘密与所属领域已为公众所知悉的信息的异同、被委托申请侵权的信息与商业秘密的异同两部分内容。

对于和为公众所知悉的信息的异同性，可以通过查新、检索等鉴定方式完成。

商业秘密侵权初步证据鉴定要点。在侵犯商业秘密的民事审判程序中，商业秘密权利人提供初步证据，证明其已经对所主张的商业秘密采取保密措施，且合理表明商业秘密被侵犯，涉嫌侵权人应当证明权利人所主张的商业秘密不属于本规范规定的商业秘密。

鉴定过程中可以鉴定商业秘密权利人是否提供了初步证据合理表明商

业秘密被侵犯，且提供以下证据之一，以便于权利人在后续诉讼中可将进一步的举证责任倒置给涉嫌侵权人，涉嫌侵权人应当证明其不存在侵犯商业秘密的行为：

（1）有证据表明涉嫌侵权人有渠道或者机会获取商业秘密，且其使用的信息与该商业秘密实质上相同；

（2）有证据表明商业秘密已经被涉嫌侵权人披露、使用或者有被披露、使用的风险；

（3）有其他证据表明商业秘密被涉嫌侵权人侵犯。

经鉴定被委托申请侵权信息与商业秘密不存在实质性区别的，可以认定被委托申请侵权信息与商业秘密构成上述所称的"实质上相同"。

第 15 条 【侵犯商业秘密损失计算鉴定】

因不正当竞争行为受到损害的经营者的赔偿数额，按照其因被侵权所受到的实际损失确定；实际损失难以计算的，按照侵权人因侵权所获得的利益确定。经营者恶意实施侵犯商业秘密行为，情节严重的，可以在按照上述方法确定数额的一倍以上五倍以下确定赔偿数额。赔偿数额还应当包括经营者为制止侵权行为所支付的合理开支。

申请人提供的财务账簿、会计凭证、销售合同、进出货单据、上市公司年报、招股说明书、网站或者宣传册等有关记载，设备系统存储的交易数据，第三方平台统计的商品流通数据，评估报告，知识产权许可使用合同以及市场监管、税务、金融部门的记录等，可以作为证据，用以证明申请人主张的侵害知识产权赔偿数额。

权利人因被侵权所受到的实际损失、侵权人因侵权所获得的利益难以确定的，由人民法院根据侵权行为的情节判决给予权利人五百万元以下的赔偿。申请人据此确定赔偿数额的，可以考虑商业秘密的性质、商业价值、研究开发成本、创新程度、能带来的竞争优势以及侵权人的主观过错、侵权行为的性质、情节、后果等因素。

权利人请求参照商业秘密许可使用费确定因被侵权所受到的实际损失的，鉴定机构可以根据许可的性质、内容、实际履行情况以及侵权行为的性质、情节、后果等因素确定。

第 16 条 【电子数据司法鉴定】

算法、区块链、大数据等从本质上而言，都是电子数据的表现形式，只是其内涵与复杂层级各有不同。

电子数据司法鉴定是一种提取、保全、检验分析电子数据证据的专门措施，也是一种审查和判断电子数据证据的专门措施。它主要包括电子数据证据内容一致性的认定、对各类电子设备或存储介质所存储数据内容的认定、对各类电子设备或存储介质已删除数据内容的认定、加密文件数据内容的认定、计算机程序功能或系统状况的认定、电子数据证据的真伪及形成过程的认定等。

电子数据司法鉴定的主要项目包括硬盘检验、服务器检验、手机机身检验、注册表检验鉴定、软件一致性检验鉴定、软件功能检验、电子数据内含算法与算力的数据定性与保密措施检验、电子数据内含工作步骤安全度检验、电子数据分类存储与安全运输检验、电子数据可追溯性与可逆性检验、文件一致性检验鉴定、数据库数据恢复、密码破解、电子数据鉴定文证复审等。

第 17 条 【鉴定意见的规范与评价标准】

应当结合下列因素对鉴定意见进行审查完善：

（1）鉴定人是否具备相应资格；

（2）鉴定人是否具备解决相关专门性问题应有的知识、经验及技能；

（3）鉴定方法和鉴定程序是否规范，技术手段是否可靠；

（4）送检材料是否经过申请人质证且符合鉴定条件；

（5）鉴定意见的依据是否充分；

（6）鉴定人有无应当回避的法定事由；

（7）鉴定人在鉴定过程中有无徇私舞弊或者其他影响公正鉴定的情形。

第 18 条 【前置性鉴定适用及对鉴定意见的质证和采信问题】

本规范适用于商业秘密权利人或其他合法申请人申请委托的商业秘密前置性鉴定。涉及商业秘密实体保密内容部分，鉴定人不主动介入，商业秘密权利人主动要求并签署合法委托保密协议的除外。

前置性鉴定是为预防商业秘密风险而做的预防性完善措施，申请人可以据此发现商业秘密管理与保护的薄弱点,通过前置性鉴定意见完善好自己的商业秘密管理与保护工作,前置性鉴定工作可以重复多次进行,直至商业秘密管理与保护达到申请人的预期。

前置性鉴定意见或商业秘密鉴定的实体权利认定意见是否可以作为申请人或权利人起诉或提请纠纷解决的依据,需要申请人自己决定或委托单位认定,但是否能起到证明作用,一是需要确认前置性鉴定意见作出的时间及当时的现实情况,二是需要看纠纷相对方或主管单位对此鉴定意见的认可度,三是即使鉴定意见被接受作为纠纷解决依据,也要经过质证与认定过程,才能作为定案依据。

参考文献

[1] 程金华. 元宇宙治理的法治原则[J]. 东方法学, 2022(2): 20-30.

[2] 魏银珍, 邓仲华, 关玉蓉, 等. 一种基于区块链与智能合约的科学数据安全溯源方法[J]. 现代情报, 2021, 41(1): 32-38.

[3] 黄武双, 邱思宇. 论区块链技术在知识产权保护中的作用[J]. 南昌大学学报(人文社会科学版), 2020, 51(2): 67-76.

[4] 余俊, 张潇. 区块链技术与知识产权确权登记制度的现代化[J]. 知识产权, 2020(8): 59-67.

[5] 陈永伟. 用区块链破解开放式创新中的知识产权难题[J]. 知识产权, 2018(3): 72-79.

[6] 刘宪权, 王哲. 元宇宙中的刑事风险及刑法应对[J]. 法治研究, 2022(2): 3-14.

[7] 曾炜. 欧盟《一般数据保护条例》下区块链的数据保护义务[J]. 科技与法律, 2020(4): 86-94.

[8] 李伟民. 《民法典》视域中区块链的法律性质与规制[J]. 上海师范大学学报(哲学社会科学版), 2020(5): 46-57.

[9] 李旭东, 马淞元. 《民法典》合同编视域下的区块链智能合约研究[J]. 上海师范大学学报(哲学社会科学版), 2020(5): 58-69.

[10] 张怀印. 区块链技术与数字环境下的商业秘密保护[J]. 电子知识产权, 2019(3): 71-78.

[11] 韩俊华, 周全, 王宏昌. 大数据时代科技与金融融合风险及区块链技术监管[J]. 科学管理研究, 2019, 37(1): 90-93.

[12] 陈思语. 区块链应用于证券交易的法律风险及防范[J]. 法律适用, 2019(23): 58-66.

[13] 华劼. 区块链技术与智能合约在知识产权确权和交易中的运用及其法律规制[J]. 知识产权, 2018 (2): 13-19.

[14] 唐青林, 黄民欣. 商业秘密保护实务精解与百案评析[M]. 北京: 中国法制出版社, 2011.

[15] 杨帆. 大数据时代下数字版权与信息自由的冲突及协调[J]. 理论观察, 2021 (6): 115-118.

[16] 吴为. 区块链实战[M]. 北京: 清华大学出版社, 2017.

[17] 野口悠纪雄. 区块链革命: 分布式自律型社会出现[M]. 韩鸽, 译. 北京: 东方出版社, 2018.

[18] Douglas R. Stinson. 密码学原理与实践[M]. 冯登国, 译. 北京: 电子工业出版社, 2009.

[19] Matthew Beising. 要征服华尔街? 区块链需保护商业秘密[J]. 许子轩, 译. 商业周刊(中文版), 2016 (9): 44-46.

[20] 郑毅. 网络犯罪及相关问题研究[M]. 武汉: 武汉大学出版社, 2014.

[21] 北京中经天平科技有限公司. 还原资产转移全过程: DragonEX 交易所被盗 602 万美元[EB/OL]. (2022-10-22)[2023-10-25]. https://www.bjzjtp.com/news/qukuailianzixun/2019/1022/42.htm.

[22] 涵铭. 区块链让数据"谁拥有,谁受益"[N]. 人民日报, 2019-04-08 (18).

[23] 潘剑锋, 牛正浩. 书证提出命令的理论革新与路径优化——以商业秘密侵权诉讼为切入[J]. 北方法学, 2021 (6): 5-18.

[24] 蒋鸿铭, 吴平平. 《人民法院在线诉讼规则》区块链证据规则若干问题探析[J]. 法律适用, 2021 (7): 150-163.

[25] 孙雯, 范玉颖. CISG 下智能合约的适用问题研究——区块链技术的法律限界[J]. 商业研究, 2020 (10): 134-143.

[26] 赵志华. 区块链技术驱动下智能合约犯罪研究[J]. 中国刑事法杂志, 2019 (4): 90-102.

[27] PARK Sang-Min, YOUNG-Gab Kim. A Metaverse: Taxonomy, Components, Applications, and Open Challenges[J]. IEEE Access, 2022 (10): 4209-4251.

[28] HEO Gabin, et al. Efficient and Secure Blockchain System for Digital Content Trading[J]. IEEE Access, 2021 (9): 77438-77450.

[29] Singh Kalpana, et al. A Novel Credential Protocol for Protecting Personal Attributes in Blockchain [J]. Computers & Electrical Engineering, 2020, 83.

[30] Heo Gabin, et al. Design of Blockchain System for Protection of Personal Information in Digital Content Trading Environment [J]. International Conference on Information Networking (ICOIN). IEEE, 2020: 152–157.

[31] Singh Kalpana, et al. A Novel Credential Protocol for Protecting Personal Attributes in Blockchain [J]. Computers & Electrical Engineering, 2020, 83.

[32] Holbrook Joseph. Architecting Enterprise Blockchain Solutions [M]. John Wiley & Sons, 2020.

[33] Gürkaynak G? nen? et al. Intellectual Property Law and Practice in the Blockchain Realm [J]. Computer Law & Security Review, 2018, 34.

[34] Ashritha Kondapally, M. Sindhu, and K. V. Lakshmy. Redactable Blockchain Using Enhanced Chameleon Hash Function [C]. 5th International Conference on Advanced Computing & Communication Systems (ICACCS). IEEE, 2019: 323–328.

[35] Hassan, Muneeb Ul, Mubashir Husain Rehmani, Jinjun Chen. Privacy preservation in blockchain based IoT systems: Integration issues, prospects, challenges, and future research directions [J]. Future Generation Computer Systems, 2019, 97.

[36] Axon Louise, Michael Goldsmith, Sadie Creese. Privacy requirements in cybersecurity applications of blockchain [J]. Advances in Computers, 2018 (1).

后　　记

　　本书内容融合了作者最近五年关于大数据与商业秘密问题的系列研究成果。从最开始的大数据到区块链及元宇宙，这些成果是前后承继的有机体，其中也借鉴了国内外众多学者、司法实务专家的优秀经验，更有对既往作者研究成果的再提炼，希望借助本书出版对作者阶段性研究作一个总结，也希望乘着数字中国下的知识产权强国建设的东风，为我国知识产权商业秘密保护的数字化、法治化发展尽一份力量。

　　本书得到了山东省社会科学规划研究项目的大力支持，并作为其结项成果，同时也得到了齐鲁工业大学（山东省科学院）上合区域与国别研究重大专项"上合区域科技与产业发展研究"的支持。最近五年，作者围绕商业秘密风险防控深入研究，也先后得到国家知识产权局、山东省人民检察院等单位的大力支持，在此一并感谢。

　　由于能力及视野所限，作者无法就相关问题的研究做到周全，定有诸多不完善之处；在借鉴国内外优秀成果时未必准确表述；为保证个人研究的完整性与系统性，将部分既往成果纳入本书以更好地表述个人思想，也未必与初衷相符。更为关键的是时代发展迅猛，作者对元宇宙、区块链、人工智能、大数据、开源等专业问题仅是从法律层面思考，借鉴了当前诸多典型案例，相关表述和理解也未必准确，在此提供作者邮箱 songshiyong@qlu.edu.cn，希望各位朋友能提供宝贵意见。

2024 年 5 月